개념원리 VOCA 중학필수편

저자_ **김두하**

고려대학교 영어영문학과 졸업
미8군 교육지원부대에서 카투사로 근무
㈜대우 근무, 5년간 영국 런던 주재원 역임
두루넷 근무, 홍보광고팀장
현재 영어 전문 출판사인 도서출판 휴먼리그 대표

저서
개념원리 VOCA 수능필수편 - 휴먼리그
뉘앙스로 감잡고 테마로 정리하는 영단어
6년 배운 영단어 3주 만에 끝내기 - 넥서스
English How To Use Dictionary - 빈센트
Word Web - 잉크(위즈덤하우스)
개념원리 VOCA 시리즈 - 휴먼리그
VOCA Total Solution - 휴먼리그
VOCA SYSTEM - 휴먼리그

개념원리 VOCA 중학필수편

초판 1쇄 발행: 2015년 11월 1일
6쇄 발행: 2023년 1월 1일

지은이: 김두하
펴낸이: 김두하
펴낸곳: 도서출판 휴먼리그

등 록: 제396-2013-000134
주 소: 경기도 고양시 일산동구 백석2동 밀레니엄리젠시 1414호
전 화: 031-906-1882
팩 스: 070-7614-3367

ISBN: 979-11-951145-2-8 (53740)

과학적 · 체계적인 신개념의 영단어 학습법

개념원리 VOCA

|중|학|필|수|편|

Love is a state of Being.

Your love is not outside; it is deep within you.

You can never lose it, and it cannot leave you.

— Eckhart Tolle —

이 책을 펴내며

한국의 영어 학습자들은 공통적으로 엄청난 시간과 노력을 영어 단어 암기에 쏟아붓고 있지만 정작 들인 정성에 비해 학습 효율성이 매우 낮으며 간단한 단어조차도 문장 속에서는 정확히 해석을 못하는 경우가 허다한 것이 현실입니다. 그 이유는 무엇일까요?

이유는 의외로 간단합니다. 잘못된 어휘 학습 방법으로 인해 단어의 뜻과 쓰임을 정확히 익히지 않았기 때문입니다.

우리는 그 동안 영어 단어 학습이란 단지 스펠링과 그에 해당하는 우리말 뜻을 외우는 것으로만 여겨 왔습니다. 그러나 영어와 우리말은 뿌리부터 전혀 다른 언어로서, 영어 단어의 진정한 의미와 쓰임을 정확히 모른 채 우리말 직역으로만 어렴풋하게 파악하고 기계적으로 암기하는 방식으로는 단어가 잘 외워지지도, 오래 기억되지도 않으며 실전에서 문맥을 파악하는 데도 어려움을 겪게 될 수밖에 없는 것입니다.

<진정한 영어 어휘 학습은> 단어를 어떤 상황에서 어떤 뜻으로 어떻게 사용하는 지를 정확히 익히는 것이며 그럴 때만이 단어의 명확한 암기와 자유로운 활용이 가능해집니다.

이 책은 단어의 암기 및 활용 능력 향상, 어휘력 확장에 필수적인 영단어의 명확한 개념과 생성 원리를 밝혀주는 새로운 어휘 학습법을 제공하고 있으며 이를 통해 많은 영어 학습자들이 더 이상 암기식 단어 외우기에 소모적인 시간과 정력을 낭비하는 일이 없이 체계적이고도 효율적으로 영어 어휘를 습득할 수 있기를 바라면서 이 책을 펴냅니다.

저자 김두하

책의 특징

<개념원리 VOCA>란?

획기적이고 독창적인 <개념·원리 어휘 학습법>인 ① 단어의 명확한 의미 및 쓰임새 풀이 ② 다의어의 다양한 뜻 상세 풀이 ③ 체계적인 테마별 어휘 분류 ④ 단어의 어원 분석 ⑤ 다의어의 다양한 뜻 유래 해설 등을 통해 영어 단어의 명확한 개념과 생성 원리를 밝혀줌으로써 어휘력 확장은 물론 활용 능력과 의사소통 능력을 동시에 길러주는 새로운 개념의 영어 어휘 학습서입니다.

01 테마별/Day별 어휘 분류

중학 필수 약 2,000 단어를 의미의 연관성과 논리적 흐름에 따라 테마별로 체계적으로 분류하고 1 Day에 한 테마씩 총 46일 동안에 완성할 수 있도록 구성하였습니다. 테마별 분류로 해당 주제나 분야의 의미나 활용상 관련성이 있는 어휘 및 동의어, 반의어 등을 덩어리로 묶어 한꺼번에 학습할 수 있는 효과가 있습니다.

02 단어의 명확한 의미 및 쓰임새 풀이

단어 뜻의 단순한 우리말 직역을 쭉 나열해 놓은 기존의 영어 단어집과는 달리, 한 단어가 어떤 상황에서 어떤 의미로 어떻게 사용되는가를 간결하면서도 의미 및 쓰임의 핵심을 짚어 설명함으로써, 단어 뜻의 단순한 우리말 직역만으로는 드러나지 않는 단어의 숨은 참뜻과 쓰임새를 명확하게 익히고 활용할 수 있게 하였습니다.

03 다의어의 다양한 의미 상세 풀이

단어가 두 가지 이상의 뜻을 가진 다의어인 경우, 기존의 영어 단어집은 특별한 설명 없이 단어 뜻의 우리말 직역을 나열해 놓고 있습니다. 그러나 이 책에서는 각각의 뜻을 상세한 뜻풀이와 함께 설명함으로써 다의어가 갖는 다양한 뜻을 명확히 파악할 수 있게 구성했습니다.

04 다의어의 다양한 뜻 유래 해설

다의어인 한 단어가 다양한 뜻을 갖게 된 유래를 원리적으로 설명해 줌으로써 다의어의 다양한 뜻을 명확히 익히는 데 도움이 되도록 하였습니다.

05 어원 분석

단어의 어원을 분석하여 설명함으로써 단어의 뜻을 좀 더 명확히 이해하고 효율적으로 암기를 하는 데 도움이 되도록 하였습니다.

06 파생어

각 표제어 하에 파생어를 함께 수록함으로써 효율적으로 어휘 확장을 할 수 있도록 하였습니다.

07 예문

표제어의 뜻풀이에서 설명한 단어의 정확한 뜻과 쓰임을 다시 한 번 점검하고 숙지하는 데 도움이 될 수 있는 예문만을 엄선해 수록했습니다.

08 테마 기본 어휘

각 테마의 시작 부분에는 해당 테마의 기본 어휘를 수록하여 기본 어휘를 복습, 정리하고 미암기 단어가 있는지를 재점검할 수 있도록 하여 기초를 단단히 다질 수 있게 하였습니다.

본문의 구성

① 단어 발음 듣기

Day 31

장소·이동 II

place & movement II

② 테마 기본 어휘

➤ 테마 기본 어휘	come(오다) · go(가다) · turn(돌다, 돌리다) · near(가까운, 가까이) · right(오른쪽) · left(왼쪽) · east(동쪽) · west(서쪽) · south(남쪽) · north(북쪽) · speed(속도, 속력) · fast(빠른, 빨리) · slow(느린, 천천히)

③ 표제어

01 leave
[li:v]
(- left - left)

1. (있던 곳에서 다른 곳으로) 통 떠나다; (직장 등을) 그만두다
2. (현재의 상태 · 위치에) 통 그대로 두다, 놓아두다, 두고 가다

1 **그대로 두다, 놓아두다** → (놓아두고) 2 **떠나다**

The last train for London **leaves** at ten o'clock.
런던행 마지막 열차는 10시에 떠난다.

Please **leave** the door open when you go out.
나가실 때 문을 열어 두십시오.

④ 뜻풀이 ⑤ 단어의 뜻

02 stay
[stei]

(떠나지 않고 있는 곳에) 통 머무르다, 그대로 있다; 변함없이 ~이다 명 머무름

I'm going to **stay** home and study tonight.
나는 오늘밤 집에 머무르면서 공부를 할 것이다.

03 wait
[weit]

⑥ 발음기호

(사람이나 때가 오기를) 통 기다리다 [for] 명 기다리기

She kept me **waiting** for over an hour.
그녀는 나를 한 시간 이상 기다리게 했다.

⑦ 어원

04 approach
[əpróuʧ]

(장소 · 사람 쪽으로 가까이) 통 접근하다, 다가가다 명 접근 (방법)

ap(to) + proach(**더 가까이 오다**) → **접근하다**

A tourist **approached** me and asked the way to the museum.
한 관광객이 내게 접근을 해서 박물관으로 가는 길을 물었다.

196 개념원리 VOCA 중학필수편

⑧ 다의어

[05] **pass**
[pæs]

1. (어떤 장소나 대상을) 통 지나가다, 통과하다; (시간이) 지나다
2. (시험·검사·심사 등에서) 통 합격하다[시키다] 명 합격
3. (물건을 집어서) 통 건네주다 명 건네주기, 패스

1 **지나가다, 통과하다** ┌ (시험에 통과하여) 2 **합격하다**
└ (어디를 지나쳐서) 3 **건네주다**

Several empty taxis **passed** me without stopping.
여러 대의 빈 택시가 서지 않고 나를 지나갔다.

He must study hard to **pass** the test.
그는 시험에 합격하려면 열심히 공부해야 한다.

Mom, can you **pass** me the bowl of salad, please?
엄마, 샐러드 그릇 좀 건네주세요.

[06] **cross**
[krɔːs]

1. (도로·강·바다 등을) 통 건너다, 횡단하다
2. (+, X 등의) 명 십자형 기호[표], 십자가 통 (선·도로 등이) 교차하다

2 **십자형 기호** → (십자형으로) 1 **건너다, 횡단하다**

⑨ 다의어 유래

Be careful when you **cross** the street.
길을 건널 때 조심하십시오.

The **cross** is the symbol of Christianity.
십자가는 기독교의 상징이다.

[07] **lead**
[liːd]
(- led - led)

(앞장서서) 통 이끌다, 안내[지휘]하다; (경쟁에서) 선두에 서다 명 선두, 수위

➔ leader [líːdər] 명 지도자, 리더; 선두, 선도자
leadership [líːdərʃip] 명 지도[통솔]력

⑩ 파생어

I think he is too old to **lead** the country.
나는 그가 나라를 이끌기에는 너무 나이가 들었다고 생각한다.

[08] **follow**
[fálou]

(앞에 가는 것을 뒤에서) 통 따라가다; (충고·지시 등을) 따르다

She felt like there was someone **following** her.
그녀는 누군가가 자신을 따라오고 있는 것처럼 느꼈다.

⑪ 예문과 해석

Contents

PART 1 사람과 일상생활

PART 2 사회 생활

PART 3 자연과 환경

PART 1

사람과 일상 생활

과학적 · 체계적인 신개념의 영단어 학습법

개념원리 VOCA

|중|학|필|수|편|

Day 01

사람·인간관계

human & relationship

≫ 테마 기본 어휘	people(사람들) · man(남자) · woman(여자) · gentleman(신사) · lady(부인, 숙녀) · boy(소년) · girl(소녀) · name(이름) · sign(서명하다) · age(나이) · young(젊은) · old(늙은) · baby(아기) · child(아이; 자식) · teenager(10대의 청소년) · family(가족) · home(집, 가정) · parents(부모) · father(아버지) · mother(어머니) · son(아들) · daughter(딸) · brother(남자 형제) · sister(여자 형제) · grandmother(할머니) · grandfather(할아버지) · uncle(삼촌, 숙부) · aunt(고모, 이모) · wedding(결혼식) · wife(아내) · husband(남편) · friend(친구) · meet(만나다) · hi(안녕) · hello(안녕; 여보세요) · goodbye(안녕히 계[가]십시오) · welcome(환영하다)

01 **human** [hjúːmən]

(동물·기계 등과 대비하여) 명 **인간** 형 **인간의**

hu(**흙**)+man(**남자**) → (흙으로 빚은 남자) → **인간**

Dogs can smell much better than **humans**.

개는 인간보다 훨씬 더 냄새를 잘 맡는다.

02 **personal** [pə́rsənl]

(개인에 속하거나 관계되는): 형 **개인의, 개인적인**

person(**개인**) + al → **개인의**

person [pə́ːrsn] 명 개인, 사람

Can I ask you a **personal** question?

개인적인 질문을 하나 해도 될까요?

03 **crowd** [kraud]

1. (한곳에 모인 많은 사람): 명 **군중, 인파**
2. (어떤 장소를) 동 **가득 메우다**

1 **군중** → (군중이 장소를) 2 **가득 메우다**

He looked for her but couldn't see her in the **crowd**.

그는 그녀를 찾았으나 군중 속에서 그녀를 볼 수 없었다.

Thousands of people **crowded** the square.

수천 명의 사람들이 광장을 가득 메웠다.

04 **population**

[pɑ̀pjuléiʃən]

(한 지역 내 주민의 수): 명 인구

popul(사람들) + ation → (그 지역에 사는) 사람들 → **인구**

The city has a **population** of about eight thousand.

그 도시의 인구는 약 8천 명이다.

05 **mankind**

[mænkáind]

(세상의 모든 사람): 명 인류

man(인간) + kind(종류) → (인간의) 종류 → **인류**

This is one of the greatest events in the history of **mankind**.

이것은 인류 역사에 있어서 가장 엄청난 사건 중의 하나이다.

06 **nation**

[néiʃən]

(인종 · 문화 등이 서로 같은) 명 민족, 국민; 국가

nat(태어난) + ion → (태어난) 나라 → **민족; 국가**

national [nǽʃənl] 형 민족[국가]의

The Korean **nation** has a long history of war with China.

한민족은 중국과 오랜 전쟁의 역사를 가지고 있다.

07 **male**

[meil]

(남녀를 구별할 때의) 명 남성, 수컷 형 남성[수컷]의

남성용 물건, 장소 → male의 약어 M으로 표시

About Half of the students were **male**.

대략 그 학생들의 반은 남성이었다.

08 **female**

[fíːmeil]

(남녀를 구별할 때의) 명 여성, 암컷 형 여성[암컷]의

여성용 물건, 장소 → female의 약어 F로 표시

A male lion is stronger than a **female**.

수컷 사자는 암컷보다 힘이 더 세다.

09 **elder**
[éldər]

(비교 brother나 sister 보다) 형 나이가 위인, 연장의

eld(old) + er(더) → 더 나이가 많은 → **나이가 위인**

elderly [éldərli] 형 연세 드신, 나이가 지긋한

My **elder** brother is three years older than I.
나의 형은 나보다 3살 위이다.

10 **generation**
[dʒènəréiʃən]

(비슷한 나이의 사람들): 명 세대

gener(출생) + ation → (비슷한 때에 출생한) **세대**

Sometimes the older generation don't understand the younger **generation**.
때때로 나이 든 세대는 젊은 세대를 이해하지 못한다.

11 **kid**
[kid]

1. (child(아이)의 구어): 명 아이, 어린이
2. (말장난을 해서) 동 놀리다, 농담하다

원뜻: **새끼 염소** → **1 어린이** → (어린아이 취급하면서) **2 놀리다**

Some **kids** are playing football in the park.
몇 명의 아이들이 공원에서 축구를 하고 있다.

Come on, you must be **kidding**. It can't be true.
그건 아니에요. 농담이겠지요. 사실일 리 없어요.

12 **adult**
[ədʌlt]

(아이가 아닌) 명 어른, 성인 형 어른[성인]의

ad(완전히) + ult(자라다) → (완전히 자란 사람) → **어른**

The book was written for children, but **adults** like it, too.
그 책은 아동용으로 쓰여졌지만 어른들도 좋아한다.

13 **cousin**
[kʌzn]

(uncle이나 aunt의 자식): 명 사촌

She's my **cousin**, my uncle's second daughter.
그녀는 내 삼촌의 둘째 딸인 내 사촌이다.

14 **relative**
[rélətiv]

1. (혈연 관계에 있는 사람): 명 **친척**
2. (서로 비교 관계에 있는): 형 **상대적인, 비교상의**

relate(**관련짓다**) + ive ┌ (관련된) 사람 → 1 **친척**
└ (다른 것과 관련지어) 비교되는 → 2 **상대적인**

He is a close **relative** of mine, so I know him well.
그는 나의 가까운 친척이어서 나는 그를 잘 안다.

Beauty is **relative**, and every one has his own taste.
아름다움은 상대적이어서 모든 사람은 자신의 취향을 갖고 있다.

15 **ancestor**
[ǽnsestər]

(같은 혈통의 먼저 산 사람): 명 **조상, 선조**

an(**전에**) + cest(**가다**) → (전에 살고 간 사람) → **조상**

Their **ancestors** came to America 200 years ago.
그들의 조상은 이백 년 전에 미국으로 왔다.

16 **marry**
[mǽri]

(부부가 되기 위해) 동 **~와 결혼하다**

marriage [mǽridʒ] 명 결혼(생활)

She **married** a man who loved her very much.
그녀는 그녀를 매우 사랑하는 남자와 결혼했다.

17 **mate**
[meit]

(주로 class, room 등과 결합하여) 명 **친구, 동료**

원뜻: 한 테이블에서 **함께 식사하는 사람** → **친구**

I'm looking for a **roommate** to share my room.
나는 내 방을 함께 쓸 룸메이트를 찾고 있다.

18 **appointment**
[əpɔ́intmənt]

(누군가와 만날) 명 **약속**

ap(**방향**) + point(**가리키다**) - (만날 곳을) 가리킴 → **약속**

I have an **appointment** with my doctor this afternoon.
나는 오늘 오후에 의사와 약속이 있습니다.

[19] **invite**
[inváit]

(행사나 모임에) 동 **초대하다**

in(**안으로**) + vite → (집 안으로) 부르다 → **초대하다**

invitation [ìnvitéiʃən] 명 초대(장)

They've **invited** fifty people to their party.
그들은 50명의 사람을 파티에 초대했다.

[20] **visit**
[vízit]

(사람이나 장소를) 동 **방문하다** 명 **방문**

visitor [vízitər] 명 방문객

Bill travels a lot. He has **visited** many countries.
빌은 여행을 많이 한다. 그는 많은 나라를 방문했다.

[21] **host**
[houst]

1. (손님을 접대하는) 명 **주인, 호스트**
2. (행사나 모임을) 동 **주최[개최]하다** 명 **주최[개최]자**

1 **주인** → (주인으로 행사를) 2 **주최하다**

The **host** welcomed his guests with a warm smile.
호스트는 따뜻한 미소로 그의 손님들을 맞이했다.

In 1988, Seoul **hosted** the Olympic Games.
서울은 1988년에 올림픽 대회를 주최했다.

[22] **guest**
[gest]

(파티 · 행사 · 호텔 등의) 명 **손님; 투숙객**

외래어: **게스트(guest)** → 쇼 프로 등의 **특별 초대 손님** 연상

All the **guests** enjoyed themselves at the party.
모든 손님들은 파티에서 즐거운 시간을 보냈다.

[23] **greet**
[gri:t]

(누구를 맞이할 때) 동 **인사하다**

greeting [grí:tiŋ] 명 인사

She **greeted** each guest with a bright smile.
그녀는 각각의 손님에게 환한 미소를 지으며 인사했다.

24 **bow**
1. [bau]
2. [bou]

1. (공경·감사의 뜻으로) 동 **(허리를 굽혀) 절하다, 머리를 숙이다** 명 **절, 인사**
2. (화살을 쏘는 데 쓰는) 명 **활**

원뜻: **구부리다(bend)** ┌ (허리·머리를 구부려) 1 **절[인사]하다**
└ (반달 모양으로 구부러진) 2 **활**

They stood up and **bowed** when the teacher walked in.
그들은 선생님이 걸어서 들어오자 일어서서 머리를 숙였다.

They hunted animals with a **bow** and arrow.
그들은 활과 화살로 동물을 사냥했다.

25 **introduce**
[ìntrədjúːs]

1. (서로 모르는 사람들을) 동 **소개하다**
2. (새로운 것을 처음으로) 동 **들여오다, 도입하다**

intro(**안으로**) + duce(**이끌다**) → (안으로 이끌어) **소개[도입]하다**

introduction [ìntrədʌ́kʃən] 명 소개; 도입

I'd like to **introduce** our next speaker, Mr. Miller.
다음 연설자인 밀러씨를 소개해 드리겠습니다.

They **introduced** a new technology into the company.
그들은 새로운 기술을 회사에 도입했다.

Daily Test

01	bow	14	male
02	kid	15	female
03	nation	16	cousin
04	relative	17	introduce
05	host	18	ancestor
06	marry	19	mate
07	appointment	20	greet
08	adult	21	mankind
09	generation	22	invite
10	personal	23	population
11	elder	24	human
12	guest	25	crowd
13	visit		

Answer Key ▷ 294

Day 02

인생·일상생활

life & daily routine

≫ 테마 기본 어휘	born(태어난)·kill(죽이다)·life(삶; 생명; 인생)·shower(샤워)·bath(목욕; 욕조)·towel(수건, 타월)·haircut(이발)·brush(브러시, 솔)

01 **birth** [bəːrθ]

(아기의 태어남): 명 **출생, 탄생**

→ birthday [bə́ːrθdèi] 명 생일

May I have your name, address, and date of **birth**, please?

당신의 성명, 주소, 생년월일을 말씀해 주시겠습니까?

02 **hometown** [hóumtaun]

(태어나서 자란 곳): 명 **고향**

home(**집**) + town(**도시**) → (집이 있는) 도시 → **고향**

I really miss my **hometown**, my family and friends.

나는 나의 고향과 가족, 친구들이 정말 그립다.

03 **native** [néitiv]

(태어났거나 자라난) 형 **출생지의, 모국의** 명 **출신자, 토박이**

nat(**태어난**) + ive → (태어난) 곳 → **출생지의**

England is my **native** country, but now I live in France.

영국은 나의 모국이지만 나는 지금 프랑스에 산다.

04 **exist** [igzíst]

(무엇이 실제로 있다): 동 **존재하다**

ex(**바깥**) + sist(**서다**) → (형체가 보이게) 바깥에 서 있다 → **존재하다**

→ existence [igzístəns] 명 존재; 생존

It is true that all your problems only **exist** in your mind.

당신의 모든 문제는 단지 당신의 마음 속에만 존재한다는 것은 사실이다.

05 **survive**
[sərváiv]

(사고·질병 등을 겨우 벗어나) 동 **살아남다**

sur(~**보다 더**) + vive(**살다**) → (보다 더) 오래 살다 → **살아남다**

survival [sərváivəl] 명 생존

He was lucky to **survive** the accident.
그가 사고에서 살아남은 것은 행운이었다.

06 **grow**
[grou]
(- grew - grown)

1. (사람·동식물의 크기가) 동 **자라다, 성장하다**
2. (식물을 심어) 동 **기르다, 재배하다**

1 **자라다** → (잘 자라게) 2 **기르다, 재배하다**

growth [grouθ] 명 성장; 증가

The child has **grown** almost 10 cm this year.
그 아이는 올해 키가 거의 10센티미터 자랐다.

We **grow** vegetables in our garden.
우리는 정원에 채소를 재배한다.

07 **die**
[dai]

(목숨이 끊어져) 동 **죽다, 사망하다**

Her husband **died** suddenly in a car accident.
그녀의 남편은 자동차 사고로 갑자기 죽었다.

08 **dead**
[ded]

(살아있지 않은): 형 **죽은, 생명이 없는**

die(**죽다**)의 형용사형

death [deθ] 명 죽음, 사망

I thought the dog was **dead** but it was still alive.
나는 개가 죽었다고 생각했으나 여전히 살아 있었다.

09 **grave**
[greiv]

(시체를 묻은 곳): 명 **무덤, 묘**

원뜻: **파다**(dig) → (시체를 묻기 위해 판) **무덤**

He died and was buried in a **grave** on a hill.
그는 죽고 나서 언덕 위의 무덤에 묻혔다.

10 **soap**

[soup]

(때를 씻어 낼 때 쓰는) 명 비누

Always wash your hands with **soap** and water before you touch food.

음식을 만지기 전에 비누와 물로 항상 손을 씻으십시오.

11 **comb**

[koum]

(머리털을 빗는 데 쓰는) 명 빗 동 빗질하다

He put on his jacket, looked in the mirror, and **combed** his hair.

그는 상의를 입고 거울을 보면서 머리를 빗었다.

12 **toothbrush**

[tú:θbrʌʃ]

(이를 닦는 데 쓰는) 명 칫솔

tooth(**이**) + brush(**솔**) → (이를 닦는 데 쓰는) 솔 → **칫솔**

He squeezed some toothpaste onto his **toothbrush**.

그는 치약을 조금 그의 칫솔에 짰다.

13 **toothpaste**

[tú:θ peist]

(이를 닦는 데 쓰는) 명 치약

tooth(**이**) + paste(**반죽**) → (이를 닦는 데 쓰는) 반죽 → **치약**

He always squeezes the **toothpaste** from the bottom of the tube.

그는 치약을 튜브의 밑에서부터 짠다.

14 **laundry**

[lɔ́:ndri]

(옷을 빠는 일): 명 세탁(물); 세탁소[업]

laund(**씻다**) + ry → (옷을) 씻는 일 → **세탁**

He took off his shirt and threw it into the **laundry** basket.

그는 셔츠를 벗어서 세탁물 바구니에 던져 넣었다.

15 **wash**
[waʃ]

(더러운 것을 물과 비누로) 동 씻다 명 씻기

Always **wash** your hands before eating.
식사 전에는 항상 손을 씻으십시오.

16 **sweep**
[swi:p]
(- swept - swept)

(빗자루로) 동 쓸다 명 쓸기

She washed the dishes and **swept** the floor.
그녀는 설거지를 하고 바닥을 쓸었다.

17 **polish**
[pɑ́liʃ]

(거죽을 문질러서) 동 광을 내다, 닦다 명 광택

He **polished** his shoes before going out.
그는 외출하기 전에 구두를 닦았다.

18 **wipe**
[waip]

(거죽에 묻은 것을) 동 닦아 내다, 훔치다 명 닦아 내기

He **wiped** sweat from his face and neck.
그는 얼굴과 목의 땀을 닦았다.

19 **tidy**
[táidi]

(가지런히) 형 잘 정돈된 동 정돈[정리]하다

tide(**시간**) + y → (시간적으로) 적절한 → (공간적으로) **잘 정돈된**

She cleaned all the time and kept her house very **tidy**.
그녀는 항상 청소를 했고 집을 매우 잘 정돈해 놓았다.

20 **decorate**
[dékərèit]

(겉모양을 보기 좋게) 동 장식하다, 꾸미다

decor(**장식**) + ate → 장식하다

decoration [dèkəréiʃən] 명 장식(품)

We **decorated** the room with flowers and balloons.
우리는 방을 꽃과 풍선으로 장식했다.

21 **clean**
[kliːn]

(때나 먼지가 없이) 형 **깨끗한, 청결한** 동 **깨끗하게 하다**

He took off his dirty clothes, and put on **clean** ones.
그는 더러운 옷을 벗고 깨끗한 것을 입었다.

22 **clear**
[kliər]

(섞이거나 흐리지 않아) 형 **맑은, 투명한; 분명한** 동 **맑아지다; 치우다**

The water was so **clear** we could see the bottom.
물이 너무 맑아서 바닥까지 볼 수 있을 정도였다.

23 **dirty**
[də́ːrti]

(때·쓰레기·먼지 등으로) 형 **더러운, 불결한**

➡ dirt [dəːrt] 명 먼지, 때

She put her **dirty** clothes into the washing machine.
그녀는 더러운 옷을 세탁기에 집어 넣었다.

24 **spot**
[spat]

1. (주변과 색깔이 다른 작고 둥근) 명 **점, 반점, 얼룩**
2. (특별함이 있는 특정) 명 **장소, 지점**

(주변과 색깔이 다른) 1 **점** → (특별함이 있는) 2 **장소**

He was wearing a black tie with white **spots**.
그녀는 흰색 점 무늬가 있는 검은 넥타이를 매고 있었다.

He showed me the exact **spot** where it had happened.
그는 내게 그 일이 일어난 정확한 지점을 보여 주었다.

25 **mess**
[mes]

(물건들이 어질러져서) 명 **엉망인 상태, 혼란**

➡ messy [mési] 형 엉망인

I'm sorry about the **mess**. I'll clean it up.
어질러 놓아서 미안합니다. 치우겠습니다.

26 **dust**
[dʌst]

(물건 위에 쌓이는) 명 **먼지**

The furniture in the room was all covered in **dust**.
그 방의 가구는 온통 먼지로 뒤덮여 있었다.

[27] **trash**
[træʃ]

(못 쓰게 되어 내버리는) 명 **쓰레기** (= garbage)

He picked up all the trash and put it in the **trash** can.
그는 모든 쓰레기를 주워서 쓰레기통에 넣었다.

[28] **garbage**
[gάːrbidʒ]

(못 쓰게 되어 내버리는) 명 **쓰레기** (= trash)

Can you take out the **garbage** when you have time?
시간이 날 때 쓰레기를 내다 놓아 주시겠습니까?

[29] **pollution**
[pəlúːʃən]

(자연 환경이 더러워지는 것): 명 **오염, 공해**

pol(**강조**) + lute(**더럽히다**) → (완전하게) 더럽힘 → **오염, 공해**

pollute [pəlúːt] 동 오염시키다, 더럽히다

Air **pollution** causes health problems for many people.
대기 오염은 많은 사람들에게 건강 문제를 일으킨다.

Daily Test

01	toothbrush	16	sweep
02	mess	17	pollution
03	clear	18	garbage
04	grow	19	dirty
05	wash	20	exist
06	decorate	21	comb
07	die	22	hometown
08	wipe	23	clean
09	spot	24	tidy
10	grave	25	toothpaste
11	dust	26	soap
12	dead	27	survive
13	trash	28	birth
14	laundry	29	polish
15	native		

Answer Key ▷ 294

Day 03 의식주 I

food, clothing & shelter I

≫ 테마 기본 어휘	fashion(패션, 유행) · dress(드레스, 옷을 차려 입다) · uniform(유니폼, 제복) · jacket(재킷, 윗옷) · shirt(셔츠) · blouse(블라우스) · coat(코트) · sweater(스웨터) · pants(바지) · jeans(진바지) · skirt(치마) · pocket(호주머니) · button(단추, 버튼) · shoe(신발, 구두) · boot(부츠, 장화) · belt(허리띠) · glove(장갑) · stocking(스타킹) · ring(반지) · bag(가방) · handbag(핸드백) · food(음식) · soup(수프) · beef(쇠고기) · salad(샐러드) · tomato(토마토) · apple(사과) · banana(바나나) · orange(오렌지) · lemon(레몬) · melon(멜론)

01 **clothes** [klouz]

(모든 종류의) 명 **옷, 의복**

➜ cloth [klɔːθ] 명 옷감, 직물; 천, 헝겊

He took off his **clothes** and went into the bathroom.

그는 옷을 벗고 욕실로 들어갔다.

02 **fashion** [fǽʃən]

(특정 시기에 인기를 끄는) 명 **패션, 유행, 유행하는 것**

➜ fashionable [fǽʃənəbl] 형 유행하는, 유행에 맞는

Long skirts are in **fashion** again this year.

긴 치마가 올해 다시 유행이다.

03 **suit** [suːt]

(상의·하의가 한 세트로 된) 명 **정장; ~옷[복]** 동 **(옷, 색상이) 어울리다**

He was dressed in a blue **suit** and white shirt.

그는 파란색 양복에 흰색 셔츠를 입었다.

04 **sleeve** [sliːv]

(윗도리의 팔을 덮는 부분): 명 **소매**

The T-shirt has a round neck and long **sleeves**.

그 티셔츠는 라운드넥과 긴 소매를 가지고 있다.

05 **hat** [hæt]

(머리에 쓰는 테가 있는) 명 **모자**

You should take off your **hat** when entering a church.

교회에 들어갈 때는 모자를 벗어야 합니다.

06 **handkerchief**
[hǽŋkərtʃif]

(몸에 지니고 다니며 닦을 때 쓰는) 명 **손수건**

hand(손) + kerchief(머릿수건) → **손수건**

He took out his **handkerchief** and wiped his face.
그는 손수건을 꺼내 그의 얼굴을 닦았다.

07 **sock**
[sak]

(발목이나 무릎 밑까지 덮는) 명 **양말**

I had a hole in my **sock** when I took off my shoe.
내가 신발을 벗으니 양말에 구멍이 나 있었다.

08 **jewel**
[dʒúːəl]

(다이아몬드 같은 값비싼) 명 **보석, (보석을 박은) 장신구**

jewelry [dʒúːəlri] 명 (집합적) 보석류

She was wearing **jewels** made of gold and silver.
그녀는 금과 은으로 만들어진 보석을 착용하고 있었다.

09 **necklace**
[néklis]

(보석 등을 꿰어 목에 거는) 명 **목걸이**

neck(목) + lace(레이스) → (목에 거는) 레이스 → **목걸이**

He bought her a diamond **necklace** for her birthday.
그는 그녀의 생일 선물로 다이아몬드 목걸이를 사주었다.

10 **wallet**
[wálit]

(돈·카드 등을 넣어 두는) 명 **지갑**

He took his **wallet** out of his pocket.
그는 호주머니에서 지갑을 꺼냈다.

11 **backpack**
[bǽkpæk]

(등에 짊어지도록 만든) 명 **배낭**

back(등) + pack(꾸러미) → (등에 짊어지는) 꾸러미 → **배낭**

He walked across the campus carrying his **backpack**.
그는 배낭을 지고 캠퍼스를 가로질러 걸어갔다.

12 **suitcase**

[sú:tkeis]

(옷가지 등의 여행용 물품을 넣는) 명 **여행 가방**

suit(**정장**) + case(**케이스**) → 원래 뜻은, 정장을 넣는 케이스 → **여행 가방**

He packed his **suitcase** and took a taxi to the airport.

그는 여행 가방을 싸고 택시를 타고 공항으로 갔다.

13 **wear**

[wɛər]

(- wore - worn)

(옷·구두·모자·안경 등을) 동 **입고[신고, 쓰고, 끼고] 있다**

He was **wearing** dark pants and a white T-shirt.

그는 검은색 바지와 흰색 티셔츠를 입고 있었다.

14 **fasten**

[fǽsn]

1. (코트·셔츠·가방·문 등을) 동 **채우다, 잠그다, 걸다**

2. (붙어 있거나 매어 있게) 동 **고정시키다[되다]**

fast(**단단히 고정된**) + en → (단단히) 2 **고정시키다** → 1 **채우다, 잠그다**

Fasten your seatbelt whenever you get into your car.

차에 탈 때는 언제나 안전벨트를 매십시오.

He **fastened** the rope to a large rock.

그는 커다란 바위에 로프를 고정시켰다.

15 **mend**

[mend]

1. (찢어지거나 해진 곳을) 동 **수선하다**

2. (고장나거나 파손된 것을) 동 **수리[수선]하다**

My mom **mended** a hole in the pocket of my jeans.

엄마는 내 청바지의 주머니에 난 구멍을 수선했다.

He climbed up a ladder to **mend** the roof of the house.

그는 집 지붕을 수선하기 위해 사다리를 올라갔다.

16 **thread**

[θred]

(옷감을 짜고 바느질을 하는) 명 **실** 동 **(바늘에) 실을 꿰다**

I want to **thread** a needle but I can't see the hole.

나는 바늘에 실을 꿰고 싶은데 구멍이 보이지 않습니다.

17 **needle**

[ní:dl]

(가늘고 끝이 뾰족한) (바느질·뜨개질용) 명 **바늘, (주사) 바늘**

Be careful with that **needle** - it has a very sharp point.

그 바늘을 조심하세요. 매우 날카로운 뾰족한 끝을 가지고 있습니다.

18 **diet**

[dáiət]

1. (날마다 먹는) 명 **일상의 음식[식사]**

2. (체중 조절을 위한) 명 **식이 요법, 다이어트**

1 **일상의 음식** → (일상의 음식 양을 조절하는) 2 **식이 요법**

A balanced **diet** is very important for good health.

균형 잡힌 식사는 건강에 매우 중요하다.

She's on a **diet** to lose some weight for her health.

그녀는 건강을 위해 살을 빼려고 다이어트 중이다.

19 **meat**

[mi:t]

(먹을 것으로 쓰는) 명 **고기**

She doesn't eat any **meat** at all because she loves animals.

그녀는 동물을 사랑하기 때문에 어떤 고기도 전혀 먹지 않는다.

20 **pork**

[pɔ:rk]

명 **돼지고기**

He doesn't eat **pork** because it is against his religion.

그는 자신의 종교에 어긋나기 때문에 돼지고기를 먹지 않는다.

21 **vegetable**

[védʒətəbl]

(먹기 위해 가꾸는 온갖) 명 **채소, 야채**

veget(**생기를 주다**) + able → 생기를 주는 것 → **채소, 야채**

We grow **vegetables** in our garden, so I eat a lot of fresh vegetables.

우리는 정원에 채소를 길러서 나는 많은 신선한 채소를 먹는다.

22 **potato**
[pətéitou]

(채소의 일종): 명 감자

We had baked **potatoes** for dinner.
우리는 저녁 식사로 구운 감자를 먹었다.

23 **onion**
[ʌnjən]

(채소의 일종): 명 양파

An **onion** has a strong taste and a strong smell.
양파는 강한 맛과 강한 냄새를 가지고 있다.

24 **carrot**
[kǽrət]

(채소의 일종): 명 당근

Rabbits like **carrots** more than any other food.
토끼는 다른 어떤 음식보다도 당근을 좋아한다.

25 **cucumber**
[kjú:kʌmbər]

(채소의 일종): 명 오이

Dinner was chicken and a salad of **cucumber** and tomato.
저녁 식사는 닭고기와 오이 토마토 샐러드였다.

26 **garlic**
[gɑ́:rlik]

(채소의 일종): 명 마늘

Don't put too much **garlic** in the food.
음식에 마늘을 너무 많이 넣지 마세요.

27 **fruit**
[fru:t]

(사과 · 배 · 포도 등의) 명 과일

Try to eat plenty of fresh **fruit** and vegetables every day.
매일 충분한 과일과 야채를 먹도록 하십시오.

[28] **grape**
[greip]

(과일의 일종): 명 포도

These **grapes** taste very sweet.
이 포도는 매우 달콤하다.

[29] **strawberry**
[strɔ́ːbèri]

(과일의 일종): 명 딸기

Strawberry is my favorite fruit.
딸기는 내가 가장 좋아하는 과일이다.

[30] **grain**
[grein]

(쌀·보리·밀·콩 등의) 명 곡물, (곡식의) 낟알

He grows **grain** and vegetables on his land.
그는 자신의 땅에서 곡물과 채소를 재배한다.

[31] **rice**
[rais]

(곡물의 일종): 명 쌀; 밥

Most Korean people eat **rice** every day.
대부분의 한국 사람들은 매일 밥을 먹는다.

Daily Test

01	mend	17	rice
02	needle	18	sock
03	fasten	19	necklace
04	vegetable	20	clothes
05	wear	21	thread
06	diet	22	grain
07	suit	23	fashion
08	handkerchief	24	grape
09	onion	25	potato
10	cucumber	26	carrot
11	meat	27	jewel
12	sleeve	28	garlic
13	fruit	29	suitcase
14	wallet	30	strawberry
15	backpack	31	hat
16	pork		

Answer Key ▷ 294

Day 04

의식주 II

food, clothing & shelter II

≫ 테마 기본 어휘	corn(옥수수) · bread(빵) · cake(케이크) · honey(꿀) · coffee(커피) · tea(차) · juice(주스) · beer(맥주) · wine(와인) · oil(기름) · sauce(소스) · vitamin(비타민) · eat(먹다) · drink(마시다) · breakfast(아침 식사) · lunch(점심 식사) · dinner(정찬, 저녁 식사) · dessert(후식) · snack(스낵, 간식) · buffet(뷔페) · dish(큰 접시; 요리) · cup(컵, 찻잔) · glass(유리잔; 유리) · fork(포크) · knife(나이프, 작은 칼) · spoon(숟가락, 스푼) · restaurant(음식점) · cafe(카페) · waiter(웨이터) · menu(메뉴) · fry(튀기다, 볶다)

01 **bean** [biːn]

(곡물의 일종): 명 **콩**

Beans are good for your health and easy to grow.

콩은 건강에 좋고 재배하기가 쉽다.

02 **nut** [nʌt]

(껍질이 단단한 호두 · 밤 등의) 명 **견과**

Nuts are a great source of energy because they have lots of oil.

견과는 많은 기름을 함유하고 있기 때문에 훌륭한 에너지 공급원이다.

03 **taste** [teist]

(음식이 어떤) 동 **맛이 나다, 맛을 보다** 명 **맛, 미각**

➔ tasty [téisti] 형 맛있는, 맛이 좋은

Taste the soup and add salt and pepper if needed.

수프의 맛을 보고 필요하면 소금과 후추를 넣으십시오.

04 **flavor** [fléivər]

(그 음식 자체의 특유의) 명 **맛, 풍미** 동 **맛을 내다**

원뜻: **냄새(smell)** → (특유의 향[냄새]을 가진) **맛, 풍미**

This ice cream comes in three different **flavors**.

이 아이스크림은 세 가지의 다른 맛으로 나온다.

05 **delicious**

[dilíʃəs]

(음식의 맛 · 냄새가) 형 매우 맛있는[향기로운]

de(away) + lic(**유혹하다**) → (유혹될 정도로) **매우 맛있는**

The meal was really **delicious**. Thank you for dinner.

식사가 정말 맛있었습니다. 저녁 식사 감사합니다.

06 **sweet**

[swi:t]

(설탕 · 꿀의 맛과 같은) 형 단맛의, 달콤한; (느낌이) 감미로운

The coffee is too **sweet**. You have put too much sugar.

커피가 너무 달아요. 설탕을 너무 많이 넣었어요.

07 **bitter**

[bítər]

1. (단맛이 없이) 형 (맛이) 쓴
2. (일 · 경험 등이 싫거나 괴로운): 형 쓰라린, 혹독한, 격렬한

1 **(맛이) 쓴** → (일이나 경험이 쓴맛같이) 2 **쓰라린, 혹독한**

Many people don't like the **bitter** taste of black coffee.

많은 사람들은 블랙커피의 쓴 맛을 좋아하지 않는다.

She is still very **bitter** about losing her son in a car accident.

그녀는 자동차 사고로 아들을 잃은 것에 대해 여전히 비통해 하고 있다.

08 **sour**

[sauər]

(맛이 레몬 맛 같이) 형 신, 시큼한, (우유가) 상한

Milk turns **sour** very quickly in this hot weather.

우유는 이런 더운 날씨에서는 매우 빨리 상한다.

09 **salt**

[sɔ:lt]

명 소금

salty [sɔ́:lti] 형 짠, 소금기가 있는

By mistake she put too much **salt** in the soup.

그녀는 실수로 수프에 너무 많은 소금을 넣었다.

10 **pepper**

[pépər]

명 후추

Boil for 10 minutes, and add salt and **pepper** to taste.

10분간 끓이고 나서 소금과 후추를 입맛에 따라 넣으세요.

11 **sugar**

[ʃúgər]

명 설탕

Do you take cream and **sugar** in your coffee?

커피에 크림과 설탕을 넣으세요?

12 **fresh**

[freʃ]

(이제 막 얻거나 만들어서) 형 **신선[싱싱]한; 새로운, 참신한**

The supermarket sells **fresh** fruit and vegetables.

그 슈퍼마켓은 신선한 과일과 야채를 판매한다.

13 **feed**

[fi:d]

(- fed - fed)

(사람 · 동물에게) 동 **음식[먹이]를 주다, 먹이다**

food(**음식**)의 동사형

We **fed** the kids first so that the adults could have a quiet dinner.

우리는 어른들이 조용한 저녁 식사를 할 수 있게 아이들을 먼저 먹였다.

14 **bite**

[bait]

(- bit - bitten)

(이빨을 마주 눌러) 동 **물다, 깨물다, 물어뜯다** 명 **물기; 한 입**

She always **bites** her nails when she's nervous.

그녀는 초조할 때 항상 손톱을 문다.

15 **chew**

[ʧu:]

(입에 넣고 잘게) 동 **씹다** 명 **씹기**

The meat was too tough to **chew**, much like **chewing** rubber.

그 고기는 마치 고무를 씹는 것처럼 씹기에 너무 질겼다.

16 **swallow**

[swɑ́lou]

1. (음식 등을 목구멍으로) 동 **삼키다, 들이켜다**
2. (새의 일종): 명 **제비**

He was unable to **swallow** anything but a little water.

그는 약간의 물 이외에는 어느 것도 삼킬 수가 없었다.

Swallows were flying in circle in the sky.

제비들은 하늘에서 원을 그리며 날고 있었다.

17 **appetite**

[ǽpətàit]

(음식을 먹고 싶어 하는) 명 **식욕; 욕구**

ap(to) + pet(**추구하다**) → (음식을 추구하는) **식욕**

I totally lost my **appetite** and grew weaker.

나는 완전히 입맛을 잃고 허약해져 갔다.

18 **hungry**

[hʌŋgri]

(배속이 비어서) 형 **배고픈, 허기진**

hunger [hʌŋgər] 명 배고픔, 기아

Mom, I'm **hungry**. Is there anything to eat?

엄마, 배가 고파요. 먹을 것이 있어요?

19 **thirsty**

[θə́:rsti]

(물을 마시고 싶은): 형 **목마른**

thirst [θə:rst] 명 갈증

I'm really **thirsty**. I'd like a glass of water, please.

정말 목이 마릅니다. 물 한 잔 주세요.

20 **meal**

[mi:l]

(늘 일정한 시간에 먹는) 명 **식사**

We had a really good **meal** at a Chinese restaurant last night.

우리는 어젯밤 한 중국 식당에서 정말 멋진 식사를 했다.

21 **plate**

[pleit]

(각자의 개인용) 명 접시

I ate three **plates** of spaghetti and I am still hungry.

나는 세 접시의 스파게티를 먹었는데도 여전히 배가 고프다.

22 **bowl**

[boul]

(둥글고 우묵한) 명 그릇, 사발

He ate a **bowl** of soup and some bread.

그는 수프 한 그릇과 약간의 빵을 먹었다.

23 **tray**

[trei]

(음식 그릇을 받치는) 명 쟁반

The waiter brought the food on a tray and put it on the table.

웨이터는 쟁반 위에 음식을 가져와서 테이블 위에 놓았다.

24 **chopstick**

[tʃápstik]

(음식을 집는 데 쓰는) 명 젓가락

chop(**재빠른**) + stick(**막대기**) → (재빨리 집는 데 쓰는) 막대기 → **젓가락**

While waiting for the main dishes, he showed me how to use **chopsticks**.

주 요리를 기다리는 동안 그는 내게 젓가락 사용법을 보여 주었다.

25 **cook**

[kuk]

(열을 사용하여 음식을) 동 요리[조리]하다 명 요리를 하는 사람

Mom is **cooking** dinner in the kitchen and it smells great.

엄마가 부엌에서 저녁 요리를 하고 있는데 냄새가 아주 좋다.

26 **ingredient**

[ingríːdiənt]

(만드는 데 들어가는) 명 (요리의) 재료; 구성 요소

in(**안**) + gredi(**가다**) → (안에 들어가는) **재료**

She mixed all the **ingredients** together in a large bowl.

그녀는 커다란 그릇에서 모든 재료를 함께 섞었다.

27 **recipe**
[résəpi]

(음식을 만드는 방법): 명 조리[요리]법

원뜻: **의사의 처방전(prescription)** → (요리의) 처방전 → **조리법**

Will you please give me the **recipe** for the tomato soup?
그 토마토 수프의 조리법을 좀 알려 주시겠어요?

28 **chef**
[ʃef]

(특히 식당·호텔 등의) 명 주방장, 요리사

He now works as a **chef** in a Chinese restaurant.
그는 현재 한 중국 식당의 주방장으로 일하고 있다.

29 **bake**
[beik]

(오븐에서) 동 빵을 굽다

baker [béikər] 명 빵 굽는 사람 bakery [béikəri] 명 빵집, 제빵소

She **baked** the cake in a hot oven for 20 minutes.
그녀는 케이크를 뜨거운 오븐에서 20분 동안 구웠다.

Daily Test

01	chopstick	16	meal
02	sugar	17	bitter
03	sweet	18	sour
04	bite	19	feed
05	plate	20	cook
06	swallow	21	chew
07	bake	22	appetite
08	hungry	23	tray
09	fresh	24	ingredient
10	recipe	25	delicious
11	pepper	26	thirsty
12	nut	27	flavor
13	chef	28	bean
14	salt	29	taste
15	bowl		

Answer Key ▷ 294

Day 05

의식주 III

food, clothing & shelter III

≫ 테마 기본 어휘	live(살다, 거주하다) · house(집, 주택) · building(빌딩) · apartment(아파트) · tower(탑, 타워) · build(짓다, 건축하다) · door(문) · window(창문) · fence(펜스, 울타리) · garden(정원) · hall(현관; 복도; 회관, 홀) · lobby(로비) · room(방) · bedroom(침실) · kitchen(부엌) · bathroom(욕실) · bed(침대) · sofa(소파) · table(테이블) · carpet(카펫) · mat(매트) · curtain(커튼) · desk(책상) · chair(의자) · bench(벤치) · oven(오븐) · sink(싱크대, 세면대)

01 **pot**
[pat]

(둥글고 속이 깊은 용기): 명 **냄비; 단지, 항아리; 화분, 도기**

Cover the **pot**, and boil for about 5 minutes.
냄비 뚜껑을 덮고 5분 정도 끓이세요.

02 **kettle**
[kétl]

(물을 데우는 데 쓰는) 명 **주전자**

I'll put the **kettle** on and make a cup of tea for you.
주전자를 불에 올려서 차 한 잔 만들어 드릴게요.

03 **settle**
[sétl]

1. (새로운 곳에서 자리를 잡고) 동 **정착하다**
2. (문제 · 갈등 등을 확실하게) 동 **해결[처리]하다**

원뜻: **자리를 잡다(seat)**
- (자리를 잡고) 1 **정착하다**
- (문제 · 갈등 등이) 자리를 잡다 → 2 **해결하다**

➡ settlement [sétlmənt] 명 정착(지); 해결, 합의

After living in several cities, they finally **settled** in London.
여러 도시에서 살고 난 후 그들은 마침내 런던에 정착했다.

They want to **settle** the matter peacefully.
그들은 그 문제를 평화적으로 해결하기를 원한다.

04 **neighbor**
[néibər]

(집 주변에 사는) 명 **이웃 사람**

neighborhood [néibərhùd] 명 인근, 근처; 이웃 사람들

The party became so loud that **neighbors** called the police.
파티가 너무 시끄러워지자 이웃 사람들이 경찰을 불렀다.

05 **palace**
[pǽlis]

(왕·여왕이 머무는 곳): 명 **궁전**

The queen lived in a beautiful **palace**, but she was not happy.
여왕은 아름다운 궁전에 살았지만 행복하지 않았다.

06 **castle**
[kǽsl]

(높이 쌓은 방어용 담이 있는) 명 **성, 성곽**

The **castle** stands on the top of a very high mountain.
그 성은 매우 높은 산 꼭대기에 서 있다.

07 **address**
[ədrés]

(장소의 행정 구역상 이름): 명 **주소**

ad(**방향**) + dress(**향하다**) → (편지가) 향하는 곳 → **주소**

I must write to him, but I don't know his **address**.
나는 그에게 편지를 써야 하는데 그의 주소를 모른다.

08 **floor**
[flɔːr]

1. (건물 내의) 명 **층**
2. (건물 내 방의) 명 **(방)바닥, 마루**

2 **바닥** → (건물 내) 바닥이 같은 곳 → 1 **층**

His office is on the fifth **floor** of this building.
그의 사무실은 이 건물의 5층에 있다.

The dish fell to the **floor** and broke into pieces.
접시가 바닥에 떨어져서 산산조각이 났다.

09 **stair**
[stɛər]

(층 사이를 오르내리기 위한) 명 **계단, 층계**

He ran up the **stairs** to see what had happened.
그는 무슨 일이 일어났는지 보려고 계단을 뛰어 올라갔다.

10 **ladder**
[lǽdər]

(발을 디디고 오르게 만든) 명 **사다리, 사닥다리**

He fell off a **ladder** and broke his leg.
그는 사다리에서 떨어져서 다리가 부러졌다.

11 **upstairs**
[ʌpstɛ́ərz]

(현재의 층보다) 부 **위층으로[에서]** 형 **위층의** 명 **위층**

up(**위로**) + stairs(**계단**) → (계단의) 위로 → **위층으로**

downstairs [dáunstɛ́ərz] 부 아래층으로[에서] 형 아래층의 명 아래층

He jumped up and ran **upstairs** to see what was going on.
그는 벌떡 일어나서 무슨 일이 있는지 보기 위해 위층으로 뛰어 올라갔다.

12 **basement**
[béismənt]

(건물 아래의) 명 **지하실[층]**

base(**맨 아래 부분**) + ment → (건물의) 맨 아래 부분 → **지하실**

I moved all the boxes down to the **basement**.
나는 모든 상자들을 지하실로 옮겼다.

13 **ceiling**
[síːliŋ]

(건물 내부의 위쪽 면): 명 **천장**

The **ceiling's** low, so be careful not to hit your head.
천장이 낮습니다. 머리를 부딪치지 않도록 조심하십시오.

14 **gate**
[geit]

(건물 밖 담·울타리에 나 있는) 명 **정문, 대문, 문**

She pushed open the **gate** and walked toward the house.
그녀는 대문을 밀어서 열고 집 쪽으로 걸어갔다.

[15] **wall**
[wɔːl]

(집·방 등의 둘레를 막은) 명 벽, 담

The room had a lot of pictures on the **walls**.
그 방에는 벽에 많은 그림이 걸려 있었다.

[16] **fence**
[fens]

(나무 등으로 경계를 지어 막은) 명 울타리

There is a **fence** between the two gardens.
그 두 정원 사이에는 울타리가 있다.

[17] **roof**
[ruːf]

(집의 위쪽을 덮어 가리는) 명 지붕

Winter came again, and the **roofs** were covered with snow.
겨울이 다시 찾아왔고 지붕은 눈으로 덮여 있었다.

[18] **chimney**
[ʧímni]

(연기가 밖으로 빠져 나오게 만든) 명 굴뚝

Smoke is coming out of the **chimney** of the house next door.
옆집 굴뚝에서 연기가 나오고 있다.

[19] **garage**
[gərάːdʒ]

(차를 넣어 두는) 명 차고

This **garage** isn't big enough for two cars.
이 차고는 두 대의 차를 넣기에 충분히 크지 않다.

[20] **build**
[bild]
(- built - built)

(건물·다리 등을) 동 짓다, 건축[건설]하다

building(**빌딩**)의 동사형

The building was **built** 100 years ago and is still in use today.
그 건물은 100년 전에 지어졌고 오늘날에도 여전히 사용 중이다.

[21] **furniture**
[fə́ːrnitʃər]

(옷장·책상·의자 등의) 명 **가구**

The only **furniture** in the room was a small table.
그 방의 유일한 가구는 작은 테이블 하나이었다.

[22] **pillow**
[pílou]

(누울 때 머리를 괴는) 명 **베개**

He put his head on the **pillow** and closed his eyes.
그는 베게 위에 머리를 올려놓고 눈을 감았다.

[23] **sheet**
[ʃiːt]

1. (침대에 까는 흰 천): 명 **시트**
2. (종이를 세는 단위): 명 **(종이) 한 장**

1 **시트** → (네모난 흰 천같이 생긴) 종이 → 2 **(종이) 한 장**

She quickly changed the **sheets** and made the bed.
그녀는 재빠르게 시트를 갈고 잠자리를 정돈했다.

Take out a clean **sheet** of paper and divide it in half.
백지 한 장을 꺼내 그것을 반으로 나누십시오.

[24] **blanket**
[blǽŋkit]

(덮거나 깔도록 만든) 명 **담요, 모포**

It was so cold that she covered herself with a **blanket**.
너무 추워서 그녀는 담요로 자신을 덮었다.

[25] **mirror**
[mírə(r)]

(모양이 비치는) 명 **거울**

She stood and looked at herself in the **mirror**.
그녀는 서서 거울 속에 비친 자신을 바라보았다.

[26] **drawer**
[drɔːr]

(책상·옷장에 물건을 담는) 명 **서랍**

He opened the **drawer** of the desk and took out some paper.
그는 책상 서랍을 열고 몇 장의 종이를 꺼냈다.

27 **closet**

[klάzit]

(옷 · 식기 등을 넣어 두는) 명 **벽장, 찬장**

Her **closet** was filled with beautiful and expensive clothes.

그녀의 옷장은 아름답고 값비싼 옷들로 가득했다.

28 **shelf**

[ʃelf]

(물건을 얹어 두기 위한) 명 **선반; 책꽂이**

She put the book back on the **shelf**.

그녀는 책을 책꽂이에 다시 꽂아 놓았다.

29 **refrigerator**

[rifrídʒərèitər]

(식품 등을 차게 저장하기 위한) 명 **냉장고**

re(**다시**) + frig(**차가운**) → (다시) 차갑게 하는 것 → **냉장고**

She put the milk back in the **refrigerator** and closed the door.

그녀는 우유를 다시 냉장고에 집어 넣고 문을 닫았다.

Day 05

Daily Test

01	basement	16	fence
02	mirror	17	refrigerator
03	pillow	18	shelf
04	castle	19	sheet
05	wall	20	neighbor
06	build	21	upstairs
07	address	22	kettle
08	chimney	23	furniture
09	blanket	24	garage
10	stair	25	ceiling
11	drawer	26	ladder
12	floor	27	palace
13	closet	28	pot
14	gate	29	roof
15	settle		

Answer Key ▷ 294

Day 06 사람의 몸 I

human body I

≫ 테마 기본 어휘	body(몸, 육체) · tall(키가 큰) · giant(거인) · fat(살찐) · stand(서다) · sit(앉다) · neck(목) · back(등) · hip(엉덩이) · heart(심장; 마음) · skin(피부) · feel(느끼다) · face(얼굴) · head(머리) · hair(머리털, 털) · eye(눈) · wink(윙크) · see(보다, 보이다) · look(보다, 바라보다) · ear(귀) · sound(소리) · bell(종 (소리), 벨) · call(부르다) · hear(듣다, 들리다) · listen(듣다)

01 **physical**
[fízikəl]

1. (인간의 마음·정신과 대비하여) 형 **몸의, 육체의**
2. (현실에서 보고 만질 수 있는) 형 **물질[자연]의, 물질적인**

physic(**자연**) + al ┌ (자연에서 보고 만질 수 있는) 2 **물질의**
└ (물질로 이루어진) 1 **육체의**

Physical exercise helps you sleep better.
신체 운동은 잠을 더 잘 자게 하는 데 도움이 된다.

We live in the **physical** world that we can touch.
우리는 우리가 만질 수 있는 물질 세계에 산다

02 **gesture**
[dʒéstʃər]

(의사나 감정을 전달하는) 명 **몸짓, 제스처**

He raised his arms in a **gesture** of victory.
그는 승리의 제스처로 팔을 치켜 올렸다.

03 **overweight**
[ouvərwéit]

(fat의 완곡한 말): 형 **살찐, 과체중의; 중량 초과의**

over(**정상보다 많은**) + weight(**체중, 무게**) → **과체중의; 중량 초과의**

A person who is **overweight** should go on a diet.
과체중인 사람은 다이어트를 해야 한다.

04 **seat**
[siːt]

(의자가 있는) 명 **자리, 좌석** 동 **앉히다**

Please come in and take a **seat**.
들어와서 자리에 앉으세요.

05 **shoulder**
[ʃóuldər]

(팔의 위 끝부터 목의 아래 끝까지 사이의) 명 어깨

He put his arm around her **shoulders**.
그는 팔로 그녀의 어깨를 감싸 안았다.

06 **chest**
[ʧest]

(배와 목 사이의) 명 가슴

The heart is in the middle of the **chest**.
심장은 가슴의 한가운데에 있다.

07 **stomach**
[stΛmək]

1. (가슴과 엉덩이 사이의) 명 배, 복부
2. (소화 기관): 명 위

1 **배** → (배 속에 있는) 장기 → 2 **위**

He kicked me in the **stomach** and I fell down.
그는 내 배를 찼고 나는 쓰러졌다.

Do not take the pills on an empty **stomach**.
빈속에는 그 알약을 복용하지 마십시오.

08 **waist**
[weist]

(갈빗대 아래로부터 엉덩이까지의 잘록한 부분): 명 허리

These pants are too tight around my **waist**.
이 바지는 내 허리에 너무 꽉 낍니다.

09 **lung**
[lʌŋ]

(호흡을 하는 기관): 명 폐, 허파

Smoking can cause **lung** cancer and heart disease.
흡연은 폐암과 심장병을 일으킬 수 있다.

10 **bone**
[boun]

(몸을 지탱하는 단단한 물질): 명 뼈

After taking X-rays, the doctor said that the **bone** was broken.
엑스레이를 찍은 후 의사는 뼈가 부러졌다고 말했다.

11 **muscle**

[mʌsl]

(몸의 운동 기능을 수행하는) 명 **근육**

→ muscular [mʌskjulur] 형 근육의, 근육이 발달한

Cycling helps you develop **muscle** strength.

자전거 타기는 근육 힘을 발달시키는 데 도움이 된다.

12 **pale**

[peil]

(얼굴이 핏기가 없이 새하얀): 형 **창백한**

You look **pale**. What's the matter? Are you sick?

창백해 보입니다. 무슨 일이에요? 어디가 아픈가요?

13 **sweat**

[swet]

(더울 때 피부에서 나오는) 명 **땀** 동 **땀을 흘리다**

→ sweaty [swéti] 형 땀투성이의

It was a hot summer day and he was **sweating** a lot.

그날은 더운 여름 날이었고 그는 땀을 많이 흘리고 있었다.

14 **sense**

[sens]

(오감을 통해 느끼는) 명 **감각, 느낌** 동 **감지하다**

Dogs are smart and have a good **sense** of smell.

개는 영리하고 뛰어난 후각을 가지고 있다.

15 **blood**

[blʌd]

(몸 안을 도는 붉은색의) 명 **피, 혈액**

Blood was running from a cut on his face.

피가 그의 얼굴의 베인 상처에서 흘러 내리고 있었다.

16 **forehead**

[fɔ:rhéd]

(눈썹 위로부터 머리털 아래까지의 사이): 명 **이마**

fore(**앞**) + head(**머리**) → 머리 앞부분 → **이마**

She touched his **forehead** to see if he had a fever.

그녀는 그가 열이 있는지 보려고 그의 이마를 만져 보았다.

[17] **cheek**

[ʧiːk]

(얼굴의 양 옆에 살이 볼록한 부분): 명 **빰, 볼**

He smiled and gently kissed her on the **cheek**.

그는 미소를 지으면서 그녀의 뺨에 부드럽게 입맞춤을 했다.

[18] **brain**

[brein]

(머리뼈 속에 있는) 명 **뇌, 두뇌**

The **brain** is the most important part of the body.

뇌는 몸에서 가장 중요한 부분이다.

[19] **nod**

[nad]

(동의 · 승낙의 뜻으로) 동 **머리를 끄덕이다** 명 **끄덕임**

He **nodded** his head to show that he agreed with me.

그는 나에게 동의한다는 것을 보여 주기 위해 고개를 끄덕였다.

[20] **sight**

[sait]

(보는 능력[행위], 보이는 대상): 명 **시각, 시력; 보기; 광경**

see(보다)의 명사형

The blind man lost his **sight** in the war.

그 장님은 전쟁 중에 그의 시력을 잃었다.

[21] **stare**

[stɛər]

(공포 · 놀라움 등으로) 동 **빤히 쳐다보다, 응시하다** 명 **응시**

She noticed that the man was **staring** at her.

그녀는 그 남자가 자신을 빤히 쳐다보고 있다는 것을 알아차렸다.

[22] **watch**

[waʧ]

1. (움직임 · 변화 등을 주의 깊게) 동 **지켜보다, 주시하다** 명 **주시**
2. (손목 등에 차는 휴대용) 명 **시계**

1 **지켜보다** → (시간을 지켜보는) 2 **시계**

There's a man **watching** us from behind that tree.

저 나무 뒤에서 우리를 지켜보고 있는 남자가 있다.

'It's time to leave now,' he said, looking at his **watch**.

그는 시계를 보면서 '이제 떠날 시간입니다'라고 말했다.

Day 06

23 **observe**

[əbzə́ːrv]

(학습·연구를 목적으로) 동 관찰[관측]하다

ob(to) + serve(**지키다**) → (눈으로) 지켜보다 → **관찰하다**

observation [àbzərvéiʃən] 명 관찰, 관측

He liked observing; he **observed** how people talked and acted.

나는 관찰하기를 좋아해서 사람들이 어떻게 말하고 행동하는지를 관찰했다.

24 **view**

[vjuː]

1. (어떤 위치에서 보이는) 명 전망, 경치 동 보다, 바라보다
2. (일·문제를 바라보는) 명 견해, 의견

보다(see) ┌ (보이는) 1 **전망**
└ (일을 바라보는) 2 **견해**

The **view** from the top of the mountain was wonderful.

산 꼭대기에서 보는 경치는 멋졌다.

He and I had different **views** on many things.

그와 나는 많은 것에서 다른 의견을 가지고 있었다.

25 **appear**

[əpíər]

1. (보이지 않던 것이) 동 나타나다, 출현하다
2. (겉으로 보기에) 동 ~처럼 보이다

ap(to) + pear(**보이는**) → (눈에) 보이다 → 1 **나타나다** 2 **~처럼 보이다**

appearance [əpíərəns] 명 출현, 등장, 출연; 외모, 외관

They were waiting for the pop star to **appear** on stage.

그들은 그 팝스타가 무대에 나타나기를 기다리고 있었다.

He **appeared** to be about twenty years old.

그는 대략 20살 정도로 보였다.

26 **disappear**

[dìsəpíər]

(더 이상 보이지 않고) 동 사라지다

dis(**반대**) + appear(**나타나다**) → '나타나다'의 반대 → **사라지다**

disappearance [dìsəpíːərəns] 명 사라짐

The plane **disappeared** into the clouds.

비행기가 구름 속으로 사라졌다.

[27] **voice**
[vɔis]

(목구멍에서 나는) 명 목소리, 음성

I knew it was her as soon as I heard her **voice** on the phone.
나는 전화에서 목소리를 듣자마자 그것이 그녀라는 것을 알았다.

[28] **noise**
[nɔiz]

(불쾌하고 시끄러운) 명 소음, 잡음

→ noisy [nɔ́izi] 형 시끄러운

They made so much **noise** that I couldn't get to sleep.
그들이 너무 시끄럽게 떠들어서 나는 잠을 잘 수가 없었다.

[29] **loud**
[laud]

(보통의 정도보다) 형 소리가 큰, 시끄러운 부 큰 소리로, 시끄럽게

→ aloud [əláud] 부 소리 내어

The music was so **loud** that I couldn't hear her at all.
음악이 너무 시끄러워서 나는 그녀의 말을 전혀 들을 수가 없었다.

Day 06

Daily Test

01	bone	16	chest
02	disappear	17	watch
03	stare	18	observe
04	loud	19	noise
05	stomach	20	muscle
06	gesture	21	physical
07	blood	22	overweight
08	seat	23	lung
09	voice	24	pale
10	sweat	25	sight
11	appear	26	shoulder
12	cheek	27	nod
13	sense	28	forehead
14	view	29	brain
15	waist		

Answer Key ▷ 294

Day 07

사람의 몸 II

human body II

≫ 테마 기본 어휘	nose(코) · mouth(입) · kiss(입맞춤) · hand(손) · touch(대다, 만지다) · hold(붙들다, 잡다) · catch(잡다, 붙잡다) · throw(던지다) · foot(발) · leg(다리) · walk(걷다) · step(걸음, 한걸음) · run(달리다, 뛰다) · jog(조깅하다) · jump(뛰다, 뛰어오르다)

01 **shout**
[ʃaut]

(크게 소리를 내어) 동 **외치다, 소리지르다** 명 **외침, 큰 소리**

He got angry with me, and **shouted** at me to go away and never come back.

그는 내게 화가 나서 떠나서 절대 돌아오지 말라고 내게 소리를 질렀다.

02 **scream**
[skriːm]

(두려움·고통·흥분 등으로) 동 **비명을 지르다** 명 **비명**

She **screamed** loud enough to wake up everybody in her house.

그는 집안의 모든 사람을 깨울 만큼 크게 비명을 질렀다.

03 **whisper**
[hwíspər]

(아주 작은 소리로) 동 **속삭이다, 소곤거리다** 명 **속삭임**

He smiled when she **whispered** something in his ear.

그녀가 그의 귀에 뭔가를 속삭였을 때 그는 미소를 지었다.

04 **quiet**
[kwáiət]

(소리가 거의 없이) 형 **조용한, 고요한**

The teacher told the noisy boys to keep **quiet**.

선생님은 떠드는 소년들에게 조용히 하라고 말했다.

05 **silence**
[sáiləns]

(소리·말소리가 전혀 없는 상태): 명 적막, 정적; 침묵

sil(조용한) + ence → (조용한) 상태 → 적막; 침묵

silent [sáilənt] 형 정적의, 침묵을 지키는

There was complete **silence** for a moment.
잠시 동안 완전한 침묵이 있었다.

06 **smell**
[smel]

(코로) 동 냄새[향]를 맡다, ~ 냄새가 나다 명 냄새, 향

The **smell** coming from the kitchen was delicious.
부엌에서 나는 냄새는 맛깔스러웠다.

07 **tongue**
[tʌŋ]

(맛을 느끼는) 명 혀

He burned his **tongue** on the hot coffee.
그는 뜨거운 커피에 혀를 데었다.

08 **throat**
[θrout]

(입 속 맨 안쪽의) 명 목구멍

He cleared his **throat** and began to sing.
그는 목을 가다듬고 노래를 부르기 시작했다.

09 **tooth**
[tu:θ]

(음식물을 씹는) 명 이, 치아

He almost always brushes his **teeth** after a meal.
그는 식사 후에는 거의 항상 이를 닦는다.

10 **breathe**
[bri:ð]

(코나 입으로) 동 호흡하다, 숨쉬다

breath [breθ] 명 숨, 호흡

He **breathed** deeply before opening the door.
그는 문을 열기 전에 숨을 깊이 들이쉬었다.

Day 07

[11] **finger**

[fíŋgər]

(손끝에 달려 있는) 명 손가락

Don't point your **finger** at me. It's rude!

내게 삿대질 하지 마세요. 무례합니다!

[12] **thumb**

[θʌm]

(가장 짧고 굵은 첫째 손가락): 명 엄지손가락

You have four fingers and a **thumb** on each of your hands.

각각의 손에는 네 개의 손가락과 한 개의 엄지손가락이 있다.

[13] **nail**

[neil]

1. (손가락·발가락 끝의) 명 손톱, 발톱
2. (망치로 두드려 박는) 명 못

The boy has a bad habit of biting his **nails**.

그 소년은 손톱을 무는 나쁜 버릇이 있다.

He hammered the **nail** into the door.

그녀는 망치로 문에 못을 박았다.

[14] **palm**

[pa:m]

(손의 안쪽): 명 손바닥

Smartphones are computers in the **palm** of your hand.

스마트폰은 손바닥 안의 컴퓨터이다.

[15] **wrist**

[rist]

(손과 팔이 잇닿은 부분): 명 손목

He looked at the watch on his **wrist**. It was six o'clock.

그는 손목에 찬 시계를 보았다. 시간은 여섯 시였다.

[16] **fist**

[fist]

(손가락을 다 오그려 쥔 손): 명 주먹

The man punched me in the face with his **fist**.

그 남자는 주먹으로 내 얼굴을 가격했다.

17 **arm**
[aːrm]

(어깨와 손목 사이의 부분): 명 팔

She was holding the baby in her **arms**.
그녀는 아기를 팔에 안고 있었다.

18 **elbow**
[élbou]

(팔의 위아래 관절이 이어진 곳의 바깥쪽): 명 팔꿈치

Don't put your **elbows** on the table while eating.
식사를 하는 동안에는 팔꿈치를 테이블에 놓지 마세요.

19 **rub**
[rʌb]

(무엇의 표면에 대고) 동 문지르다, 비비다 명 문지르기, 비비기

He took off his glasses and **rubbed** his eyes.
그는 안경을 벗고 눈을 비볐다.

20 **scratch**
[skrætʃ]

(손톱이나 날카로운 끝으로) 동 긁다, 할퀴다 명 긁음, 할퀴

He **scratched** his head with his fingers.
그는 손가락으로 그의 머리를 긁었다.

21 **hug**
[hʌg]

(사랑·반가움 등의 표현으로) 동 (껴)안다 명 포옹

They **hugged** each other before leaving.
그들은 떠나기 전에 포옹을 했다.

22 **stretch**
[stretʃ]

1. (팔이나 다리를 쭉) 동 뻗다, 기지개를 켜다 명 뻗기, 기지개
2. (잡아당겨서) 동 늘이다, 늘어나다

외래어: 몸 펴기 **운동 스트레칭(stretching)** 연상

You should always **stretch** before exercise.
운동 전에는 항상 스트레칭을 해야 한다.

The sweater has **stretched** and doesn't fit me any more.
그 스웨터는 늘어져서 더 이상 내게 맞지 않는다.

23 **clap**

[klæp]

(손바닥을 마주 쳐서) 동 **박수[손뼉]를 치다** 명 **박수 (소리)**

When the song was over, they stood up and **clapped**.

노래가 끝나자 그들은 일어나서 박수를 쳤다.

24 **toe**

[tou]

(발끝에 달려 있는) 명 **발가락**

He was dressed in black from head to **toe**.

그는 머리끝부터 발끝까지 검은색을 입고 있었다.

25 **ankle**

[ǽŋkl]

(다리와 발이 이어지는) 명 **발목**

He fell out of a tree and broke his **ankle**.

그는 나무에서 떨어져서 발목이 부러졌다.

26 **knee**

[niː]

(다리의 중간에 구부려지는) 명 **무릎**

The little girl was on her **knees** on the floor.

그 어린 소녀는 바닥에 무릎을 꿇고 있었다.

27 **leap**

[liːp]

(- leaped|leapt
- leaped|leapt)

(다른 위치로) 동 **껑충 뛰어서 이동하다, 껑충 뛰다** 명 **도약**

He **leaped** over the fence and disappeared quickly.

그는 펜스를 뛰어넘어 급히 사라졌다.

28 **hike**

[haik]

(산·들·시골길을 즐기면서) 동 **도보여행하다**

➜ hiking [háikiŋ] 명 도보 여행

He likes to go **hiking** in the mountains.

그는 산으로 도보여행을 하는 것을 좋아한다.

[29] **march**
[ma:rtʃ]

1. (여러 사람이 무리를 지어) 동 **행진하다** 명 **행진**
2. (M-) (한 해의 열두 달 중 세 번째 달): 명 **3월**

Hundreds of soldiers **marched** through the streets.
수백 명의 군인들이 거리를 행진했다.

The baseball season starts in **March**.
야구 시즌은 3월에 시작된다.

[30] **slip**
[slip]

(얼음판 등에서 중심을 잃고) 동 **미끄러지다** 명 **미끄러짐**

He **slipped** on the ice and broke his arm.
그는 빙판에서 미끄러져서 팔이 부러졌다.

[31] **slide**
[slaid]
(- slid - slid)

(미끄러운 표면 위를) 동 **미끄러져 움직이다** 명 **미끄러짐; 미끄럼틀**

놀이 기구 **미끄럼틀(slide)** 연상

The children are having fun **sliding** down the icy slope.
그 아이들은 얼음 비탈을 미끄러져 내려가면서 재미있게 놀고 있다.

Day 07

Daily Test

1	silence	17	finger
2	march	18	breathe
3	thumb	19	leap
4	knee	20	quiet
5	throat	21	rub
6	toe	22	ankle
7	stretch	23	clap
8	hike	24	smell
9	scream	25	whisper
10	slip	26	elbow
11	fist	27	nail
12	shout	28	hug
13	tooth	29	palm
14	tongue	30	arm
15	slide	31	wrist
16	scratch		

Answer Key ▷ 294

Day 08 건강·질병

health & illness

≫ 테마 기본 어휘	tired(피곤한, 지친)·sleep(잠, 수면)·dream(꿈)·wheelchair(휠체어)·hospital(병원)·doctor(의사)·nurse(간호사)·ambulance(구급차)

01 **health**

[helθ]

(몸의 좋고 나쁨의 상태): 명 **건강**

➜ healthy [hélθi] 형 건강한, 건강에 좋은

He was still in good **health** at the age of ninety.

그는 90세의 나이에 여전히 건강이 좋았다.

02 **rest**

[rest]

1. (피로를 풀기 위해 푹 쉬는) 명 **휴식** 동 **쉬다, 휴식하다**

2. (전체에서 일정 부분을 제외한) 명 **나머지, 잔여**

💡 re(**뒤에**) + st(**서다**) ┌ (뒤에 서서) 1 **휴식하다**
└ (남겨져서) 뒤에 서 있는 것 → 2 **나머지**

You look tired. Why don't you take a **rest**?

피곤해 보이시네요. 좀 쉬는 게 어떻겠어요?

He ate half of it and threw the **rest** away.

그는 그것의 반을 먹고 나머지는 버렸다.

03 **relax**

[rilǽks]

(느슨하게 하여 몸·마음의) 동 **긴장을 풀다**

💡 re(back) + lax(**느슨하게 하다**) → (느슨하게 하여) **긴장을 풀다**

➜ relaxation [rìːlækséiʃən] 명 긴장 풀기, 이완

He spent the weekend **relaxing** in the countryside.

그는 주말을 시골에서 느긋하게 쉬면서 지냈다.

04 **vacation**
[veikéiʃən]

(근무나 수업을 하지 않는) 명 **휴가, 방학** (= holiday)

vacate(**비우다**) + ion → (마음을 비우면서 쉬는) **휴가, 방학**

Next week, we are going on **vacation** to Greece.
다음 주에 우리는 그리스로 휴가를 떠난다.

05 **holiday**
[hɑ́lədèi]

1. (근무나 수업을 하지 않는) 명 **휴가, 방학** (= vacation)
2. (법으로 정하여 쉬는) 명 **공휴일, 휴일**

holy(**신성한**) + day(**날**) → (일을 하지 않는) 신성한 날 → **휴가, 공휴일**

He is away on holiday until the end of the month.
그는 이번 달 말까지 휴가를 떠났습니다.

I visited my parents during the Christmas **holidays**.
나는 크리스마스 휴일 동안에 부모님을 방문했다.

06 **wake**
[weik]
(- woke - woken)

(잠에서 벗어나) 동 **잠이 깨다, 깨우다**

awake [əwéik] 형 깨어 있는 동 깨다, 깨우다

Could you **wake** me up early tomorrow morning?
내일 아침 일찍 깨워 주시겠습니까?

07 **pain**
[pein]

(육체적·정신적인 괴로움): 명 **고통, 아픔**

painful [péinfəl] 형 아픈, 고통을 주는

If the **pain** continues or gets worse, see your doctor.
통증이 계속되거나 심해지면 진찰을 받으십시오.

08 **ache**
[eik]

(계속해서 무지근하게) 동 **아프다** 명 **아픔**

My stomach started to **ache** after eating two hamburgers.
햄버거를 두 개를 먹고 나서 배가 아프기 시작했다.

Day 08

09 **sick**
[sik]

(미국식 영어 - 몸이) 형 **병든, 병에 걸린** (= ill)

→ sickness [síknis] 명 병 (= illness)

Jane didn't go to school because she was **sick**.
제인은 아파서 학교에 가지 않았다.

10 **ill**
[il]

(영국식 영어 - 몸이) 형 **병든, 병에 걸린** (= sick)

→ illness [ílnis] 명 병 (= sickness)

This morning I was too **ill** to get out of bed.
오늘 아침 나는 너무 아파서 잠자리에서 일어날 수가 없었다.

11 **suffer**
[sʌfər]

1. (병이나 슬픔 등의) 동 **고통을 받다, (병을) 앓다**
2. (좋지 않은 일을) 동 **겪다, 당하다**

suf(**아래**) + fer(**견디다**) ┌ (병 · 슬픔) 아래서 견디다 → 1 **고통을 받다**
└ (좋지 않은 일) 아래서 견디다 → 2 **겪다**

→ suffering [sʌfəriŋ] 명 고통

Her husband **suffers** from a serious disease.
그녀의 남편은 중병을 앓고 있다.

They **suffered** serious damage from the storm.
그들은 폭풍우로 심각한 피해를 입었다.

12 **disease**
[dizí:z]

(특히 병균에 의해 걸린 특정한) 명 **병, 질병**

dis(**없는**) + ease(**편안함**) → (편안하지 않은) 상태 → **질병**

During the past two months ten people have died of the **disease**.
지난 2개월 동안 10명이 그 병으로 죽었다.

13 **fever**
[fí:vər]

(몸의 병으로 생기는) 명 **열, 발열**

He had a high **fever** and a terrible headache.
그는 고열과 심한 두통이 있었다.

14 **cough**
[kɔːf]

(목구멍에서 터져 나오는) 명 **기침** 동 **기침을 하다**

She couldn't stop **coughing**, and it was very painful.
그녀는 기침을 멈출 수 없었고 그것은 매우 고통스러웠다.

15 **headache**
[hédeik]

(머리가 아픈 증세): 명 **두통**

head(**머리**) + ache(**아픔**) → (머리가) 아픈 것 → **두통**

I often get **headache** if I don't get enough sleep.
잠을 충분히 자지 않으면 나는 자주 두통이 난다.

16 **cancer**
[kǽnsər]

(생명에 치명적인) 명 **암**

Smoking is one of the major causes of lung **cancer**.
흡연은 폐암의 주요 원인 중의 하나이다.

17 **hurt**
[həːrt]
(- hurt - hurt)

1. (몸이나 마음을) 동 **다치게 하다; 감정을 상하게 하다** 형 **감정이 상한**
2. (다치거나 자극을 받아) 동 **아프다, 아프게 하다**

1 **다치게 하다** → (다쳐서) 2 **아프다**

It was fortunate that no one was **hurt** in the fire.
화재로 아무도 다치지 않은 것은 행운이었다.

Doctor, my left arm **hurts** when I move it like this.
의사 선생님, 내 왼쪽 팔이 이렇게 움직이면 아픕니다.

18 **injure**
[índʒər]

(사고를 당해서) 동 **부상을 입다[입히다]**

in(not) + jure(**올바른**) → (몸이) 올바르지 않다 → **부상을 입다**

injury [índʒəri] 명 부상, 상해

He seriously **injured** his legs in an accident at work.
그는 직장에서 사고로 다리에 심각한 부상을 입었다.

Day 08

19 **wound**
[wuːnd]

(총이나 칼로) 동 부상을 입히다 명 부상, 상처

➔ wounded [wúːndid] 형 부상을 입은

More than 100 soldiers were killed or **wounded** in the battle.
그 전투에서 100명 이상의 군인들이 죽거나 부상을 당했다.

20 **disabled**
[diséibld]

(몸을 다쳐 생활에 지장이 있는) 형 신체 장애의, 불구의

dis(**반대**) + able(**할 수 있는**) → (몸이) 할 수 없는 → **신체 장애의**

Unfortunately, his only son was born **disabled**.
불행하게도 그의 외아들은 장애자로 태어났다.

21 **blind**
[blaind]

(시력을 잃고) 형 눈이 먼, 장님인

He was **blind** from birth, yet he wrote music.
그는 태어날 때부터 장님이었지만 음악을 썼다.

22 **deaf**
[def]

(소리를 듣지 못하는): 형 귀머거리의

Young man, there's no need to shout, I'm not **deaf**.
젊은이, 소리지를 필요 없네, 난 귀머거리가 아니니까.

23 **dumb**
[dʌm]

(언어 장애로 말을 못하는): 형 벙어리의

The man has been deaf and **dumb** since birth.
그 남자는 날 때부터 농아였다.

24 **medical**
[médikəl]

(병이나 병의 치료와 관련된): 형 의학[의술, 의료]의

medic(**치료하다**) + al → 치료의 → **의학[의술, 의료]의**

He graduated from **medical** school last year.
그는 작년에 의과대학을 졸업했다.

[25] **dentist**
[déntist]

(이를 치료하는) 명 **치과 의사**

dent(**이빨**) + ist(**사람**) → (이를) 치료하는 사람 → **치과 의사**

Most people are afraid of going to the **dentist**.
대부분의 사람들은 치과에 가기를 무서워한다.

[26] **drug**
[drʌg]

(치료제를 포함한 모든 종류의) 명 **약, 약제, 약품**

They developed a new **drug** to treat heart disease.
그들은 심장병을 치료하는 새로운 약을 개발했다.

[27] **medicine**
[médəsin]

1. (물약·알약 등 먹는) 명 **(내복)약**
2. (병 치료 기술·학문) 명 **의술, 의학**

medic(**치료하다**) + ine → (치료하는) 1 **약** 2 **의술**

Take this **medicine** three times a day after meals.
이 약을 하루 세 번 식후에 복용하십시오.

I'm studying **medicine** and hope to become a doctor.
나는 의학 공부를 하고 있고 의사가 되기를 희망한다.

Day 08

Daily Test

01	medical	15	pain
02	suffer	16	ache
03	wake	17	fever
04	cough	18	dentist
05	blind	19	headache
06	cancer	20	hurt
07	injure	21	dumb
08	disease	22	drug
09	medicine	23	holiday
10	ill	24	wound
11	rest	25	vacation
12	sick	26	health
13	deaf	27	relax
14	disabled		

Answer Key ▷ 294

Day 09 성격·행실·도덕성

personality & morality

≫ 테마 기본 어휘	good(훌륭한, 착한)·bad(나쁜, 사악한)·wrong(나쁜, 옳지 못한)·kind(친절한)·gentle(점잖은, 온화한)·friendly(다정한, 정다운, 우호적인)·manner(태도; 예절)·comedy(희극, 코미디)

01 **behavior**
[bihéivjər]

(의도·생각·감정을 드러내는) 명 **행위, 행동, 처신**

be(강조) + hav(취하다) → (어떤 행동 방식을) 취함 → **행위, 처신**

behave [bihéiv] 동 행동[처신]하다

His **behavior** toward her was cold and rude.
그녀를 대하는 그의 행동은 차갑고 무례했다.

02 **treat**
[triːt]

1. (어떤 태도나 방식으로) 동 **대하다, 대우하다, 다루다**
2. (약·수술·간호 등으로) 동 **치료하다**

1 **대하다** → (환자를 잘 대하여) 2 **치료하다**

treatment [tríːtmənt] 명 대우; 치료

He was 20 years old, but his father still **treated** him like a child.
그는 20살이었지만 그의 아버지는 그를 여전히 어린애 취급했다.

He was **treated** for cancer in the hospital.
그는 병원에서 암 치료를 받았다.

03 **habit**
[hǽbit]

(되풀이함으로써 몸에 밴) 명 **습관, 버릇**

habitual [həbítʃuəl] 형 습관적인

He has a bad habit of being late for appointments.
그는 약속 시간에 늦는 나쁜 습관이 있다.

04 **tend**
[tend]

(이전의 경향으로 볼 때) 동 (~하기) 쉽다, (~하는) 경향이 있다

tendency [téndənsi] 명 경향

We all **tend** to judge people by their appearance.
우리는 모두 사람을 외모로 판단하는 경향이 있다.

05 **react**
[riǽkt]

(외부 자극에 대응하여) 동 반응하다 [to]

re(뒤로) + act(작용하다) → (뒤로) 작용하다 → **반응하다**

reaction [riǽkʃən] 명 반응

How did he **react** to your words and behavior?
그는 당신의 말과 행동에 어떤 반응을 보였습니까?

06 **generous**
[dʒénərəs]

(남을 위해 돈·시간을) 형 아끼지 않는, 너그러운

gener(태생) + ous → (태생적으로 귀족이어서 돈·시간을) **아끼지 않는**

generosity [dʒènərάsəti] 명 관대함

She is really **generous** in giving help to the needy.
그녀는 어려운 사람들을 돕는 데는 정말 아끼지 않았다.

Day 09

07 **polite**
[pəláit]

(남을 대하는 태도가) 형 공손한, 예절 바른

⊖ impolite [ìmpəláit] 형 버릇없는, 공손하지 않은

It's not **polite** to leave the table when someone is still eating.
누군가가 여전히 식사를 하는데 자리를 뜨는 것은 공손하지 못한 일이다.

08 **formal**
[fɔ́ːrməl]

(형식·절차·언행 등이) 형 격식을 차린; 정식[공식]의

form(형식) + al → (형식을) 잘 갖춘 → **격식 차린, 정식의**

⊖ informal [infɔ́ːrməl] 형 격식을 차리지 않는; 비공식의

They were invited to a **formal** dinner party at the White House.
그들은 백악관의 공식 저녁 파티에 초대 받았다.

09 **rude**
[ru:d]

(불손한 말·행동을 함부로 하는): 형 무례한

In our culture, it is **rude** to ask a lady her age.
우리 문화에서는 숙녀에게 나이를 묻는 것은 무례한 짓이다.

10 **evil**
[í:vəl]

(남에게 서슴없이 해를 끼치는): 형 사악한, 흉악한 명 악(행)

Gambling is one of the greatest social **evils** of our times.
도박은 우리 시대의 가장 큰 사회악 중의 하나이다.

11 **funny**
[fʌni]

(즐겁게 하여 웃게 만드는): 형 웃기는, 우스운

➡ fun [fʌn] 명 재미, 즐거움; 장난, 놀이 형 재미있는, 즐거운

The movie was so **funny** that I couldn't stop laughing.
그 영화는 너무 웃겨서 나는 웃음을 멈출 수가 없었다.

12 **humor**
[hjú:mər]

(웃기려고 하는 말·행동): 명 유머, 익살

➡ humorous [hjú:mərəs] 형 유머가 있는

It's often difficult for foreigners to understand English **humor**.
흔히 외국인이 영국 유머를 이해하기는 어렵다.

13 **joke**
[dʒouk]

(장난으로 하는 말): 명 농담 동 농담하다

He told us such a funny **joke** that we almost died of laughter.
그는 우리에게 너무 웃긴 농담을 해서 우리는 웃다가 거의 죽을 뻔했다.

14 **strict**
[strikt]

(지켜야 할 것에 대해) 형 엄격한, 엄한

My parents were very **strict** with me and would not allow me to go out at night.
내 부모님은 내게 매우 엄격해서 내가 밤에 외출하는 것을 허락하지 않았다.

15 **brave**
[breiv]

(타고난 기질상 겁 없이) 형 **용감한**

➡ bravery [bréivəri] 명 용기

Peter is very **brave**. He's not afraid of anything.
피터는 매우 용감하다. 그는 어떤 것도 두려워하지 않는다.

16 **courage**
[kə́:ridʒ]

(난관·저항·도전에 굴하지 않는) 명 **용기**

💡 cour(**마음**) + age → (마음속에서) 솟아나는 힘 → **용기**

➡ courageous [kəréidʒəs] 형 용감한

He showed great **courage** in the face of danger.
그는 위험에 직면하여 대단한 용기를 보였다.

17 **hero**
[híərou]

1. (용감함으로 존경을 받는) 명 **영웅, 용사**
2. (소설이나 영화의) 명 **(남자) 주인공**

➡ heroine [hérouin] 명 (여성형): 여장부, 여걸; 여자 주인공

He became a national **hero** for his bravery.
그는 그의 용기로 인해 국가적인 영웅이 되었다.

The movie ended with the death of both **hero** and heroine.
그 영화는 남자 주인공과 여자 주인공 둘 다의 죽음으로 끝났다.

18 **proud**
[praud]

1. (남에게 드러내어) 형 **자랑스러워하는, 자랑스러운; 자부심이 강한**
2. (남에 대한 우월감으로) 형 **거만한, 뽐내는**

💡 1 **자랑스러워하는** → (자랑스러움이 지나쳐) 2 **거만한**

➡ pride [praid] 명 자존[자부]심; 거만

She was **proud** that her son had received a good education.
그녀는 아들이 좋은 교육을 받은 것을 자랑스러워했다.

He was so **proud** that nobody liked him.
그는 너무 거만해서 아무도 그를 좋아하지 않았다.

Day 09

19 **moral**

[mɔ́:rəl]

(선악 판단의 기준이 되는) 형 **도덕의, 도덕적인**

⊖ immoral [imɔ́:rəl] 형 부도덕한

We have a **moral** responsibility to help those in need.

우리는 어려운 사람들을 도와야 할 도덕적인 책임이 있다.

20 **honest**

[ɑ́nist]

(속이거나 거짓말 하지 않고) 형 **정직한**

honesty [ɑ́nisti] 명 정직 ⊖ dishonest [disɑ́nist] 형 부정직한

He is very **honest**, you can trust him.

그는 매우 정직합니다. 그를 믿어도 됩니다.

21 **fair**

[fɛər]

(어느 한쪽에 치우치지 않고) 형 **공정[공평]한**

원뜻: **투명한**(clear) → (차별 · 편견 없이) 투명한 → **공정한**

⊖ unfair [ʌnfɛ́ər] 형 불공정한

It's not **fair** that others can eat what they want and I can't.

다른 사람들은 원하는 것을 먹을 수 있는데 나는 할 수 없다는 것은 불공평하다.

22 **pretend**

[priténd]

(거짓으로 꾸며) 동 **~인 체하다**

pre(**미리**) + tend(**펴다**) → (거짓을) 미리 펼치다 → **~인 체하다**

I said hello to him but he **pretended** not to see me.

나는 그에게 인사를 했지만 그는 나를 보지 못한 채 했다.

23 **lie**

[lai]

1. (- lied - lied)
2. (- lay - lain)

1. (사실과 다르게 꾸며서) 동 **거짓말하다** 명 **거짓말**
2. (등 · 옆구리를 바닥에 대고) 동 **눕다**

liar [láiər] 명 거짓말쟁이

I don't believe him. I think he's **lying**.

나는 그를 믿지 않는다. 나는 그가 거짓말하고 있다고 생각한다.

He was **lying** on the sofa watching television.

그는 소파에 누워서 텔레비전을 보고 있었다.

24 deceive
[disíːv]

(거짓을 사실로 믿게) 동 **속이다**

de(**분리**) + ceive(**취하다**) → (이익을 취하려고) **속이다**

He **deceived** her into believing he would marry her.
그는 자신이 그녀와 결혼할 것이라고 믿도록 그녀를 속였다.

25 trick
[trik]

(장난 또는 나쁜 의도의) 명 **속임수** 동 **속이다**

He showed me some card **tricks**.
그는 내게 몇 가지의 카드 속임수를 보여 주었다.

Daily Test

01	deceive	14	polite
02	funny	15	formal
03	generous	16	joke
04	strict	17	trick
05	fair	18	brave
06	courage	19	hero
07	proud	20	lie
08	humor	21	react
09	evil	22	moral
10	treat	23	tend
11	rude	24	behavior
12	pretend	25	habit
13	honest		

Answer Key ▷ 295

Day 10 마음·감정 I

mind & emotion I

≫ 테마 기본 어휘	heart(마음; 심장) · feel(느끼다) · cry(울다) · smile(미소) · happy(행복한) · glad(기뻐하는) · sad(슬픈) · sorry(미안한; 가엾어 하는) · angry(화난) · worry(걱정하다)

01 **emotion**
[imóuʃən]

(기쁨 · 화 · 슬픔 · 즐거움 등의) 명 **감정**

e(**밖**) + mot(**움직이다**) → (마음이) 움직여 밖으로 나오는 것 → **감정**

emotional [imóuʃənl] 형 감정의, 감정적인

All his decisions and actions are based on **emotion** rather than reason.

그의 모든 결정과 행동은 이성보다는 감정에 근거한 것이다.

02 **passion**
[pǽʃən]

(매우 강렬한 감정): 명 **열정, 격정**

pass(**고통을 받다**) + ion → (고통스러울 정도의) 강렬한 감정 → **열정**

passionate [pǽʃənət] 형 열정적인

His **passion** for music was greater than his love for her.

그의 음악에 대한 열정은 그녀에 대한 사랑보다도 더 컸다.

03 **sensitive**
[sénsətiv]

(외부의 자극에 대해) 형 **민감한, 감수성이 강한**

sense(**감각**) + tive → (감각이) **민감한**

⊖ insensitive [insénsətiv] 형 무신경한, 무감각한

She was very **sensitive** about her appearance.

그는 자신의 외모에 대해 매우 민감했다.

04 **joy**
[dʒɔi]

(기쁜 정도가 강렬한) 명 **(큰) 기쁨[즐거움], 환희**

→ joyful [dʒɔ́ifəl] 형 매우 기뻐하는, 기쁨을 주는

The child jumped for **joy** when he saw the new toys.
그 아이는 새 장난감을 보자 기뻐서 날뛰었다.

05 **cheerful**
[ʧíərfəl]

(표정·태도가 밝고 활기찬): 형 **쾌활한, 명랑한**

→ cheer [ʧiər] 명 쾌활, 명랑; 환호 동 기운을 북돋우다; 환호하다

He's always **cheerful**, and his jokes make me laugh.
그는 항상 쾌활하고 그의 농담은 나를 웃게 만든다.

06 **merry**
[méri]

(명절·파티·축제에서) 형 **웃고 즐기는, 왁자지껄한, 들뜬**

I hope you and your family have a **merry** Christmas.
당신과 당신 가족이 즐거운 성탄절을 맞기를 바랍니다.

07 **please**
[pli:z]

1. (누군가를) 동 **기쁘게[즐겁게] 하다**
2. (정중한 부탁·요구): 부 **제발, 부디**

→ pleasure [pléʒər] 명 기쁨, 즐거움

I always tried to **please** my parents by helping to clean the house.
나는 집 청소를 도와서 부모님을 기쁘게 해 드리려고 항상 노력했다.

Mommy, can you **please** help me with my homework?
엄마, 내 숙제 좀 도와주시겠어요?

08 **satisfy**
[sǽtisfài]

(남이 원하는 바를) 동 **만족시키다**

satis(**충분한**) + fy(**만들다**) → (충분하게) 만들다 → **만족시키다**

→ satisfied [sǽtisfàid] 형 만족하는 satisfaction [sæ̀tisfǽkʃən] 명 만족

She is never **satisfied** and always wants more.
그녀는 절대로 만족하지 않고 항상 더 많은 것을 원했다.

Day 10

09 **laugh**
[læf]

(즐겁거나 우스워서) 동 **웃다** 명 **웃음**

➔ laughter [lǽftər] 명 웃음, 웃음소리

He was so funny that I couldn't stop **laughing**.
그는 너무 웃겨서 웃음을 멈출 수가 없었다.

10 **excite**
[iksáit]

(강한 자극이 사람을) 동 **흥분시키다**

ex(밖) + cite(부르다) → (감정을) 밖으로 불러내다 → **흥분시키다**

➔ excitement [iksáitmənt] 명 흥분

The kids were very **excited** at the thought of going to see the circus.
아이들은 서커스를 보러 간다는 생각에 매우 흥분했다.

11 **depress**
[diprés]

(희망이나 의욕을 꺾어) 동 **의기소침[우울]하게 하다**

de(아래) + press(누르다) → (아래로) 누르다 → **의기소침하게 하다**

➔ depression [dipréʃən] 명 의기소침, 우울

Sometimes I got so **depressed** that I wanted to die.
가끔 나는 너무 우울해져서 죽고 싶었다.

12 **lonely**
[lóunli]

(의지할 데 없이 혼자이어서) 형 **외로운, 고독한**

lone(혼자인) + ly → (혼자이어서) **외로운**

The old couple felt **lonely** because they had no children.
노부부는 자식이 없어서 외로움을 느꼈다.

13 **disappoint**
[dìsəpɔ́int]

(남의 기대에 어긋나거나 희망을 잃게 하여) 동 **실망시키다**

dis(반대) + appoint(임명하다) → (어떤 직위에 임명해 주지 않아) **실망시키다**

➔ disappointment [dìsəpɔ́intmənt] 명 실망

He was very **disappointed** at the result of the exam.
그는 시험 결과에 매우 실망했다.

14 **sympathy**
[símpəθi]

(남의 불행을 자기 일처럼 여기는) 명 **동정(심)**

sym(함께) + path(느끼다) → (남의 불행을) 함께 느낌 → **동정심**

sympathize [símpəθàiz] 동 (~를) 동정[동감]하다

I feel no **sympathy** for him. It's all his own fault.
나는 그에 대해 동정을 느끼지 않는다. 그것은 모두 그의 자신의 잘못이다.

15 **confident**
[kάnfədənt]

1. (무엇을 꼭 해낼 수 있음을) 형 **자신하는, 자신만만한**
2. (바라는 바대로 될 것임을) 형 **확신하는**

con(강조) + fid(믿다) → (완전히) 믿고 있는 → 1 **자신만만한** 2 **확신하는**

confidence [kάnfədəns] 명 자신(만만); 확신, 신뢰, 신용

The training has made me more **confident** about myself and my abilities.
그 훈련은 내가 내 자신과 능력에 대해 더 자신감을 갖도록 해 주었다.

He was quite **confident** that he would pass the exam.
그는 자신이 시험에 합격할 것을 상당히 확신했다.

16 **shy**
[ʃai]

(다른 사람 앞에서) 형 **수줍어하는, 부끄럼 타는**

He fell in love with the girl, but was too **shy** to speak to her directly.
그는 그 소녀에게 사랑에 빠졌으나 그녀에게 직접 말하기에는 너무 수줍음이 많았다.

17 **guilty**
[gílti]

1. (저지른 죄에 대하여) 형 **죄책감이 드는, 가책을 느끼는**
2. (법률·도덕상의) 형 **죄를 범한, 유죄의**

2 **죄를 범한** → (죄를 범해서) 1 **죄책감이 드는**

guilt [gilt] 명 죄의식; 유죄

She felt **guilty** about not being a better mother to her children.
그녀는 아이들에게 더 좋은 엄마가 되지 못하는 것에 대해 죄책감을 느꼈다.

They found him **guilty** of stealing money.
그들은 그에게 돈을 훔친 것에 대해 유죄 평결을 내렸다.

Day 10

18 **ashamed**
[əʃéimd]

(양심에 거리끼어) 형 **수치스러워[부끄러워]하는**

a(강조) + shame(수치심) → **수치스러워하는**

shame [ʃeim] 명 수치심, 부끄러움

You should be **ashamed** of yourself, look at what you've done.

너는 네 자신에 대해 부끄러워해야 해. 네가 한 짓을 봐.

19 **regret**
[rigrét]

(이전에 저지른 잘못을) 동 **후회하다** 명 **후회**

re(강조) + gret(울다) → (몹시) 울다 → **후회하다**

regretful [rigrétfəl] 형 후회하는

He **regretted** hurting her feelings with his rude words.

그는 무례한 말로 그녀의 감정을 상하게 한 것을 후회했다.

20 **upset**
[ʌpsét]
(- upset - upset)

(불편하고 우울하게) 동 **마음을 뒤집어 놓다** 형 **속상한** 명 **심란**

up(위) + set(놓다) → (위를 아래로) 뒤집어 놓다 → **마음을 뒤집어 놓다**

I was **upset** that he didn't want to go with me.

나는 그가 나와 함께 가기를 원치 않아서 마음이 상했다.

21 **annoy**
[ənɔ́i]

(불쾌하거나 귀찮은 일로) 동 **화[짜증]나게 하다**

My mom used to get **annoyed** with me when I got my clothes dirty.

엄마는 내가 옷을 더럽히면 내게 짜증을 내곤 했다.

22 **bother**
[bɑ́ðər]

(귀찮거나 성가시게 하여) 동 **괴롭히다, 신경 쓰이게 하다** 명 **성가심**

You look worried - is something **bothering** you?

걱정이 있는 표정이군요. 무슨 괴로운 일이라도 있습니까?

[23] **nervous**

[nə́:rvəs]

(걱정 · 두려움 등으로) 형 초조[긴장]한, 신경이 과민한

nerve(신경) + ous → **신경이 과민한**

The child has a habit of playing with his hair when he's **nervous**.

그 아이는 초조할 때 머리카락을 만지작거리는 버릇이 있다.

[24] **surprise**

[sərpráiz]

(갑작스러운 예기치 않은 일로 남을) 동 놀라게 하다 명 놀람

sur(over) + prise(take) → overtake(갑자기 덮치다) → **놀라게 하다**

We were all **surprised** to hear that you're leaving.

당신이 떠난다는 소식을 듣고 우리는 모두 놀랐다.

[25] **shock**

[ʃak]

(뜻밖의 일로 갑자기 받은) 명 충격 동 충격을 주다

shocking [ʃɑ́kiŋ] 형 충격적인

The news of his sudden death **shocked** the whole world.

그의 갑작스러운 죽음의 소식은 전 세계에 충격을 주었다.

Day 10

Daily Test

01 excite
02 annoy
03 please
04 passion
05 confident
06 joy
07 disappoint
08 shock
09 guilty
10 sympathy
11 surprise
12 satisfy
13 merry
14 bother
15 nervous
16 depress
17 emotion
18 sensitive
19 laugh
20 lonely
21 upset
22 cheerful
23 regret
24 shy
25 ashamed

Answer Key ▷ 295

Day 11 마음·감정 II

mind & emotion II

≫ 테마 기본 어휘	like(좋아하다) · love(사랑) · want(원하다) · hope(희망) · thank(감사하다) · excuse(용서하다)

01 **fear** [fiər]

(겁이 나서 불안해 하는) 명 공포, 무서움, 두려움 동 무서워[두려워]하다

➡ fearful [fíərfəl] 형 무서운, 무서워하는

The boy was shaking with **fear** from head to foot.

그 소년은 두려움으로 머리끝부터 발끝까지 떨고 있었다.

02 **afraid** [əfréid]

(해를 입을 것을) 형 무서워[두려워]하는

Most children are **afraid** of going out alone at night.

대부분의 아이들은 밤에 혼자 나가기를 무서워한다.

03 **frighten** [fráitn]

(갑자기) 동 겁먹게 하다, 깜짝 놀라게 하다 (= scare)

There's no need to be **frightened** - the dog is friendly with people.

무서워할 필요 없어요. 그 개는 사람들과 친해요.

04 **scare** [skεər]

(갑자기) 동 겁먹게 하다, 깜짝 놀라게 하다 (= frighten) 명 놀람, 공포

➡ scary [skέəri] 형 무서운

Suddenly all the lights went out and they were very **scared**.

갑자기 모든 불이 꺼지자 그들은 몹시 겁이 났다.

05 **calm**

[kaːm]

(요란함·흥분 등이 진정되어) 형 **차분한, 평온한** 동 **가라앉다** 명 **평온**

Try to keep **calm**. The ambulance will be here in a minute.

차분히 있으세요. 앰뷸런스가 곧 이곳에 올 겁니다.

06 **comfortable**

[kʌmfərtəbl]

(불편함이나 거북함이 없이) 형 **편한, 편안한, 안락한**

com(강조) + fort(강한) → (몸·마음을) 강하게 만들어 주는 → **편안한**

comfort [kʌmfərt] 명 편안함; 위로 동 위로하다

⊖ uncomfortable [ʌnkʌmfərtəbl] 형 거북한

Please make yourself comfortable while you wait.

기다리시는 동안 편안히 계세요.

07 **prefer**

[prifə́ːr]

(선택을 한다면) 동 **~을 (~보다) 좋아하다, 오히려 ~을 택하다** [to]

pre(앞에) + fer(나르다) → (날라서) 선택한 것 앞에 놓다 → **선호하다**

preference [préfərəns] 명 더 좋아함

I wanted to live in the city, but my wife **preferred** the country.

나는 도시에서 살기를 원했지만 내 아내는 시골을 더 좋아했다.

08 **favorite**

[féivərit]

(여럿 중에서 어느 하나를) 형 **가장 좋아하는** 명 **가장 좋아하는 것**

My **favorite** sports are baseball and soccer.

내가 가장 좋아하는 스포츠는 야구와 축구이다.

09 **dislike**

[disláik]

(마음에 들지 않아서) 동 **싫어하다** 명 **싫어함**

dis(반대) + like(좋아하다) → '좋아하다'의 반대 → **싫어하다**

She turned and gave him a look of real **dislike**.

그녀는 돌아서서 그에게 정말 싫어하는 표정을 보였다.

10 **hate**
[heit]

(나쁜 마음을 품고) 동 **미워하다** 명 **미움, 증오**

hatred [héitrid] 명 증오, 미움, 혐오

I **hate** having to get up so early in the morning.
나는 아침에 그렇게 일찍 일어나야 하는 것이 싫다.

11 **disgust**
[disgʌst]

(구역질이 날 만큼) 동 **혐오스럽게 하다, 역겹게 하다** 명 **혐오감**

dis(**반대**) + gust(**입맛**) → (입맛에 맞지 않아) **혐오스럽게 하다**

disgusting [disgʌstiŋ] 형 혐오스러운

She was **disgusted** at the sight of his dirty hands.
그녀는 그의 더러운 손을 보고 역겨웠다.

12 **believe**
[bilí:v]

(무엇을 그렇다고 여겨서) 동 **믿다** [in]

belief [bilí:f] 명 믿음

He says he's only twenty, but I don't **believe** it.
그는 겨우 20살이라고 말하지만 나는 그것을 믿지 않는다.

13 **trust**
[trʌst]

(상대의 진실성·능력 등을) 동 **신뢰[신임]하다** 명 **신뢰, 신용**

Everyone **trusts** Jennifer because she is honest.
제니퍼는 정직하기 때문에 모든 사람이 그녀를 신뢰한다.

14 **faith**
[feiθ]

1. (남의 능력·훌륭함·진실성에 대한) 명 **믿음, 신뢰**
2. (종교에 대한) 명 **신앙(심)**

1 **믿음** → (종교에 대한) 믿음 → 2 **신앙(심)**

faithful [féiθfəl] 형 충실한

They have completely lost **faith** in the government.
그들은 정부에 대한 신뢰를 완전히 잃었다.

His **faith** in God was the source of his strength.
그의 하나님에 대한 신앙심은 그의 힘의 원천이었다.

15 **curious**
[kjúəriəs]

(흥미롭거나 새로운 것에) 형 **호기심이 많은; 호기심을 끄는, 별난**

curi(주의) + ous → (주의를) 기울이는 → **호기심이 많은**

curiosity [kjùəriásəti] 명 호기심

At that age children are **curious** about everything.
그 나이에 아이들은 모든 것에 호기심을 갖는다.

16 **attention**
[əténʃən]

(무엇에 관심을 기울임): 명 **주의, 주목, 관심**

at(방향) + tend(뻗다) → (관심을) ~로 뻗음 → **주의, 주목**

He paid little **attention** to what the others were saying.
그는 다른 사람들이 하는 말에 거의 주의를 기울이지 않았다.

17 **concentrate**
[kánsəntrèit]

(한 가지 일에만) 동 **집중하다** [on]

con(함께) + centr(중심) → (모두 함께) 한곳에 중심을 두다 → **집중하다**

concentration [[kὰnsəntréiʃən] 명 집중

If you **concentrated** on your work, you might not make so many mistakes.
당신이 일에 집중한다면 그렇게 많은 실수를 하지 않을지 모른다.

18 **fun**
[fʌn]

(기쁨과 웃음을 주는) 명 **재미, 즐거움; (재미로 하는) 장난** 형 **재미있는**

funny [fʌni] 형 웃기는, 우스운

It really was a great party and we had a lot of **fun**.
정말 멋진 파티였고 우리는 아주 즐거웠다.

19 **interesting**
[íntərèstiŋ]

(무엇이 관심·호기심을 불러일으키는): 형 **흥미로운, 재미있는**

inter(~사이) + est(있다) → (이끌림이) 둘 사이에 있는 → **흥미로운**

interest [íntərèst] 명 흥미 동 흥미를 갖게 하다
interested [íntərèstid] 형 흥미를 가진

I read a very **interesting** story in the newspaper today.
나는 오늘 신문에서 매우 흥미로운 기사를 읽었다.

20 **amuse**
[əmjú:z]

(남을 웃겨서) 동 **즐겁게[재미있게] 하다**

- **놀이공원**(amusement park) 연상
- amusement [əmjú:zmənt] 명 즐거움

He **amused** the children with jokes and funny stories.
그는 농담과 웃긴 얘기로 아이들을 즐겁게 했다.

21 **enjoy**
[indʒɔ́i]

(무엇에 즐거움·기쁨을 느끼다): 동 **즐기다**

- en(**만들다**) + joy(**즐거움**) → (즐겁게) 만들다 → **즐기다**
- enjoyment [indʒɔ́imənt] 명 즐거움

I **enjoy** listening to music, especially classical music.
나는 음악 특히 고전음악 듣기를 즐긴다.

22 **boring**
[bɔ́:riŋ]

(흥미·관심을 끌지 못하고) 형 **지루한, 따분한**

- bore [bɔ:r] 동 지루[따분]하게 하다 boredom [bɔ́:rdəm] 명 지루함

I live a very **boring** life - nothing exciting ever happens to me.
나는 매우 따분한 생활을 한다. 아무런 신나는 일도 내겐 일어나지 않는다.

23 **anxious**
[ǽŋkʃəs]

1. (이루어지길 간절히) 형 **열망[갈망]하는**
2. (걱정이 되어 몹시) 형 **불안해하는, 염려하는**

- anx(**목을 조이다**) + ous
  - (목이 조여 들어와서) 1 **불안해 하는**
  - (안될까 봐 불안해 하면서 몹시) 2 **갈망하는**
- anxiety [æŋzáiəti] 명 걱정, 근심; 열망, 갈망

Mary was **anxious** to see him again.
매리는 그를 다시 보기를 열망했다.

He seemed very **anxious** about his exams.
그는 시험 때문에 매우 불안해하는 것 같았다.

24 desire
[dizáiər]

(무엇을 몹시 바라는 마음): 명 **욕구, 갈망** 동 **원하다, 바라다**

He doesn't have enough money to satisfy all his **desires**.

그는 자신의 모든 욕구를 충족시킬 만한 충분한 돈을 갖고 있지 않다.

25 wish
[wiʃ]

(이루어지기를 바라는 일): 명 **소원, 바람** 동 **소원[기원]하다**

Against his parents' **wishes**, he left high school.

부모의 바람을 저버리고 그는 고등학교를 중퇴했다.

26 selfish
[sélfiʃ]

(자신의 이익만 생각하는): 형 **이기적인**

self(**자신**) + ish → (자신만을) 위하는 → **이기적인**

↔ unselfish [ʌnsélfiʃ] 형 이기적이 아닌, 이타적인

You never think about anyone but yourself. You're so **selfish**.

너는 자기 자신 이외에는 아무도 생각하지 않아. 너는 너무 이기적이야.

Daily Test

01	desire	14	prefer
02	disgust	15	favorite
03	comfortable	16	trust
04	faith	17	wish
05	enjoy	18	curious
06	attention	19	concentrate
07	fun	20	anxious
08	believe	21	selfish
09	hate	22	calm
10	afraid	23	interesting
11	dislike	24	scare
12	boring	25	fear
13	amuse	26	frighten

Answer Key ▷ 295

Day 12 마음·감정 III

mind & emotion III

01 **greedy**
[grí:di]

(정도에 지나치게) 형 **욕심 많은, 탐욕스러운**

➜ greed [gri:d] 명 욕심

He's **greedy**, and he always wants more.
그는 욕심이 많아서 항상 더 많은 것을 원한다.

02 **envy**
[énvi]

(남의 좋은 것을 보고) 동 **부러워하다** 명 **부러움**

en(on) + vy(**보다**) → (부러운 눈으로) 보다 → **부러워하다**

➜ envious [énviəs] 형 부러워하는

I really **envy** you for having a happy family and nice parents.
나는 행복한 가족과 좋은 부모님을 가진 당신이 정말 부럽습니다.

03 **ignore**
[ignɔ́:r]

(알거나 보거나 듣고도) 동 **무시하다, 못 본 척하다**

i(not) + gnore(**알다**) → 알지 못하는 척 하다 → **무시하다**

She continued to **ignore** everything I was saying.
그녀는 내가 말하는 모든 것을 계속해서 무시했다.

04 **independent**
[ìndipéndənt]

(남에게 의존하지 않고) 형 **독립[자립]적인, 독립된**

in(not) + depend(**의존하다**) → (의존하지 않고) **독립[자립]적인**

➜ independence [ìndipéndəns] 명 독립(심)

I have been **independent** of my parents since I was 19.
나는 19살 때 이후로 부모님으로부터 자립했다.

05 **respect**
[rispékt]

(훌륭함을 인정하여) 통 존경[존중]하다 명 존경, 존중

re(뒤) + spect(보다) → (훌륭하여) 뒤로 다시 보게 되다 → **존경하다**

When I was young, my mother taught me to treat older people with **respect**.
내가 어렸을 때 어머니는 노인들을 공경심을 갖고 대하라고 내게 가르쳤다.

06 **admire**
[ædmáiər]

(매우 인상적인 것에 대해) 통 감탄[탄복]하다

ad(at) + mire(놀라다) → (몹시) 놀라다 → **감탄하다**

admiration [ædməréiʃən] 명 감탄

I admire his passion, and I **admire** him for not giving up that passion.
나는 그의 열정이 존경스럽고 그가 그 열정을 포기하지 않는 것이 존경스럽다.

07 **wonder**
[wʌndər]

1. (매우 특이·신비한 것에 대한) 명 놀라움, 경탄, 경이 통 경탄하다
2. (자기 자신에게 묻는 말) 통 ~인지 궁금하다, ~인가 하고 생각하다

wonderful [wʌndərfəl] 형 놀랄 만한, 훌륭한

The palace is one of the seven **wonders** of the world.
그 궁전은 세계 7대 불가사의 중의 하나이다.

I haven't heard anything from her for months. I **wonder** why.
나는 그녀로부터 몇 달째 아무 소식도 못 들었다. 왜 그런지 궁금하다.

08 **impress**
[imprés]

(어떤 대상이 누군가에게) 통 깊은 인상을 주다, 감명을 주다

im(안) + press(누르다) → (마음 속에) 눌러 새기다 → **깊은 인상을 주다**

impression [impréʃən] 명 인상, 감명
impressive [imprésiv] 형 인상적인

We were all **impressed** by his passion for his work.
우리는 모두 그의 일에 대한 열정에 감명을 받았다.

09 **attract**
[ətrǽkt]

(어떤 대상이 남의) 동 **(주의 · 관심 · 마음)을 끌다**

at(**방향**) + tract(**끌다**) → (어떤 방향으로) **(주의 · 관심 · 마음)을 끌다**

attraction [ətrǽkʃən] 명 끌림, 매력 attractive [ətrǽktiv] 형 매력적인

He waved to **attract** the attention of the waiter.
그는 웨이터의 주의를 끌기 위해 손을 흔들었다.

10 **popular**
[pάpjulər]

(많은 사람들이 좋아하는): 형 **인기 있는** [with]

popul(**사람들**) + ar → (사람들이) 좋아하는 → **인기 있는**

popularity [pὰpjulǽrəti] 명 인기

Football is the most **popular** sport in the world.
축구는 세계에서 가장 인기 있는 스포츠이다.

11 **famous**
[féiməs]

(세상 사람들의 평판이 좋아서) 형 **유명한** [for]

fame(**명성**) + ous → 명성이 있는 → **유명한**

fame [feim] 명 명성

Vienna is **famous** for its beautiful buildings.
비엔나는 아름다운 건물로 유명하다.

12 **praise**
[preiz]

(남의 좋은 점, 잘한 일을) 동 **칭찬하다** [for] 명 **칭찬**

원뜻: **값**(price) → (값어치를 인정하여) **칭찬하다**

The teacher **praised** him for his honesty.
선생님은 그의 정직함에 대해 그를 칭찬했다.

13 **congratulate**
[kəngrǽtʃulèit]

(남에게 생긴 좋은 일을) 동 **축하하다**

con(**함께**) + grat(**기쁘게 하는**) → (함께) 기뻐해 주다 → **축하하다**

congratulation [kəngrætʃuléiʃən] 명 축하

They **congratulated** me on passing the exam.
그들은 내가 시험에 합격한 것을 축하해 주었다.

14 **cheer**
[ʧiər]

(칭찬·성원·지지의 뜻으로) 동 **환호하다, 갈채를 보내다** 명 **환호, 갈채**

They all **cheered** when the band came on stage.
밴드가 무대 위에 오르자 그들은 모두 환호했다.

Day 12

15 **honor**
[ɑ́nər]

1. (인정·존경을 받아 느끼는 자부심): 명 **영광, 명예** 동 **~에게 영광을 베풀다**
2. (어떤 사람의 업적·훌륭함에 대한) 명 **존경, 공경, 경의**

It's a great honor to be invited here.
이곳에 초대되어 대단히 영광입니다.

The ceremony was held in **honor** of those who died in the war.
그 의식은 전쟁에서 사망한 사람들을 기리기 위해 거행되었다.

16 **appreciate**
[əprí:ʃièit]

1. (thank의 정중한 말): 동 **감사하게 생각한다**
2. (어떤 것의 올바른) 동 **진가를 알아보다, 가치를 인정하다**

ap(to) + preci(값)
- (값어치를 이해하여) 1 **감사하게 생각하다**
- (올바른 값어치인) 2 **진가를 이해하다**

appreciation [əprì:ʃiéiʃən] 명 감사; 진가를 알기

Thank you. I really **appreciate** your help and support.
감사합니다. 도와주시고 지지해 주셔서 정말 감사합니다.

She thinks her abilities are not fully **appreciated**.
그녀는 자신의 능력이 충분히 그 진가를 인정받지 못하고 있다고 생각한다.

17 **criticize**
[krítəsàiz]

1. (남의 잘못·결점을 들추어) 동 **비난[비판]하다**
2. (사물을 분석하여 이렇다 저렇다) 동 **비평하다**

cri(**분리하다**) + tic → (잘하고 못한 것을 분리해 놓고) **비판[비평]하다**

criticism [krítəsìzm] 명 비난, 비판; 비평 critical [krítikəl] 형 비판적인

It's not right to **criticize** someone behind their back.
남을 등 뒤에서 비난하는 것은 옳지 않다.

We meet weekly to discuss and **criticize** each other's work.
우리는 서로의 작품에 대해 토론하고 비평하기 위해 매주 만난다.

18 **blame**
[bleim]

(잘못된 일을) 동 ~에게 책임 지우다, ~의 탓으로 돌리다 명 책망, 비난

Don't **blame** me for what happened. It was your fault.
일어난 일에 대해 내게 책임을 지우지 마세요. 그것은 당신 잘못이었어요.

19 **scold**
[skould]

(부모나 교사가) 동 (아이를) 꾸짖다, 야단치다

His mother **scolded** him for breaking his promise.
그의 엄마는 약속을 어긴 것에 대해 그를 꾸짖었다.

20 **fault**
[fɔːlt]

1. (비난을 받아 마땅한) 명 잘못, 과실, 과오
2. (잘못되거나 부족한 점): 명 결점, 단점, 결함

1 **잘못** → 잘못된 점 → 2 **결점, 단점**

Don't get mad at me, it's not my fault.
내게 화내지 마세요, 그건 내 잘못이 아닙니다.

He may have his **faults**, but he's a good boy.
그는 자신의 단점을 가지고 있을지 모르지만 그는 좋은 소년이다.

21 **responsible**
[rispάnsəbl]

1. (잘못·문제·사고 등에) 형 책임이 있는, 책임을 져야 할 [for]
2. (어떤 일을 처리·관리할) 형 책임을 지고 있는 [for]

re(back) + sponse(약속) → (약속한 것에) 1 **책임이 있는** 2 **책임지고 있는**

responsibility [rispὰnsəbíləti] 명 책임(감)

He is an adult and is **responsible** for his actions.
그는 어른이어서 자신의 행동에 대해 책임을 져야 한다.

He is **responsible** for managing the company's sales.
그는 회사의 영업을 관리하는 책임을 지고 있다.

22 **complain**
[kəmpléin]

(못마땅해서) 동 불평[항의]하다, 불만을 말하다

com(강조) + plain(가슴을 치다) → (자신의 가슴을) 세게 치다 → **불평하다**

complaint [kəmpléint] 명 불평

He **complained** about the noise from upstairs.
그는 위층에서 나는 소음에 대해 항의를 했다.

23 apologize

[əpάlədʒàiz]

(자신의 잘못에 대해) 동 사과하다

apo(벗어나) + log(말) → (잘못을) 벗어나기 위한 말 → **사과하다**

apology [əpάlədʒi] 명 사과

I'd like to **apologize** for what happened last night.

어젯밤 벌어진 일에 대해 사과 드리고 싶습니다.

24 pardon

[pά:rdn]

(pardon me 등과 같이 쓰여) 동 (가벼운 실수를) 용서하다 명 용서

Pardon me for saying so, but it is not possible.

이런 말씀 드려 죄송합니다만 그것은 가능하지 않습니다.

25 forgive

[fərgív]

(- forgave - forgiven)

(화내거나 벌을 주지 않고) 동 용서하다 [for]

for(완전히) + give(주다) → (벌 주기를) 완전히 포기하다(주다) → **용서하다**

I can't **forgive** him for what he did to my daughter.

나는 그가 내 딸에게 한 짓을 용서할 수 없다.

Day 12

Daily Test

01	popular	14	complain
02	responsible	15	apologize
03	wonder	16	famous
04	envy	17	greedy
05	honor	18	ignore
06	independent	19	attract
07	congratulate	20	praise
08	forgive	21	fault
09	criticize	22	respect
10	cheer	23	scold
11	pardon	24	appreciate
12	impress	25	blame
13	admire		

Answer Key ▷ 295

Day 13

언어·의사표현

language & expression

≫ 테마 기본 어휘	alphabet(알파벳)·spelling(철자)·word(단어, 말)·sentence(문장)·grammar(문법)·speak(말하다)·say(말하다)·tell(알리다, 말하다; 명하다)·read(읽다)·write(쓰다, 적다)·paper(종이)·pen(펜)·pencil(연필)·notebook(공책)

01 **language** [lǽŋgwidʒ]

(말이나 문자로 생각·느낌을 전하는) 명 언어

langu(혀) + age → (혀로 내는) 말 → **언어**

Most people here speak at least two **languages**.
이곳의 대부분의 사람들은 적어도 2개 국어를 할 수 있다.

02 **mean** [miːn] (- meant - meant)

1. (말·글이 무엇을) 동 **의미하다, 뜻하다**
2. (무엇을 하려고) 동 **의도[작정]하다**

1 **뜻하다** → (뜻을 품고 무엇을) 2 **의도하다**

meaning [míːniŋ] 명 의미

She wasn't sure what the word **meant**, so she looked it up in the dictionary.
그녀는 그 단어가 무슨 의미인지 확실치 않아 사전에서 찾아보았다.

I'm sorry. I didn't **mean** it, it was just an accident.
미안합니다. 고의로 그런 것이 아니고 그건 단지 우연이었습니다.

03 **explain** [ikspléin]

(잘 알아들을 수 있게) 동 **설명하다**

ex(밖) + plain(**평평하게 하다**) → (볼 수 있게) 밖으로 평평하게 펴다 → **설명하다**

explanation [èksplənéiʃən] 명 설명

He **explained** the rules of the game to them.
그는 그들에게 게임의 규칙을 설명해 주었다.

Day 13

04 **describe**
[diskráib]

(보고 느낀 것을 있는 그대로) 동 **묘사[서술, 설명]하다**

de(**아래**) + script(**적다**) → (자세히) 아래에 적다 → **묘사하다**

description [diskrípʃən] 명 묘사

The police asked her to **describe** what the man looked like.
경찰은 그녀에게 그 남자가 어떻게 생겼는지 설명해 달라고 요청했다.

05 **seem**
[siːm]

(어떤 것에 대한 생각·느낌이) 동 **~처럼 보이다**

He didn't **seem** interested in what I was saying at all.
그는 내가 하는 말에 전혀 관심이 있어 보이지 않았다.

06 **comment**
[kάment]

(덧붙인 짧은 의견): 명 **논평, 비평, 해설** 동 **논평[비평, 해설]하다**

com(**강조**) + ment(**마음**) → (마음이 만들어낸) 의견 → **논평, 비평**

He made a few **comments** on my speech.
그는 나의 연설에 대해서 몇 가지 논평을 해 주었다.

07 **mention**
[ménʃən]

(무엇을 이야기·대화 중에 간단히) 동 **언급하다** 명 **언급**

ment(**마음**) + ion → (마음에 떠오르는 것을) **언급하다**

I'm sorry. I promise I won't **mention** it again.
미안합니다. 다시는 그것을 거론하지 않겠다고 약속합니다.

08 **inform**
[infɔ́ːrm]

(무엇을 공식적으로) 동 **알리다, 통지하다** [of]

in(**안**) + form(**형상**) → (마음 속에) 어떤 형상을 불어넣다 → **알리다**

information [ìnfərméiʃən] 명 정보

Please remember to inform us of any changes to your personal **information**.
당신의 개인 정보에 변동이 있는 경우 우리에게 통지하는 것은 기억하십시오.

09 **notice**
[nóutis]

1. (정보·경고 등을 미리 알려주는) 명 **통지, 통보; 안내, 표지판**
2. (어떤 대상·사실·상황 등을) 동 **알아차리다** 명 **알아챔, 주목**

not(**알다**) + ice → 2 **알아차리다** → (미리) 알려줌 → 1 **통지, 안내**

There was a notice that said 'No Smoking'.
'금연'이라고 쓰여 있는 안내판이 있었다.

It's not an exact copy, but no one would **notice** the difference.
그것은 정확한 복사본은 아니지만 아무도 그 차이를 알아차리지 못할 것이다.

10 **report**
[ripɔ́:rt]

(보고 듣고 조사한 내용을) 동 **보고[보도]하다** 명 **보고, 보도**

re(**뒤로**) + port(**나르다**) → (소식을) 뒤로 나르다 → **보도[보고]하다**

reporter [ripɔ́:rtər] 명 보도[취재] 기자

He went to the police station to **report** his car had been stolen.
그는 차를 도난 당했다고 보고하기 위해 경찰서로 갔다.

11 **announce**
[ənáuns]

(사실·결과 등을 공개적으로) 동 **발표하다**

an(**~에게**) + nounce(**보고하다**) → (사람들에게) 보고하다 → **발표하다**

announcement [ənáunsmənt] 명 발표

The government has **announced** plans to create new jobs.
정부는 새로운 일자리를 창출할 계획을 발표했다.

12 **speech**
[spi:tʃ]

(여러 사람 앞에서 발표하는) 명 **연설**

speak(**말하다**)의 명사형

He stood up and made a short **speech** welcoming the guests.
그는 일어나서 손님들을 환영하는 짧은 연설을 했다.

13 **summary**
[sʌməri]

(중요한 것만을 추려 낸) 명 요약

sum(**합계**) + ary → (전체의) 합을 낸 것 → **요약**

summarize [sʌməràiz] 동 요약하다

This is a **summary** of the whole book.

이것은 그 책 전체의 요약이다.

14 **emphasize**
[émfəsàiz]

(특별히 중요한 것을) 동 강조하다

em(**강조**) + phas(**보이다**) → (강조하여) 보여주다 → **강조하다**

emphasis [émfəsis] 명 강조

He **emphasized** the importance of basic sciences.

그는 기초 과학의 중요성을 강조했다.

15 **translate**
[trænsléit]

(다른 나라 언어로) 동 번역하다

trans(**건너서**) + late(**옮기다**) → (다른 언어로) 건너서 옮기다 → **번역하다**

translation [trænsléiʃən] 명 번역

This book has been **translated** into several languages.

이 책은 여러 나라의 언어로 번역되었다.

16 **propose**
[prəpóuz]

(생각·의견·계획 등을 내놓다): 동 제안[제의]하다 (= suggest)

pro(**앞**) + pose(**놓다**) → (의견·계획을) 앞에 내놓다 → **제안하다**

proposal [prəpóuzəl] 명 제안, 청혼

He **proposed** to her and she accepted his proposal.

그는 그녀에게 청혼을 했고 그녀는 그의 청혼을 받아들였다.

17 **suggest**
[səgdʒést]

(생각·의견·계획 등을 내놓다): 동 제안[제의]하다 (= propose)

sug(**아래**) + gest(**가져오다**) → (아래 있는 것을 위로 가져와서) **제안하다**

suggestion [səgdʒéstʃən] 명 제안; 암시, 시사

I **suggested** that we go for a walk in the park.

나는 우리가 공원에서 산책을 하자고 제안했다.

18 **recommend**
[rèkəménd]

(좋은 것, 유용한 것을 남에게) 동 **권[추천]하다**

re(강조) + commend(칭찬하다) → (강하게) 칭찬하다 → **권[추천]하다**

recommendation [rèkəməndéiʃən] 명 추천

Can you **recommend** a good restaurant around here?
이 근처에 좋은 레스토랑을 추천해 주시겠습니까?

19 **offer**
[ɔ́:fər]

(무엇을 기꺼이 해 주겠다고) 동 **제의[제공]하다** 명 **제의, 제공**

of(~에게) + fer(가져오다) → (상대에게 가져와서) **제의[제공]하다**

The **offer** was so good that he couldn't say no.
그 제의는 너무나 좋아서 그는 거부할 수 없었다.

20 **request**
[rikwést]

(격식을 갖추어) 동 **(정중히) 요청하다** 명 **요청**

re(다시) + quest (구하다) → (뭔가를) 다시 구하다 → **요청하다**

He **requested** that the next meeting be held on May 8.
그는 다음 회의를 5월 8일에 개최하자고 요청했다.

21 **demand**
[dimǽnd]

1. (자신의 당연한 권리로서) 동 **(강력히) 요구하다** 명 **요구**
2. (어떤 상품을 사고자 하는 욕구): 명 **수요** 동 **필요로 하다, 요하다**

de(강조) + mand(명령하다) ┌ (강력히) 명령하다 → 1 **요구하다**
└ 요구하는 것 → 2 **수요**

They **demanded** that the government lower oil prices.
그들은 정부가 석유 가격을 낮출 것을 요구했다.

The **demand** for small cars is continuing to grow.
소형차에 대한 수요는 계속해서 증가하고 있다.

22 **beg**
[beg]

(남에게 돈 · 음식 등을) 동 **구걸하다, (비굴하게) 간청하다**

beggar [bégər] 명 거지, 걸인

The children had to survive by **begging** on the street.
그 아이들은 길거리에서 구걸을 해서 생존해야 했다.

23 advise [ædváiz]

(남에게 어떻게 하라고) 동 충고[조언]하다

ad(to) + vise(**보다**) → (올바로 보도록) **충고하다**

advice [ædváis] 명 충고

The doctor **advised** him to take a long rest.
의사는 그에게 장기간 휴식을 취하라고 조언했다.

24 order [ɔ́:rdər]

1. (윗사람이 무엇을 하라고) 동 명령(지시)하다 명 명령, 지시
2. (물품을 판매자에게) 동 주문하다 명 주문
3. (일정한 원칙에 따라 이어지는) 명 순서, 차례; 정돈, 정리

3 순서 ┌ (순서에 따라 하라고) 1 **명령하다**
└ (판매자에게) 명령하다 → 2 **주문하다**

disorder [disɔ́:rdər] 명 무질서, 혼란

The teacher **ordered** the child to stay after school.
선생님은 그 아이에게 방과 후에 남으라고 지시했다.

He **ordered** some books two days ago.
그는 이틀 전에 몇 권의 책을 주문했다.

Words in the dictionary are in alphabetical **order**.
그 사전의 단어들은 알파벳 순서로 되어 있다.

Daily Test

01	report	13	beg
02	demand	14	advise
03	mention	15	announce
04	mean	16	language
05	translate	17	explain
06	describe	18	notice
07	summary	19	speech
08	suggest	20	request
09	emphasize	21	seem
10	order	22	offer
11	inform	23	propose
12	comment	24	recommend

Answer Key ▷ 295

Day 14

대화·토론

conversation & communications

≫ 테마 기본 어휘	talk(말하다, 이야기하다) · question(질문, 물음) · ask(묻다, 질문하다) · answer(대답하다) · meeting(회의) · never(전혀 ~않다, 한 번도 ~않다) · telephone(전화) · phone(전화) · call(전화하다) · letter(편지) · message(메시지) · mail(우편(물)) · stamp(우표; 도장, 스탬프)

01 **conversation**
[kɑ̀nvərséiʃən]

(서로 마주 보고 나누는) 명 **대화**

con(**함께**) + verse(**돌다**) → (서로 몸을 돌려) 마주 보는 것 → **대화**

I had a long **conversation** with him last night.
나는 어젯밤 그와 긴 대화를 나누었다.

02 **dialog**
[dáiəlɔ̀ːg]

(등장 인물 간의) 명 **(소설·극·영화 중의) 대화 (부분)** (= dialogue)

dia(**사이에**) + logue(**말하다**) → (둘 사이의) 말 → **대화**

The play begins with a **dialogue** between two men.
그 연극은 두 남자 간의 대화로 시작한다.

03 **chat**
[ʧæt]

(한가로이 나누는 대화): 명 **한담, 담소, 수다** 동 **한담[담소]하다, 수다를 떨다**

인터넷 실시간 대화 **채팅(chatting)**의 동사형

She was **chatting** on the phone to a friend of hers.
그녀는 친구와 전화로 수다를 떨고 있었다.

04 **reply**
[riplái]

(편지·초대나 남의 말에) 동 **답장[대답]하다** 명 **답장, 대답**

re(**뒤로**) + ply(**접다**) → (되접어) 꺾다 → **답장[대답]하다**

I wrote him several letters, but he didn't **reply**.
나는 그에게 여러 통의 편지를 썼지만 그는 답장을 주지 않았다.

05 respond
[rispɑ́nd]

(상대의 말·행동 등의 반응으로) 통 **응답[응수]하다** [to]

re(**대응하여**) + spond(**약속하다**) → (대응하여) 약속하다 → **응답하다**

response [rispɑ́ns] 명 응답, 응수

I asked him what was going on but he didn't **respond**.

나는 그에게 무슨 일이 벌어지고 있는지 물었지만 그는 응답하지 않았다.

06 discuss
[diskʌ́s]

(서로 의견을 주고받으며) 통 **토론[논의]하다**

discussion [diskʌ́ʃən] 명 논의, 토론

We meet once a month to **discuss** important issues.

우리는 중요한 문제들을 논의하기 위해 한 달에 한 번 만난다.

07 debate
[dibéit]

(의견이 다른 양측간의) 명 **(격식을 갖춘) 토론, 논쟁** 통 **토론[논쟁]하다**

de(**강조**) + bate(**이기다**) → (상대를 이기기 위한) **토론, 논쟁**

In recent years, there has been much **debate** over the issue.

최근 몇 년간 그 문제에 대해 많은 논쟁이 있었다.

08 argue
[ɑ́:rgju:]

(의견·주장의 대립으로 화를 내며) 통 **언쟁[말다툼]하다**

argument [ɑ́:rgjumənt] 명 언쟁; 논거, 이유

When I was a child, my parents were always **arguing** about money.

내가 어렸을 때 부모님은 항상 돈 문제로 말다툼을 했다.

09 issue
[íʃu:]

(많은 논쟁이 있는 중요한) 명 **문제, 쟁점**

원뜻: **밖으로 나가다**(go out) → (밖으로 나와 논쟁거리가 된) **문제**

The most important **issue** facing the world today is the environment.

오늘날 세계가 직면하고 있는 가장 중요한 문제는 환경이다.

10 **subject** [sʌbdʒikt]

1. (대화 · 토론 · 작품 등이 다루는) 명 **주제**
2. (영어 · 수학 같은 교과의 구분): 명 **과목, 학과**

sub(아래) + ject(던지다) ┌ (토론 · 작품 아래에 던져진) 1 **주제**
└ (교육 과정 아래 던져진) 2 **과목, 학과**

There have been many discussions on the **subject**.
그 주제에 대해서 많은 토론이 있었다.

Many students think math is a difficult **subject**.
많은 학생들이 수학은 어려운 과목이라고 생각한다.

11 **insist** [insíst]

(자신의 의견 · 요구를 강하게) 동 **주장하다, 고집하다, 우기다** [on]

in(위) + sist(서다) → (남의 의견) 위에 서다 → **고집하다, 우기다**

insistence [insístəns] 명 주장

He wanted to go out, but his father **insisted** that he stay at home.
그는 나가기를 원했지만 그의 아버지는 집에 있으라고 고집했다.

12 **persuade** [pərswéid]

(자신의 뜻을 따르도록 상대를) 동 **설득하다** [into]

per(철저히) + suade(조언하다) → (철저하게) 조언하다 → **설득하다**

persuasion [pərswéiʒən] 명 설득

They did everything to **persuade** him to change his mind.
그들은 그의 마음을 바꾸도록 설득하기 위해 모든 것을 했다.

13 **agree** [əgríː]

(의견이 일치하여 어떤 것에) 동 **동의[합의, 승낙]하다**

a(to) + gree(만족스러운) → (만족스러워서) **동의[합의, 승낙]하다**

agreement [əgríːmənt] 명 동의, 합의, 승낙

I **agree** with you on that point. I think you're right.
나는 그 점에 대해 당신에게 동의합니다. 나는 당신이 옳다고 생각해요.

14 **support**
[səpɔ́:rt]

(상대의 편을 들거나 도와주다): 동 **지지[지원, 부양]하다** 명 **지지, 지원, 부양**

sup(아래) + port(나르다) → (돌을 날라서 아래에 쌓아 위를) **지지하다**

supporter [səpɔ́:rtər] 명 지지[지원]자

The children need the love and **support** of their parents.
그 아이들은 부모의 사랑과 지원이 필요하다.

Day 14

15 **admit**
[ədmít]

1. (무엇이 옳거나 그렇다고) 동 **인정하다** [to]
2. (공공장소나 조직·모임으로의) 동 **입장[입회, 입학]을 허락하다**

ad(~에) + mit(보내다) → ~에 들여 보내다 → 2 **입장을 허락하다** → 1 **인정하다**

admission [ədmíʃən] 명 인정; 입장, 입학, 입회

The man admitted to stealing money from my wallet.
그 남자는 내 지갑에서 돈을 훔쳤다고 인정했다.

No one will be **admitted** into the stadium without a ticket.
티켓이 없으면 아무도 경기장에 입장이 허락되지 않는다.

16 **deny**
[dinái]

(옳지 않거나 그렇지 않다고) 동 **부인[부정]하다**

de(강조) + ny(아니라고 말하다) → (아니라고 말하며) **부인하다**

denial [dináiəl] 명 부정

At first he **denied** stealing the car but he later admitted it.
처음에 그는 자동차를 훔친 것을 부인했지만 나중에는 인정했다.

17 **accept**
[əksépt]

(적절하다고 여기거나 동의하여) 동 **받아들이다, 수락[인정]하다**

ac(to) + cept(받다) → 받다 → **받아들이다**

acceptance [əkséptəns] 명 수락, 수용

The company offered him a job and he **accepted**.
회사는 그에게 일자리를 제의했고 그는 받아들였다.

18 **refuse**
[rifjúːz]

(제의·요구 등을 받아들이지 않고) 통 **거절[거부]하다**

re(뒤로) + fuse(붓다) → (따른 것을) 도로 쏟아 붓다 → **거절하다**

refusal [rifjúːzəl] 명 거절, 거부

He **refused** to answer questions about his business.
그는 자신의 사업에 관한 질문에 대해 답하기를 거부했다.

19 **reject**
[ridʒékt]

(받아들이지 않고 분명하고 확실하게) 통 **(단호히) 거절[거부]하다**

re(뒤로) + ject(던지다) → (뒤로) 던져 버리다 → **거절하다**

rejection [ridʒékʃən] 명 거절

He applied to an art school but he was **rejected**.
그는 한 미술학교에 지원했지만 거절을 당했다.

20 **promise**
[prɑ́mis]

(무엇을 하겠다고) 통 **약속하다** 명 **약속**

pro(미리) + mise(보내다) → (어떻게 하겠다는 말을) 미리 보내다 → **약속하다**

I **promise** I won't tell anyone what you've told me.
당신이 내게 한 말을 어떤 사람에게도 말하지 않겠다고 약속합니다.

21 **communicate**
[kəmjúːnəkèit]

(상대방과 서로) 통 **의사소통[통신]하다, 연락을 주고받다**

com(함께) + mun(교환하다) → (서로) 교환하다 → **의사소통하다**

communication [kəmjùːnəkéiʃən] 명 의사소통, 통신 (시설)

We **communicate** by telephone and email very often.
우리는 전화와 이메일로 매우 자주 연락을 주고받는다.

22 **contact**
[kɑ́ntækt]

1. (만남·통화·편지 등을 통한) 명 **연락, 접촉, 교제** 통 **연락을 취하다**
2. (서로 맞붙어서 닿아 있음): 명 **접촉**

con(함께) + tact(닿다) → (서로) 닿아 있음 → 2 **접촉** → 1 **연락, 교제**

He said he would **contact** me, but he never did.
그는 내게 연락을 하겠다고 말했지만 전혀 하지 않았다.

The disease spreads by person to person **contact**.
그 병은 사람간의 접촉을 통해서 퍼진다.

23 **post**

[poust]

1. (편지 · 소포 등의): 명 **우편(물)** 동 **우편으로 보내다**
2. (땅에 박아 세운) 명 **기둥, 말뚝, 푯말**
3. (글 · 사진 등을 여러 사람이 보게) 동 **게시[고시]하다**

2 **기둥** → (여러 사람이 보도록 기둥 위에) 3 **게시[고시]하다**

We will send the documents to you by **post**.
그 서류를 우편으로 보내 드리겠습니다.

We set the fence **posts** in the holes.
우리는 구멍에 울타리 기둥을 박았다.

Updated information will be **posted** on our website.
최신 정보는 우리 웹사이트에 게시될 것이다.

24 **envelope**

[énvəlòup]

(편지를 넣는) 명 **봉투**

en(안) + velope(싸다) → (안에 넣고) 겉에 싸는 것 → **봉투**

He put the papers back into the **envelope** and placed it on the table.
그는 서류를 봉투에 다시 집어넣고 그것을 테이블 위에 놓았다.

Daily Test

01	communicate	13	post
02	subject	14	persuade
03	debate	15	conversation
04	admit	16	argue
05	envelope	17	agree
06	respond	18	promise
07	deny	19	discuss
08	chat	20	reply
09	issue	21	contact
10	refuse	22	reject
11	insist	23	support
12	accept	24	dialog

Answer Key ▷ 295

Day 15

사고·이해·판단

thinking & understanding

≫ 테마 기본 어휘	idea(아이디어, 생각)·image(이미지, 상)·think(생각하다)·if(만약 ~이면)·understand(이해하다)·chance(기회, 가능성; 우연)

01 **mind**
[maind]

1. (느끼고 생각·판단하는 능력): 명 **정신, 마음**
2. (무엇을 좋지 않게 여겨서) 동 **싫어하다, 언짢게 여기다, 신경 쓰다**

1 **마음** → (안 좋은) 마음이 일어나다 → 2 **싫어하다**

He changed his **mind** and decided to become a doctor like his father.
그는 마음을 바꾸고 자신의 아버지와 같이 의사가 되기로 결정했다.

Do you **mind** if I ask you a few personal questions?
제가 몇 가지 개인적인 질문을 드려도 될까요?

02 **thought**
[θɔːt]

(생각하는 행위 또는 그 대상·내용): 명 **생각**

think(생각하다)의 과거·과거분사형

Kevin looked like he was in deep **thought** about the things that happened.
케빈은 벌어진 일에 대해 깊은 생각 속에 빠져 있는 것처럼 보였다.

03 **regard**
[rigάːrd]

(어떤 대상에 대해 판단을 하고) 동 **~을 ~으로 여기다**

re(**강조**) + gard(look) - (주의 깊게 보고) **~을 ~으로 여기다**

English is **regarded** as the common language all over the world.
영어는 전세계적으로 공통 언어로 여겨진다.

04 **consider**
[kənsídər]

1. (선택 · 결정하기 전에) 동 **잘 생각하다, 숙고하다**
2. (관련된 사실이나 사정을) 동 **고려[참작, 배려]하다**
3. (대상에 대해 판단을 하고) 동 **(~을 ~으로) 여기다[생각하다]**

con(with) + sider(:별) ┌ (별을 자세히 관찰하듯) 1 **숙고하다** 2 **고려하다**
└ (숙고를 한 후) 3 **~을 ~으로 여기다**

consideration [kənsìdəréiʃən] 명 숙고; 고려(할 사항)

Please **consider** these points carefully before you make your decision.
결정을 하기 전에 이 점들을 신중하게 생각해 보십시오.

They will **consider** age and experience when they decide the salary.
그들은 급여를 결정할 때 나이와 경력을 고려할 것이다.

He is now **considered** the best football player in the world.
그는 현재 세계에서 가장 뛰어난 축구 선수로 여겨진다.

05 **opinion**
[əpínjən]

(어떤 대상에 대해 가지는) 명 **의견, 견해**

opin(**선택하다**) + ion → (선택한) 생각 → **의견**

I'd like to ask your **opinion** on this matter.
나는 이 일에 대해 당신의 의견을 묻고 싶습니다.

06 **remember**
[rimémbər]

(지난 일을 잊지 않고) 동 **기억하다**

re(**다시**) + member(**마음에 두는**) → (다시) 마음에 두다 → **기억하다**

remembrance [rimémbrəns] 명 기억

Do you **remember** the first time we met in high school?
우리가 고등학교에서 처음 만났을 때를 기억하십니까?

07 **remind**
[rimáind]

(어떤 일이나 대상을) 동 **생각나게 하다, 상기시키다** [of]

re(**다시**) + mind(**마음**) → (다시 마음에서) **생각나게 하다**

He **reminds** me of someone I knew a long time ago.
그는 내가 오래 전에 알던 사람을 생각나게 한다.

Day 15

08 **memory**

[méməri]

(기억하고 있는 것): 명 **기억(력)**

memor(**마음에 간직한**) + y → (마음에) 간직한 것 → **기억(력)**

memorize [méməràiz] 동 암기하다

He has an excellent **memory** for names.

그는 이름을 외우는 데 뛰어난 기억력을 갖고 있다.

09 **forget**

[fərgét]

(- forgot – forgotten)

(무엇을 기억하지 못하고) 동 **잊다, 망각하다**

for(**반대**) + get(**잡다**) → '잡다'의 반대 → (생각을) 잡지 못하다 → **잊다**

Don't **forget** to turn the lights off when you leave the room.

방을 떠날 때 불을 끄는 것을 잊지 마십시오.

10 **imagine**

[imǽdʒin]

(실제로는 없는 것을 머릿속에서) 동 **상상하다**

image(**이미지**) + ine → (어떤 것에 대한) 이미지를 만들어 내다 → **상상하다**

imagination [imædʒənéiʃən] 명 상상(력)

It is almost impossible for us to **imagine** life without cars.

우리가 자동차 없는 삶을 상상하는 것은 거의 불가능하다.

11 **otherwise**

[ʌðərwàiz]

(무엇이 이루어지지 않을 경우): 부 **(만약) 그렇지 않으면**

other(**다른**) + wise(**방식**) → (다른) 방식으로는 → **(만약) 그렇지 않으면**

We have to leave now, **otherwise** we'll miss the train.

우리는 지금 떠나야 합니다. 그렇지 않으면 기차를 놓칠 겁니다.

12 **guess**

[ges]

(대충 짐작으로) 동 **추측[추정]하다** 명 **추측, 추정**

Guess who I saw at the market last night!

어젯밤 내가 시장에서 누구를 봤는지 알아맞혀 보세요!

13 **suppose**
[səpóuz]

1. (불확실한 정보를 근거로) 동 **추측[추정, 생각]하다**
2. (어떤 상황을 사실이라고) 동 **가정[상정]하다, 만약 ~이라고 하다**

sup(**아래**) + pose(**놓다**) → (사실을 생각 아래에 놓고) 1 **추측하다** 2 **가정하다**

There's no reason to **suppose** he's not telling the truth.
그가 사실을 말하고 있지 않다고 추정할 이유는 없다.

Let us **suppose**, for example, that you are a doctor.
예를 들어, 당신이 의사라고 가정합시다.

14 **predict**
[pridíkt]

(앞일을 미루어) 동 **예측[예견]하다**

pre(**미리**) + dict(**말하다**) → (미리) 말하다 → **예측[예견]하다**

→ prediction [pridíkʃən] 명 예측

To **predict** the future, we use present and past experiences.
미래를 예측하기 위해 우리는 현재와 과거의 경험을 이용한다.

15 **expect**
[ikspékt]

(어떤 일이 이루어지기를) 동 **기대하다**

ex(**밖**) + pect(**보다**) → (뭔가를 바라면서) 밖을 내다보다 → **기대하다**

→ expectation [èkspektéiʃən] 명 기대

They didn't **expect** so many people to attend the wedding.
그들은 그렇게 많은 사람들이 결혼식에 참석하리라고는 기대하지 않았다.

16 **likely**
[láikli]

(그럴 가능성이 비교적 큰): 형 **~할 것 같은, 일어날 듯한** 부 **아마**

like(**비슷한 것**) + ly → (예상한 것과 비슷한 것이) **일어날 듯한**

→ ⊖ unlikely [ʌnláikli] 형 ~할[일] 것 같지 않은, 사실일 것 같지 않은

If we don't learn from our mistakes, we are **likely** to repeat them.
우리가 실수로부터 배우지 못하면 그것을 반복할 공산이 크다.

17 **probable**
[prɑ́bəbl]

(그럴 가능성이) 형 **거의 확실한, 틀림없을 것 같은**

prob(**증명하다**) + able → (증명할 수 있을 정도로) **거의 확실한**

probably [prɑ́bəbli] 부 아마

The **probable** cause of the fire was smoking.
거의 확실한 화재의 원인은 흡연이었다.

18 **maybe**
[méibiː]

(불확실한 추측): 부 **아마, 어쩌면**

may(**불확실한 추측**) + be → **아마**

Maybe you're right, but maybe you're wrong.
어쩌면 당신이 옳을 수도 있지만 어쩌면 틀릴지도 모릅니다.

19 **choose**
[ʧuːz]
(- chose - chosen)

(원하는 것을) 동 **고르다, 선택하다**

choice [ʧɔis] 명 선택

There were so many choices that I didn't know what to **choose**.
선택할 것이 너무 많아서 나는 무엇을 골라야 할지 몰랐다.

20 **select**
[silékt]

(최고의 것을) 동 **(엄선해서) 선발[선정, 선택]하다** 형 **엄선된**

se(**떨어져**) + lect(**모으다**) → (최고만을) 떨어진 곳에 모으다 → **선발하다**

selection [silékʃən] 명 선발(된 것)

He was **selected** for the all-star team 12 times.
그는 올스타 팀에 열두 차례 선정되었다.

21 **judge**
[dʒʌdʒ]

(어떤 것에 대한 생각을 정하다): 동 **판단하다** 명 **재판관, 판사**

ju(**올바른**) + dge(**말하다**) → (무엇에 대해) 올바른 말을 하다 → **판단하다**

judgment [dʒʌdʒmənt] 명 판단(력); 판결

It is a great mistake to **judge** people by their appearance.
사람들을 그들의 외모로 판단하는 것은 큰 실수이다.

22 **decide**

[disáid]

(선택 · 판단 · 마음 등의 방향을) 동 **결정[결심]하다**

de(**제거**) + cide(**자르다**) → (불필요한 것을 잘라내고) **결정[결심]하다**

decision [disíʒən] 명 결정

The house was too small so they **decided** to look for something else.

그 집은 너무 작아서 다른 것을 찾아보기로 결정했다.

23 **confuse**

[kənfjúːz]

1. (여러 가지가 마구 뒤섞여서) 동 **혼란스럽게 하다**
2. (이것과 저것을 구별하지 못하고) 동 **혼동하다**

con(**함께**) + fuse(**붓다**) ┌ (한꺼번에 쏟아 부어 뒤섞여) 1 **혼란스럽게 하다**
└ (혼란스러워서) 2 **혼동하다**

confusion [kənfjúːʒən] 명 혼란, 혼동

The road signs were so **confusing** that I didn't know which way to go.

도로 표지가 너무 혼란스러워서 어떤 길로 가야 할지 몰랐다.

I always **confuse** them because they look so alike.

나는 그것들이 너무 똑같이 보여서 항상 혼동한다.

Day 15

Daily Test

01 opinion
02 guess
03 memory
04 decide
05 thought
06 likely
07 mind
08 forget
09 remind
10 select
11 otherwise
12 imagine
13 consider
14 choose
15 confuse
16 remember
17 regard
18 maybe
19 suppose
20 judge
21 predict
22 probable
23 expect

Answer Key ▷ 295

Day 16

교육·지식체계 I

education & knowledge I

≫ 테마 기본 어휘	teach(가르치다)·coach(코치[지도]하다)·learn(배우다)·study(공부하다)·class(수업; 학급, 반)·lesson(교습, 레슨)·classroom(교실)·homework(숙제)·school(학교)·student(학생)·teacher(선생, 교사)·test(시험, 테스트)

01 **education**
[èdʒukéiʃən]

(가르치고 배우는 체계적인 활동): 명 **교육**

e(밖) + duc(이끌다) → (재능을) 밖으로 이끌어내는 것 → **교육**

educate [édʒukèit] 동 교육하다

I want my children to get a good **education**.
나는 내 자식들이 좋은 교육을 받기 원한다.

02 **instruct**
[instrʌ́kt]

1. (지식·기술을 체계적으로) 동 **가르치다, 교육하다**
2. (해야 할 일을 상세하게) 동 **지시하다**

in(위) + struct(쌓다) ┌ (지식을) 위에 쌓아 올리다 → 1 **가르치다**
└ (가르치듯 상세히) 2 **지시하다**

instruction [instrʌ́kʃən] 명 지시; 가르침, 지도; (-s) 설명

They were **instructed** how to use the machine.
그들은 그 기계 사용법을 교육 받았다.

He **instructed** his secretary to cancel the appointment.
그는 비서에게 약속을 취소하라고 지시했다.

03 **master**
[mǽstər]

(기술·언어 등을 완벽하게) 동 **터득[통달]하다** 명 **정통[능통]한 사람**

원뜻: **더 많은(more)** → (더 많이) 알다 → **터득[통달]하다**

It took him nearly eighteen years to **master** the language.
그가 그 언어를 터득하는 데 거의 18년이 걸렸다.

04 **practice**
[prǽktis]

1. (익숙해지도록 반복해서) 통 **연습하다** 명 **연습**
2. (실제로 행동으로 옮김): 명 **실행, 실천** 통 **실행[실천]하다**

원뜻: **행하다(do)** ┌ (반복해서) 행하다 → 1 **연습하다**
└ (실제로) 행하다 → 2 **실행하다**

He **practices** golf three to four hours a day.
그는 하루에 서너 시간씩 골프 연습을 한다.

Don't wait. Put your ideas into **practice**!
기다리지 마세요. 당신의 생각을 실행에 옮기세요!

05 **college**
[kάlidʒ]

(교육의 최고 기관): 명 **대학** (= university)

After graduating from high school, he went to **college**.
고등학교 졸업 후 그는 대학에 들어갔다.

06 **university**
[jù:nəvə́:rsəti]

(교육의 최고 기관): 명 **대학** (= college)

uni(**하나**) + verse(**되다**) → (모든 지식이) 하나로 통합되는 곳 → **대학**

His younger brother is studying history at **university**.
그의 동생은 대학에서 역사를 공부하고 있다.

07 **professor**
[prəfésər]

(대학에서 학문을 가르치는) 명 **교수**

pro(**앞**) + fess(**말하다**) + or(**사람**) → (앞에서) 말하는 사람 → **교수**

Her father is a college **professor**.
그녀의 아버지는 대학 교수이다.

08 **principal**
[prínsəpəl]

(학교의 최고 책임자): 명 **교장**

prin(**첫째의**) +cip(**차지하다**) → (학교에서 첫 번째 직위를 차지하는) **교장**

He was the **principal** of a high school in a small city.
그는 한 작은 도시의 고등학교 교장이었다.

09 **course**
[kɔːrs]

1. (특정 과목의) 명 **강의, 강좌, 교과 과정**
2. (목적에 맞추어 정해 놓은 길): 명 **코스, 진로, 항로**

원뜻: **달리기 경주(running race)** → (정해진) 경주로 → 1 **교과 과정** 2 **코스**

This **course** is for students with a basic knowledge of computers.
이 과정은 컴퓨터에 대한 기본적인 지식을 갖춘 학생들을 위한 것이다.

The plane changed course to the north.
비행기는 북쪽으로 항로를 바꾸었다.

10 **semester**
[siméstər]

(1년 2학기 제도에서의) 명 **학기**

se(6) + mes(**개월**) → (1년을 6개월씩 나눈) **학기**

I'm taking a course in computer programming next **semester**.
나는 다음 학기에 컴퓨터 프로그래밍 과목을 듣는다.

11 **exam**
[igzǽm]

(학력이나 자격을 평가하는) 명 **시험** (= examination)

I have an **exam** tomorrow, so I have to study.
나는 내일 시험이 있어서 공부를 해야 한다.

12 **graduate**
동 [grǽdʒuèit]
명 [grǽdʒuət]

(학교에서 학업을 마치고) 동 **졸업하다** 명 **졸업생**

gradu(**단계**) + ate → (한 단계를) 마치다 → **졸업하다**

graduation [grædʒuéiʃən] 명 졸업

He **graduated** from Harvard University last year.
그는 작년에 하버드 대학을 졸업했다.

13 **knowledge**
[nɑ́lidʒ]

(무엇에 대해 알고 있는 내용): 명 **지식, 학식; 알고 있음**

know(**알다**) + ledge → 알고 있는 것 → **지식; 알고 있음**

You'll need a good **knowledge** of English for that job.
그 일을 하려면 영어에 대한 상당한 지식이 필요할 겁니다.

14 **experience**
[ikspíəriəns]

(실제로 보고 듣고 겪은 일): 명 **경험, 체험; 경력** 동 **경험[체험]하다**

ex(out) + per(try) → try out(시험해 보다) → (시험해 보면서) **경험하다**

He doesn't have enough **experience** to do the job.
그는 그 일을 할 만한 충분한 경험을 갖추고 있지 않다.

15 **able**
[éibl]

(능력·기술 등을 갖추어서) 형 **~할 수 있는, 유능한**

ability [əbíləti] 명 능력 ↔ unable [ʌnéibl] 형 ~할 수 없는

Come closer and then you'll be **able** to see it better.
더 가까이 오세요 그러면 그것을 더 잘 볼 수 있을 겁니다.

16 **talent**
[tǽlənt]

(무엇을 잘하는 타고난) 명 **재능**

He showed a **talent** for music at a very early age.
그는 아주 어린 나이에 음악에 재능을 보였다.

17 **fact**
[fækt]

(실제로 있거나 일어난 일): 명 **사실**

I can't say anything until we know all the **facts**.
나는 우리가 모든 사실을 알 때까지는 어떤 말도 할 수 없다.

18 **according**
[əkɔ́:rdiŋ]

(~ to) (무엇의 출처나 근거를 나타내어) 부 **~에 따르면; ~에 따라**

accord(**일치하다**) + ing → ~에 일치하여 → **~에 따르면; ~에 따라**

According to the police, he is still alive.
경찰에 따르면 그는 여전히 살아 있다.

19 **document**
[dɑ́kjumənt]

(공적인 내용·정보가 담긴) 명 **문서, 서류**

docu(**가르치다**) + ment → (무언가를) 가르쳐 주는 것 → **서류, 문서**

The **documents** should be ready by next Monday.
그 서류는 다음주 월요일까지 준비되어야 한다.

Day 16

20 **diary**
[dáiəri]

(그날그날 겪은 일·느낌을 적은) 명 일기

di(날) + ary → (날마다) 적은 기록 → **일기**

I have been keeping a **diary** every day since I was ten.
나는 10살 때 이후로 매일 일기를 썼다.

21 **proverb**
[prάvəːrb]

(교훈이 담긴 짧은 말): 명 속담, 격언

pro(앞에) + verb(말) → (사람들이 흔히) 앞에 내놓는 말 → **속담**

The old **proverb** says that God helps those who help themselves.
하늘은 스스로를 돕는 자를 돕는다라는 옛 속담이 있다.

22 **research**
[risə́ːrʧ]

(과학적·학술적 목적의) 명 연구, (연구) 조사 동 연구[조사]하다

re(강조) + search(찾다) → (무엇을 유심히 찾는) **연구**

Market **research** has shown that people want low prices.
시장 조사는 사람들이 낮은 가격을 원한다는 것을 보여 주었다.

23 **experiment**
[ikspérəmənt]

(무엇을 측정·증명하기 위한) 명 실험 동 실험하다

ex(out) + per(try) → try out(시험해 보다) → **실험하다**

The scientist did **experiments** to test his ideas.
그 과학자는 자신의 생각을 테스트하기 위해 실험을 했다.

24 **examine**
[igzǽmin]

(더 자세히 알아보려고) 동 검사[조사, 진찰]하다

원뜻: **무게를 달다**(weigh) → (무게를 달 듯 신중하게) **검사[조사]하다**

examination [igzæmənéiʃən] 명 검사, 조사, 진찰; 시험

The doctor **examined** his neck to see if it was broken.
의사는 그의 목을 부러졌는지 보기 위해 진찰을 했다.

25 **review**

[rivjúː]

(변경·수정할 것이 있는지) 통 **재검토[재조사]하다; 복습하다** 명 **재검토; 복습**

re(다시) + view(보다) → (다시) 보다 → **재검토하다; 복습하다**

Review all the facts carefully before you make a decision.

결정을 하기 전에 모든 사실을 신중하게 재검토 하십시오.

26 **aware**

[əwέər]

(어떤 대상·사실에 대해) 형 **알고 있는, 알아차리고 있는**

a(강조) + ware(경계하는) → (철저히 밖을 경계하고 있어서) **알아차리고 있는**

Most people are **aware** of the danger of smoking.

대부분의 사람들은 흡연의 위험성을 인식하고 있다.

27 **familiar**

[fəmíljər]

(자주 접하거나 겪어서) 형 **익숙[친숙]한, 잘 아는**

family(가족) + ar → (가족처럼) **익숙한, 잘 아는**

Your face is very **familiar** to me; haven't I met you somewhere?

얼굴이 낯익으신데, 제가 어디서 뵌 적이 없나요?

Day 16

Daily Test

01	college	15	familiar
02	graduate	16	practice
03	aware	17	document
04	principal	18	review
05	examine	19	experiment
06	research	20	university
07	instruct	21	master
08	talent	22	according
09	education	23	knowledge
10	course	24	proverb
11	professor	25	experience
12	diary	26	fact
13	exam	27	able
14	semester		

Answer Key ▷ 296

Day 17 교육·지식체계 II

education & knowledge II

≫ 테마 기본 어휘	information(정보)·data(데이터, 자료)·record(기록)·file(서류철, 파일)·note(메모, 기록)·secret(비밀)·check(점검, 조사, 검사)·know(알다)·smart(영리한)·find(찾아내다, 알아내다)·show(보이다, 보여주다)·right(옳은, 맞는)·wrong(틀린, 잘못된)·mistake(실수)

01 **recognize** [rékəgnàiz]

(이전에 보거나 들은 것이어서) 동 **알아보다, 인식하다**

re(**다시**) + cogn(**알다**) → (전에 알던 것이어서 다시) **알아보다**

recognition [rèkəgníʃən] 명 인식; 인정

I hadn't seen him for a long time and didn't **recognize** him.

나는 그를 오랫동안 보지 못해서 그를 알아보지 못했다.

02 **realize** [rí:əlàiz]

1. (모르고 있던 것을 느껴서) 동 **깨닫다, 알아차리다**
2. (꿈·희망·계획 등을 실제로) 동 **실현[달성]하다**

real(**진실의, 현실의**) + ize ┌ (진실을) 1 **깨닫다**
└ (현실에서) 2 **실현하다**

realization [rì:əlizéiʃən] 명 깨달음, 인식; 실현

They didn't **realize** that the situation was that serious.

그들은 상황이 그렇게 심각한지 깨닫지 못했다.

He finally **realized** his dream of becoming a doctor.

그는 의사가 되겠다는 자신의 꿈을 마침내 실현했다.

03 **wise** [waiz]

(삶의 경험과 지식이 많아서) 형 **현명한**

wisdom [wízdəm] 명 현명함, 지혜

I always ask my father for advice because he is very **wise**.

내 아버님은 매우 현명하기 때문에 나는 항상 그분에게 조언을 구한다.

04 **clever**
[klévər]

(머리 회전이 빨라서) 형 **영리한**

He's very **clever** and has never had any trouble passing exams.
그는 매우 똑똑해서 시험에 합격하는 데 어떤 어려움도 없었다.

05 **fool**
[fu:l]

(판단·행동이 비정상인) 명 **바보, 멍청이**

foolish [fú:liʃ] 형 바보 같은, 어리석은

The man is a **fool** who doesn't know what he's talking about.
그 남자는 자신이 무슨 말을 하고 있는지 모르는 바보이다.

06 **stupid**
[stjú:pid]

(판단·행동이 비정상적인): 형 **어리석은, 바보 같은** (=silly)

stup(**멍한**) + id → (아무 생각이 없는 듯) 멍한 → **바보 같은**

I felt **stupid** when I realized what I'd done.
나는 내가 한 짓을 깨닫고 바보처럼 느껴졌다.

07 **silly**
[síli]

(판단·행동이 비정상적인): 형 **어리석은, 바보 같은** (=stupid)

It's **silly** of you to give up your job when you need the money.
당신이 돈이 필요할 때 직장을 그만두는 것은 어리석은 짓이다.

08 **crazy**
[kréizi]

1. (정신이 정상이 아닌): 형 **미친, 미친 것 같은** (= mad)
2. (정신이 나간 것처럼) 형 **열렬히 좋아하는, 열광하는** (= mad)

1 **미친** → (미친 것처럼) 2 **열렬히 좋아하는**

Are you **crazy**? You could have hit me with that!
당신 미쳤어요? 그것으로 나를 칠 뻔했잖아요!

She's **crazy** about pop music and listens to it all the time.
그녀는 대중 가요를 열렬히 좋아해서 그것을 항상 듣는다.

09 **mad**
[mæd]

1. (정신이 정상이 아닌): 형 **미친, 미친 것 같은** (= crazy)
2. (정신이 나간 것처럼) 형 **열렬히 좋아하는, 열광하는** (= crazy)
3. (미친 것처럼) 형 **몹시 화가 난**

1 **미친** ┌ (미친 것처럼) 2 **열렬히 좋아하는**
└ (미친 것처럼) 3 **몹시 화가 난**

You must be **mad** to spend so much money on such a thing.
그런 것에 그렇게 많은 돈을 쓰다니 당신은 미쳤음에 틀림없다.

He was **mad** about golf and spent a lot of money on it.
그는 골프를 열렬히 좋아해서 그것에 많은 돈을 썼다.

My mom got really **mad** at me for telling a lie.
내 엄마는 거짓말을 했다고 내게 대단히 화가 났다.

10 **express**
[iksprés]

(의견·감정 등을 드러내어) 동 **표현하다**

ex(**밖**) + press(**압력을 가하다**) → (압력을 가해 밖으로) **표현하다**

expression [ikspréʃən] 명 표현; 표정

He has clearly **expressed** his opinion on the matter.
그는 그 일 대한 자신의 의견을 분명하게 표명했다.

11 **hide**
[haid]
(- hid - hidden)

(무엇을 보이지 않게) 동 **감추다, 숨(기)다**

She didn't want to be seen, so she **hid** behind the sofa.
그녀는 보이고 싶지 않아서 소파 뒤에 숨었다.

12 **discover**
[diskʌvər]

(찾아내지 못했거나 알려지지 않은 것을) 동 **발견하다, 알아내다**

dis(**반대**) + cover(**덮다**) → (덮인 것을) 열다 → **발견하다**

discovery [diskʌvəri] 명 발견

Christopher Columbus **discovered** America in 1492.
크리스토퍼 콜럼버스는 1492년 아메리카대륙을 발견했다.

13 **lose**

[lu:z]

(- lost – lost)

1. (가지고 있던 것을) 동 **잃다, 잃어버리다, 상실[분실]하다**
2. (시합 · 싸움 · 선거 등에서) 동 **패하다, 지다**

loss [lɔ:s] 명 분실, 상실; 패배 loser [lú:zər] 명 패배자

An old man **lost** all his money on the way to the bank.
한 노인이 은행으로 가는 도중에 돈을 모두 잃어버렸다.

They **lost** the game by a score of 9-6.
그들은 9대6의 스코어로 경기에서 졌다.

14 **search**

[sə:rtʃ]

(이곳 저곳을 샅샅이 뒤져) 동 **수색[탐색]하다** 명 **수색, 탐색**

원뜻: **여기저기 다니다(go round)** → (여기저기를 다니며) **수색하다**

They **searched** everywhere but they couldn't find it.
그들은 모든 곳을 다 찾아보았으나 그것을 찾을 수 없었다.

15 **true**

[tru:]

(거짓 · 상상 · 추측이 아닌) 형 **진실의, 참된**

truth [tru:θ] 명 진실, 사실, 진리

It's not **true**. I don't believe it at all.
그것은 사실이 아니다. 나는 그것을 전혀 믿지 않는다.

16 **real**

[rí:əl]

(현실에 실제로 존재하는): 형 **진짜의, 정말의, 실재하는**

really [rí:əli] 부 정말로, 실제로

His **real** name was Robert, but everyone called him Bobby.
그의 진짜 이름은 로버트였지만 모든 사람들은 그를 바비라고 불렀다.

17 **correct**

[kərékt]

(오류나 실수가 없이) 형 **옳은, 틀림없는** 동 **고치다, 바로잡다**

cor(**강조**) + rect(**똑바로 이끌다**) → (똑바로) 이끌어진 → **옳은**

Please check that all the information is **correct**.
모든 정보가 틀림없는지 확인하십시오.

Day 17

18 **false**
[fɔːls]

(진실 · 사실 · 진짜가 아닌) 형 **거짓[가짜]의, 잘못된, 틀린**

We do not know whether it is true or **false**.
우리는 그것이 사실인지 거짓인지 모른다.

19 **error**
[érər]

(원칙 · 기준 · 이치에 맞지 않는) 명 **오류, 잘못**

There are a lot of spelling **errors** in your letter.
당신의 편지에는 많은 스펠링 오류가 있다.

20 **exact**
[igzǽkt]

(사실 · 기준에 완벽히 일치하여) 형 **정확한**

ex(**철저하게**) + act(**하다**) → (틀리지 않게) 철저하게 한 → **정확한**

It was just before ten, but I don't know the **exact** time.
그때는 10시 바로 전이었는데 나는 정확한 시간은 모른다.

21 **certain**
[sə́ːrtn]

1. (무엇이 틀림없다고) 형 **확신하는, 확실한** (= sure)
2. (구체적인 이름 · 정보를 밝히지 않고): 형 **어떤, 무슨**

cert(**확실한**) + ain → 1 **확신하는** → (언급하는 대상을 확정하여) 2 **어떤, 일정한**

certainty [sə́ːrtnti] 명 확실함, 확신
certainly [sə́ːrtnli] 부 틀림없이, 확실히

He looked **certain** to win the world championship.
그는 세계 선수권 대회에서 우승할 것을 확신하는 것처럼 보였다.

Certain people don't like the style.
어떤 사람들은 그 스타일을 좋아하지 않는다.

22 **sure**
[ʃuər]

(무엇이 틀림없다고) 형 **확신하는, 확실한** (= certain)

I'm **sure** that he is one of best doctors in the area.
나는 그가 그 지역의 최고의 의사 중 한 명이라고 확신한다.

23 **prove**
[pru:v]

(어떤 것이 진실임을 증거를 들어) 동 **증명하다; 판명되다**

➡ proof [pru:f] 명 증거, 증명

Nobody believed him at first but he **proved** to be right.
처음에는 아무도 그를 믿지 않았지만 그가 옳았다는 것이 판명되었다.

24 **evidence**
[évədəns]

(어떤 사실을 증명하기 위한) 명 **증거**

e(밖) + vid(보다) → (사실을 밖으로 드러나 보이게 하는) **증거**

There is no clear **evidence** that this is true.
이것이 진실이라는 분명한 증거는 없다.

25 **doubt**
[daut]

(무엇이 사실이 아닐지도 모른다고) 동 **의심하다** 명 **의심**

There is no reason to **doubt** that he is telling the truth.
그가 진실을 말하고 있지 않다고 의심할 이유는 없다.

Daily Test

01	certain	14	prove
02	express	15	discover
03	silly	16	recognize
04	true	17	crazy
05	evidence	18	lose
06	fool	19	exact
07	real	20	stupid
08	wise	21	clever
09	mad	22	sure
10	false	23	error
11	hide	24	search
12	correct	25	realize
13	doubt		

Answer Key ▷ 296

PART 2

사회 생활

과학적 · 체계적인 신개념의 영단어 학습법

개념원리 VOCA

|중|학|필|수|편|

Day 18

사회·정치·법 I

society, politics & law I

≫ 테마 기본 어휘	club(클럽, 동호회)·member(회원)·king(왕)·queen(여왕)·free(자유로운)

01 **society** [səsáiəti]

(공동체를 이루고 사는) 명 **사회**

soci(**동반자**) + ety → (동반자들의) 집단 → **사회**

social [sóuʃəl] 형 사회의

Every **society** has its own traditions and customs.

모든 사회는 그 자체의 전통과 관습을 갖고 있다.

02 **community** [kəmjú:nəti]

(같은 지역·직업 등을 바탕으로 모인) 명 **지역사회, 공동체**

com(**함께**) + mun(**나누다**) → (함께 나누는) **지역사회, 공동체**

He discussed **community** problems with the villagers.

그는 마을 사람들과 지역 사회의 문제들을 논의했다.

03 **country** [kʌntri]

1. (일정한 영토와 통치 조직을 가진) 명 **국가**
2. (도시와 대비하여) 명 **시골, 전원**

Canada is the second largest **country** in the world.

캐나다는 세계에서 두 번째로 큰 나라이다.

I live in a big city, but I'd like to live in the **country**.

나는 대도시에서 살고 있지만 시골에서 살고 싶다.

04 **citizen** [sítəzən]

(한 나라에 사는) 명 **시민, 주민**

citi(**도시**) + zen → (그 도시에) 사는 사람 → **시민, 주민**

He was born in Russia but is now an American **citizen**.

그는 러시아에서 태어났지만 지금은 미국 시민이다.

05 **state**
[steit]

1. (미국 등의 연방 국가의 행정 구역): 명 **주**
2. (정치 공동체로서의) 명 **국가** (= country)
3. (사물 · 현상이 처해 있는 그대로의) 명 **상태**

원뜻: **서다(stand)** ┌ (정부가 서 있는) 1 **주** 2 **국가**
└ 서 있는(처한) 상황 → 3 **상태**

The United **States** is made up of fifty states.
미국은 50개의 주로 구성되어 있다.

Spain is one of the EU member **states**.
스페인은 유럽 연합 회원국들 중의 하나이다.

He was in a **state** of shock after his friend's death.
친구의 죽음 이후 그는 충격을 받은 상태이었다.

06 **foreign**
[fɔ́:rən]

(자기 나라가 아닌) 형 **외국의**

fore(**문**) + ign → (문) 밖의 → **외국의**

foreigner [fɔ́:rənər] 형 외국인

In today's society, it is very important to learn **foreign** languages.
오늘날의 사회에서 외국어를 배우는 것은 매우 중요하다.

07 **abroad**
[əbrɔ́:d]

(나라 밖의) 부 **국외[해외]로[에]**

a(**~에**) + broad(**넓은**) → (나라 밖의) 넓은 곳에 → **국외에**

She likes traveling **abroad** and learning about other people's cultures.
그녀는 외국을 여행하면서 다른 민족의 문화를 배우는 것을 좋아한다.

08 **international**
[ìntərnǽʃənəl]

(여러 나라가 관계되는): 형 **국제적인**

inter(**사이에**) + nation(**국가**) → (국가) 사이에 → **국제적인**

We are an **international** company with offices in more than 50 countries.
우리는 50개 이상의 나라에 사무소가 있는 국제적인 회사이다.

[09] **government** [gʌvərnmənt]

(국가의 통치기구): 명 **정부**

govern(**통치하다**) + ment → 통치기구 → **정부**

govern [gʌvərn] 동 통치하다, 다스리다

The **government** announced a new economic policy.
정부는 새로운 경제 정책을 발표했다.

[10] **president** [prézədənt]

(국가나 회사의 최고 책임자): 명 **대통령; 사장**

pre(**앞**) + sid(**앉다**) → (맨 앞에 앉는) 지위가 높은 사람 → **대통령, 사장**

Lincoln became **president** of the United States in 1860.
링컨은 1860년 미국 대통령이 되었다.

[11] **politics** [pάlətiks]

(나라를 다스리는 활동): 명 **정치(학)**

polit(**도시**) + ics → (도시를) 다스리는 일 → **정치**

political [pəlítikəl] 형 정치적인 politician [pὰlitíʃən] 명 정치가

I'm not interested in **politics** at all.
나는 정치에는 전혀 관심이 없다.

[12] **democracy** [dimάkrəsi]

(국가 주권이 국민에게 있는) 명 **민주주의(국), 민주제**

demo(**민중**) + cracy(**통치**) → (민중에 의한) 통치 → **민주주의**

democratic [dèməkrǽtik] 형 민주주의의

There is no true **democracy** without freedom of expression.
표현의 자유 없이는 진정한 민주주의는 없다.

[13] **policy** [pάləsi]

(어떤 목적 실현을 위한) 명 **정책, 방침**

polic(**도시**) + y → (도시를 다스리기 위한) **정책, 방침**

The President has announced that there will be no change in government **policy**.
대통령은 정부 정책에는 변화가 없을 것이라고 발표했다.

14 **election**

[ilékʃən]

(대표자를 투표를 통해 뽑는) 명 **선거**

e(밖) + lect(선택하다) → (선택해서 밖으로 뽑아내는) **선거**

elect [ilékt] 동 선거[선출, 선임]하다

He won the **election** and became President in 2015.

그는 2015년에 선거에서 이기고 대통령이 되었다.

15 **vote**

[vout]

(선거나 무엇을 결정할 때의) 명 **투표** 동 **투표하다**

I **voted** for him in the last election.

지난 선거에서 나는 그에게 찬성 투표를 했다.

16 **organization**

[ɔ̀rgənizéiʃən]

(어떤 목적을 위해 구성된) 명 **조직(체), 단체**

organize(조직하다) + ate → (어떤 목적을 위해) 조직된 것 → **조직, 단체**

Teamwork is very important in a large **organization**.

협동 작업은 큰 조직에서는 매우 중요하다.

17 **department**

[dipɑ́:rtmənt]

(조직을 일의 성격에 따라 나눈) 명 **부문, 부서, 국, 부**

de(분리) + part(나누다) → (조직을 분리하여 나눈) **부문, 부서**

For more information, contact our customer services **department**.

더 자세한 정보를 원하시면 우리 고객 서비스 부서로 연락 주십시오.

18 **senior**

[sí:njər]

(나이·직위·계급 등이) 형 **손위[상급, 상위]의** 명 **연장[상급]자**

sen(old) + ior(비교급) → older(더 나이든) → **손위[상급]의**

He was in the twelfth grade, two years **senior** to me.

그는 나보다 두 학년 더 높은 12학년이었다.

19 **junior**

[dʒúːnjər]

(나이·직위·계급 등이) 형 **연하[하급, 하위]의** 명 **연하[하급]자**

jun(young) + ior(**비교급**) → younger(더 어린) → **연하[하급]의**

He was **junior** to me in rank but was senior in age.

그는 나보다 계급은 낮았지만 나이는 손위였다.

20 **prince**

[prins]

(왕의 아들): 명 **왕자**

prin(**제일의**) + ce(**차지하다**) → (제일 높은 지위를 차지하는) **왕자**

princess [prínses] 명 공주, 왕자비

Her dream was to marry a **prince** and become a princess.

그녀의 꿈은 왕자와 결혼해서 공주가 되는 것이었다.

21 **dynasty**

[dáinəsti]

(같은 가문의 왕들): 명 **왕조, 왕가**

dynast(**왕**) + y → (같은 가문의) 왕들 → **왕조**

This **dynasty** ruled over China from 1368 to 1644.

이 왕조는 중국을 1368년부터 1644년까지 통치했다.

22 **culture**

[kʌltʃər]

(한 사회의 생활양식·예술 등의) 명 **문화**

cult(**경작하다**) + ure → (경작이 시작되면서 생긴) **문화**

cultural [kʌltʃərəl] 형 문화의

I like working abroad and meeting people from different cultures.

나는 해외에서 일하면서 다른 문화의 사람들을 만나기를 좋아한다.

23 **tradition**

[trədíʃən]

(과거로부터 전해 내려온) 명 **전통**

tra(**넘어**) + di(**주다**) → (조상이) 넘겨준 것 → **전통**

traditional [trədíʃənl] 형 전통의

This country has a long **tradition** of democracy.

이 나라는 오랜 민주주의의 전통을 가지고 있다.

[24] **custom**

[kʌstəm]

(오랜 세월 굳어져서 지켜지는) 명 **관습**

cu(**함께**) + stom(**익숙하다**) → (함께) 익숙해진 것 → **관습**

In my country, it is the **custom** to give presents at Christmas.

우리 나라에서는 크리스마스에 선물을 주는 것은 관습이다.

[25] **folk**

[fouk]

1. (사람들 사이의 풍속과 관련된): 형 **민속[민간]의** 명 **민요**
2. (people과 유사한 의미의 구어체): 명 **사람들, 여러분**

2 **사람들** → (사람들) 사이의 → 1 **민속[민간]의**

The movie is based on an old **folk** story.

그 영화는 옛 민담을 근거로 한 것이다.

All right, **folks**, it's time to get back to work.

자, 여러분 다시 일을 해야 할 시간입니다.

Daily Test

01	abroad	14	country
02	tradition	15	junior
03	senior	16	prince
04	citizen	17	folk
05	democracy	18	international
06	society	19	foreign
07	custom	20	government
08	president	21	department
09	culture	22	community
10	election	23	organization
11	politics	24	policy
12	dynasty	25	vote
13	state		

Answer Key ▷ 296

Day 19

사회·정치·법 II

society, politics & law II

≫ 테마 기본 어휘	police(경찰) · control(통제, 조종, 제어) · let(하게 하다, 시키다)

01 **servant** [sə́ːrvənt]

(남의 집의 집안일을 맡아서 하는) 명 **하인**

serve(**봉사하다**) + ant → (봉사하는) 사람 → **하인**

He beat me and treated me like a **servant**.
그는 나를 때렸고 나를 하인처럼 다루었다.

02 **slave** [sleiv]

(자유를 빼앗긴 남의 소유물인) 명 **노예**

He lived like a king and treated his wife like a **slave**.
그는 왕과 같이 살았고 부인을 노예같이 대했다.

03 **authority** [əθɔ́ːrəti]

(행사할 수 있는 권리 · 권력의 범위): 명 **권한**

author(**창조자**) + ity → 권리 · 권력의 근원(창조자) → **권한**

I don't have the **authority** to make this decision.
나는 이 결정을 할 권한을 가지고 있지 않습니다.

04 **official** [əfíʃəl]

1. (권한을 인정받은): 형 **공식적인, 정식의**
2. (업무와 관련된): 형 **직무[공무]상의** 명 **관리, 공무원**

office(**공직**) + al → (공직과) 관련된 → 2 **직무상의** 1 **공식적인**

They made an **official** announcement about the plan.
그들은 그 계획에 대해 공식적인 발표를 했다.

The President made his first **official** visit to China.
대통령은 중국으로 그의 첫 공식 방문을 했다.

05 **liberty**
[líbərti]

(자기의 의사대로 할 수 있는) 명 **자유**

liber(**자유롭게 하다**) + ty → **자유**

They fought for political **liberty** and democracy.
그들은 정치적 자유와 민주주의를 위해 싸웠다.

06 **law**
[lɔː]

(국민이 지키도록 만든) 명 **법, 법률; 법칙**

It is against the **law** to smoke in public buildings.
공공건물 안에서 흡연을 하는 것은 불법이다

07 **rule**
[ruːl]

1. (지키기로 정해 놓은) 명 **규칙**
2. (왕이 나라나 국민을) 동 **지배[통치]하다** 명 **지배, 통치**

1 **규칙** → (왕이 규칙을 정해 놓고) 2 **지배[통치]하다**

ruler [rúːlər] 명 지배[통치]자; (길이를 재는) 자

The basic **rules** of the game are quite simple.
그 게임의 기본적인 규칙은 꽤 단순하다.

Kings and queens have **ruled** England for more than a thousand years.
왕과 여왕이 영국을 천 년 이상 통치해 왔다.

08 **legal**
[líːgəl]

(법과 관련된): 형 **법률(상)의; 합법적인**

leg(**법률**) + al → **법률의**

You really need to take **legal** advice from a lawyer.
당신은 정말 변호사로부터 법적인 자문을 받을 필요가 있습니다.

09 **lawyer**
[lɔ́ːjər]

(법률 관련 일을 하는) 명 **법률가, 변호사**

law(**법**) + yer → (법을) 다루는 사람 → **법률가, 변호사**

He wants to go to law school and become a **lawyer**.
그는 로스쿨에 진학해서 변호사가 되기를 원한다.

Day 19

[10] **punish**
[pʌniʃ]

(잘못·죄를 저지른 사람을) 동 **처벌하다, 벌주다**

➔ punishment [pʌniʃmənt] 명 벌, 처벌

If you ever lie to me again, you will be **punished**.
내게 다시 한 번이라도 거짓말을 하면 너는 벌을 받을 거야.

[11] **crime**
[kraim]

(법을 어겨 처벌의 대상이 되는) 명 **범죄**

➔ criminal [krímənl] 형 범죄의; 형사의 명 범죄자

Drunk driving is a very serious **crime** in America.
음주 운전은 미국에서는 매우 심각한 범죄이다.

[12] **commit**
[kəmít]

(나쁜 일이나 범죄 등을) 동 **저지르다, 범하다**

com(with) + mit(**보내다**) → (나쁜 일에 자신을) 보내다 → **저지르다**

He was in prison for a crime he didn't **commit**.
그는 자신이 저지르지 않은 범죄로 인해 교도소에 있었다.

[13] **victim**
[víktim]

(사고·범죄 등으로 해를 입은) 명 **피해자, 희생자**

The ambulance took the **victims** to the hospital.
앰뷸런스는 피해자들을 병원으로 이송했다.

[14] **thief**
[θi:f]

(물건을 훔치는) 명 **도둑, 절도범**

➔ theft [θeft] 명 도둑질, 절도

The policeman ran after the **thief** and caught him.
그 경찰관은 도둑을 뒤쫓아 가서 그를 붙잡았다.

[15] **steal**
[sti:l]
(- stole - stolen)

(남의 물건을 몰래) 동 **훔치다, 도둑질하다**

I had my wallet **stolen** on a crowded bus.
나는 붐비는 버스에서 지갑을 도둑 맞았다.

16 **rob**
[rab]

(폭력·위협으로 남의 물건을) 동 **빼앗다, 강탈하다** [of]

➜ robbery [rábəri] 명 강도질 robber [rábər] 명 강도

Two men beat him and **robbed** him of all his money.
두 남자가 그를 폭행하고 그의 돈을 모두 강탈해 갔다.

17 **detective**
[ditéktiv]

(범죄 수사를 전문으로 하는) 명 **형사**

de(**반대**) + tect(**가리다**) → (가려진 것을 밝혀내는) **형사**

The **detectives** searched the house but found nothing.
형사들은 집을 수색했지만 아무것도 찾지 못했다.

18 **arrest**
[ərést]

(범인을 쫓아가서) 동 **체포하다** 명 **체포**

ar(to) + rest(**멈추다**) → (범인을 멈추어 세워) **체포하다**

He was **arrested** by the police for drunk driving.
그는 음주 운전으로 경찰에 체포되었다.

19 **prison**
[prízn]

(죄인들을 가두는 시설): 명 **교도소, 감옥** (= jail)

pris(**붙잡다**) + on → (붙잡아) 두는 곳 → **교도소, 감옥**

➜ prisoner [prízənər] 명 죄수

He was sent to **prison** for two years for stealing a car.
그는 자동차를 훔친 혐의로 2년 동안 교도소에 수감되었다.

20 **jail**
[dʒeil]

(죄인들을 가두는 시설): 명 **교도소, 감옥** (= prison)

He spent twenty years in **jail** for a crime he didn't commit.
그는 자신이 저지르지 않은 범죄로 교도소에서 20년을 보냈다.

21 **obey**

[oubéi]

(명령 · 법률 · 규칙 등을 따르다): 통 **복종[준수]하다**

ob(to) + ey(**듣다**) → (말을) 잘 듣다 → **복종하다**

➡ obedience [oubí:diəns] 명 복종, 준수

Soldiers are trained to **obey** orders without question.

군인들은 이의 없이 명령에 복종하도록 훈련 받는다.

22 **limit**

[límit]

(한계나 범위를 넘지 못하게) 통 **제한[한정]하다** 명 **한계, 제한**

Parents need to **limit** the time their children spend on computers.

부모는 자식들이 컴퓨터에서 보내는 시간을 제한할 필요가 있다.

23 **duty**

[djú:ti]

(마땅히 지켜 행하여야 할) 명 **의무**

due(**당연히 해야 할**) + ty → (당연히 해야 할) 일 → **의무**

The first **duty** of a newspaper is to give its readers the news.

신문의 첫 번째 의무는 독자들에게 뉴스를 제공하는 것이다.

24 **allow**

[əláu]

(남이 무엇을 하도록) 통 **허락[허가]하다**

Her parents didn't **allow** her to go out with other girls in the evenings.

그녀의 부모님은 그녀가 다른 여자 아이들과 저녁에 나가는 것을 허락하지 않았다.

25 **permit**

[pərmít]

(법 · 규정 · 결정에 따라) 통 **(정식으로) 허락[허가]하다** 명 **허가증**

per(**통과**) + mit(**보내다**) → (통과시켜) 보내다 → **허락하다**

➡ permission [pərmíʃən] 명 허락, 허가

Conversation and smoking are not **permitted** in the library.

도서관 내에서는 대화와 흡연이 허용되지 않는다.

26 **license**

[láisəns]

(허가함을 증명하는) 명 **면허[자격](증)**

Do not drive a car without a driver's **license**.

운전 면허증 없이는 자동차를 운전하지 마세요.

27 **prevent**

[privént]

(일이 일어나기 전에 미리) 동 **막다, 예방[방지]하다** [from]

pre(**미리**) + vent(**오다**) → (일어나기 전에 미리 와서) **막다, 예방하다**

prevention [privénʃən] 명 예방, 방지

They tried their best to **prevent** the spread of the disease.

그들은 그 병의 확산을 막기 위해 최선을 다했다.

28 **interrupt**

[ìntərʌ́pt]

(사이에 끼어들어) 동 **방해[중단, 차단]하다**

inter(**사이에**) + rupt(**중단시키다**) → (사이에서) 중단시키다 → **방해하다**

interruption [ìntərʌ́pʃən] 명 방해, 중단, 차단

I'm sorry to **interrupt**, but there's a phone call for you.

방해해서 죄송합니다만, 당신에게 전화가 와 있습니다.

Day 19

Daily Test

01	allow	15	jail
02	crime	16	rule
03	law	17	legal
04	thief	18	victim
05	obey	19	permit
06	rob	20	steal
07	arrest	21	detective
08	commit	22	duty
09	prevent	23	license
10	punish	24	liberty
11	slave	25	prison
12	interrupt	26	official
13	lawyer	27	servant
14	limit	28	authority

Answer Key ▷ 296

Day 20 문제·사건·전쟁 I

problem, incident & war I

≫ 테마 기본 어휘	danger(위험) · safe(안전한) · because(~ 때문에)

01 **problem**
[prάbləm]

(잘못되어 해결·처리해야 할) 명 **문제, 과제**

pro(앞에) + ble(던지다) → (앞에 던져진) **문제**

He thinks money will solve all his **problems**.
그는 돈이 그의 모든 문제를 해결해 줄 것이라고 생각한다.

02 **trouble**
[trʌbl]

(걱정·괴로움·불편함을 주는) 명 **어려움, 골칫거리, 곤란, 문제** 동 **괴롭히다**

He's always causing **trouble** wherever he goes.
그는 가는 곳마다 항상 문제를 일으킨다.

03 **event**
[ivént]

1. (특별하거나 중요한) 명 **사건, 일어난 일**
2. (공연·연회·대회 등의) 명 **행사, 이벤트**

e(밖) + vent(오다) → (일상의) 밖으로 나온 특별한 일 → 1 **사건** 2 **행사**

It was one of the most important **events** in history.
그것은 역사상 가장 중요한 사건 중의 하나이었다.

The Olympic Games is the largest **event** in the world.
올림픽 대회는 세계에서 가장 큰 행사이다.

04 **accident**
[ǽksidənt]

1. (뜻밖에 일어난 좋지 않은 일): 명 **사고**
2. (뜻하지 않게 일어난) 명 **우연, 우연한 일**

ac(to) + cid(떨어지다) ┌ (하늘에서 갑자기 떨어진) 2 **우연**
└ (우연히 일어난) 1 **사고**

He had an **accident** at work and broke his leg.
그는 직장에서 사고를 당해 다리가 부러졌다.

I met her at the supermarket by **accident**.
나는 슈퍼마켓에서 우연히 그녀를 만났다.

05 **disaster**
[dizǽstər]

(지진 · 홍수 · 화재 등의) 명 **재해, 재난**

dis(**이탈**) + aster(**별**) → (점성술에서) 별의 불길한 위치 이탈 → **재난**

disastrous [dizǽstrəs] 형 재해를 일으키는, 비참한

Natural **disasters** cause huge economic damage each year.
자연 재해는 매년 엄청난 경제적 피해를 일으킨다.

06 **emergency**
[imə́:rdʒənsi]

(위급한 상황이 발생한) 명 **비상[긴급] 사태**

emerge(**나타나다**) + ency → (갑자기) 나타난 상황 → **비상 사태**

In case of **emergency**, press this button at anytime.
비상시에는 이 버튼을 언제든지 누르십시오.

07 **crisis**
[kráisis]

(위험의 정도가 매우 심각한 상태): 명 **위기**

cri(**결정하다**) + sis → (결정을 해야 할) 심각한 상황 → **위기**

Now we are facing the worst economic **crisis** since the 1930s.
현재 우리는 1930대 이후 최악의 경제 위기를 맞고 있다.

08 **harm**
[ha:rm]

(피해 · 손상 · 고통 등을 입히는 것): 명 **해, 해악** 동 **해치다, 해를 끼치다**

harmful [há:rmfəl] 형 유해한

Smoking causes serious **harm** to human health.
흡연은 인간의 건강에 심각한 해를 끼친다.

09 **damage**
[dǽmidʒ]

(깨지거나 상하거나 다친 것): 명 **피해, 손상, 손해** 동 **피해를 입히다**

dam(**손실**) + age → **손상, 손해, 피해**

Luckily the building was not **damaged** by the earthquake.
다행히 그 건물은 지진으로 피해를 입지 않았다.

10 **ruin**
[rú:in]

(일을 그르쳐서) 동 **못쓰게 만들다, 망치다** 명 **파산, 파멸; (-s) 폐허, 유적**

Alcohol **ruined** his life and destroyed his family.
술의 그의 인생을 망쳤고 그의 가족을 파괴했다.

11 **destroy**
[distrɔ́i]

(깨뜨리거나 부수거나 무너뜨려) 동 **파괴하다**

de(**아래로**) + story(**세우다**) → (세워진 것을 아래로 무너뜨려) **파괴하다**

destruction [distrʌ́kʃən] 명 파괴

The town was completely **destroyed** by fire.
그 도시는 화재로 완전히 파괴되었다.

12 **crack**
[kræk]

(물체 표면이 갈라져서) 동 **금이 가다[가게 하다]** 명 **금**

A number of thin **cracks** began to appear in the wall.
벽에 가느다란 금이 여러 개 나타나기 시작했다.

13 **strike**
[straik]
(- struck - struck|stricken)

1. (다른 물체나 사람에 세게) 동 **부딪치다, 충돌하다; 때리다, 치다**
2. (어떤 생각이 문득) 동 **머리에 떠오르다; (~하다는) 인상을 주다**

1 **때리다** → (때리듯 문득) 2 **머리에 떠오르다**

At midnight, the ship **struck** a rock and sank in three minutes.
한밤중에 그 배는 암초에 부딪쳤고 3분이 지나서 침몰했다.

It suddenly **struck** me that the story might be true.
그 이야기가 사실일지 모른다는 생각이 내게 갑자기 떠올랐다.

14 **crash**
[kræʃ]

(자동차·항공기 등의) 명 **충돌[추락] (사고)** 동 **충돌[추락]하다**

He lost control of his car and **crashed** into a tree.
그는 차의 통제력을 잃고 나무와 충돌했다.

15 **deal**
[di:l]
(- dealt - dealt)

1. (~ with) (일이나 문제를) 동 **처리하다, 다루다**
2. (~ with) (사업상) 동 **~와 거래하다** 명 **거래, 계약**

원뜻: **몫(share)** ┌ (자신의 몫으로 어떤 일을) 1 **처리하다**
└ (서로의 몫에 합의를 하고) 2 **~와 거래하다**

He suggested several ways to **deal** with this problem.
그는 이 문제를 처리할 여러 가지 방법을 제안했다.

After several months of talks, a **deal** was made.
여러 달의 협상 끝에 거래가 성사되었다.

16 **solve**
[salv]

(문제나 얽힌 일 등을) 동 **풀다, 해결하다**

→ solution [səlú:ʃən] 명 해결(책)

They are looking for ways to **solve** their problems.
그들은 자신들의 문제를 해결할 방법을 찾고 있는 중이다.

17 **overcome**
[ouvərkʌm]
(- overcame
- overcome)

(고생·악조건·장애 등의 어려움을) 동 **극복하다, 이겨내다**

over(**넘어서**) + come(**오다**) → (어려움을) 넘어서 오다 → **극복하다**

We still have a lot of serious problems to **overcome**.
우리는 여전히 극복해야 할 많은 심각한 문제가 있다.

18 **patient**
[péiʃənt]

1. (괴로움·어려움 등에 대해) 형 **인내심[참을성]이 있는**
2. (의사의 치료를 받는) 명 **환자**

pati(**고통을 겪다**) + ent ┌ (고통을) 잘 겪어내는 → 1 **인내심이 있는**
└ (고통을 겪는) 사람 → 2 **환자**

→ patience [péiʃəns] 명 인내, 참을성
⊖ impatient [impéiʃənt] 형 인내심이 없는

We had to be **patient** and wait until they were ready.
우리는 그들이 준비가 될 때까지 인내하면서 기다려야 했다.

The **patient** was so weak that he could hardly get up from his bed.
그 환자는 너무 약해서 침대에서 거의 일어날 수가 없었다.

19 **risk**

[risk]

(무엇을 할 때 예상되는) 명 **위험(성)**

➡ risky [ríski] 형 위험한

Long working hours may increase the **risk** of heart disease.

긴 근무 시간은 심장병의 위험성을 높일 수 있다.

20 **adventure**

[ædvéntʃər]

(위험을 무릅쓴 흥미진진한 경험): 명 **모험(심)**

💡 ad(to) + vent(**오다**) → (우연히 찾아온) 색다른 경험 → **모험**

➡ adventurous [ædvéntʃərəs] 형 모험적인

Life itself is the greatest **adventure** in the world.

인생은 그 자체가 세상에서 가장 큰 모험이다.

21 **security**

[sikjúərəti]

(안전을 유지하고 보호하는 일): 명 **보안, 안보, 보장**

💡 se(**없는**) + cure(**걱정**) → (걱정이 없는) 상태 → **보안, 안보**

➡ secure [sikjúər] 형 안전한 동 안전하게 하다

National **security** is the most important for all the countries.

국가 안보는 모든 나라에 가장 중요하다.

22 **careful**

[kέərfəl]

(실수나 사고가 없게 하려고) 형 **조심스러운, 주의 깊은, 신중한**

Be **careful** not to repeat the same mistake.

똑같은 실수를 반복하지 않도록 조심하세요.

23 **warn**

[wɔːrn]

(조심하거나 삼가도록 미리) 동 **경고하다**

➡ warning [wɔ́ːrniŋ] 명 경고

I'm **warning** you - don't make me angry.

경고하는데 나를 화나게 하지마.

24 **alarm**
[əlɑ́:rm]

1. (위험·사고 등을 알리는) 명 **경보(기)** 동 **위급을 알리다, 경계시키다**
2. (닥쳐올 위험에 대한) 명 **불안, 공포** 동 **불안하게 만들다**

원뜻: **전투 준비!(to arms!)** ┌ (전투 준비를 시켜) 1 **경계시키다, 경보**
└ (경계하게 만드는) 2 **불안, 공포**

Everyone ran out of the theater when the fire **alarm** went off.
화재 경보기가 울리자 모든 사람들이 극장 밖으로 뛰쳐나갔다.

There is growing **alarm** at the spread of the disease.
그 병의 확산에 대한 불안감이 커져가고 있다.

25 **rescue**
[réskju:]

(적극적인 구조활동을 펴서) 동 **구조[구출]하다** 명 **구조, 구출**

re(강조) + scue(몰아내다) → (위험 밖으로) 몰아내다 → **구조하다**

The firemen tried their best to **rescue** people from the burning building.
소방관들은 불타고 있는 건물에서 사람들을 구조하려고 최선을 다했다.

Day 20

Daily Test

01	ruin	14	careful
02	security	15	warn
03	crisis	16	destroy
04	trouble	17	problem
05	deal	18	event
06	accident	19	damage
07	strike	20	crack
08	rescue	21	adventure
09	overcome	22	disaster
10	crash	23	risk
11	alarm	24	solve
12	harm	25	patient
13	emergency		

Answer Key ▷ 296

Day 21 문제·사건·전쟁 II

problem, incident & war II

≫ 테마 기본 어휘	fight(싸우다) · hit(때리다) · kick(발로 차다) · cut(자르다)

01 **happen**
[hǽpən]

(일·사건이 우연히) 동 **일어나다, 생기다, 발생하다** (= occur)

hap(**우연**) + en → (우연히) **일어나다, 발생하다**

Everything **happened** so quickly I didn't have time to think.
모든 일이 너무 빨리 일어나서 나는 생각할 시간이 없었다.

02 **occur**
[əkə́ːr]

(happen의 격식 차린 말): 동 **일어나다, 발생하다** (= happen)

oc(**방향**) + cur(**달리다**) → (서로 마주 달려가서) 충돌하다 → **발생하다**

occurrence [əkə́ːrəns] 명 발생(하는 일)

The accident **occurred** between 10 and 11 o'clock in the morning.
그 사고는 아침 10시에서 11시 사이에 발생했다.

03 **background**
[bǽkgraund]

1. (일·사건과 관계있는 주변 상황): 명 **배후 사정, 배경**
2. (뒤쪽의 경치): 명 **배경**

back(**뒤**) + ground(**땅, 이유, 바탕**)
- (뒤의) 이유 → 1 **배후 사정**
- (뒤쪽의) 바탕 → 2 **배경**

He gave a brief **background** to the event.
그는 그 행사에 대한 간단한 배경 설명을 했다.

The school building is in the **background** of the photo.
학교 건물이 사진의 배경에 있다.

[04] **situation**
[sìʧuéiʃən]

(일이 진행되어 가는) 명 **상황, 처지, 환경**

situ(장소) + ate → (어떤 장소에서 처해진) **상황**

We need to do something before the **situation** gets worse.
우리는 상황이 악화되기 전에 뭔가를 할 필요가 있다.

[05] **case**
[keis]

1. (개개의 구체적인) 명 **경우, 상황, 사례**
2. (물건을 보관해 두기 위한) 명 **케이스, 상자, 갑, 통**

In **case** of emergency, call this number immediately.
비상시에는 이 전화번호로 즉시 전화하세요.

He carefully put his guitar back in its **case**.
그는 조심스럽게 기타를 케이스에 집어넣었다.

[06] **cause**
[kɔːz]

(어떤 결과를 낳게 한) 명 **원인, 이유** 동 **~을 일으키다, 야기[초래]하다**

We don't know the **cause** of the accident yet.
우리는 아직 그 사고의 원인을 알지 못한다.

[07] **result**
[rizʌlt]

(이전의 일이 원인이 되어 생긴) 명 **결과, 성과, (시험) 성적**
동 **(~의 결과로) 생기다** [from]

re(뒤로) + sult(튀어 오르다) → (뒤로 튀어 올라온) **결과**

The exam **results** will be announced next week.
시험 결과는 다음주에 발표될 예정이다.

[08] **effect**
[ifékt]

(무엇이 다른 것에 일으킨 변화): 명 **영향, 효과, 결과**

ef(밖) + fect(행하다) → (행해서 밖으로 나온) **결과, 효과**

effective [iféktiv] 형 효과적인, 유효한

The experience had a big **effect** on his life.
그 경험은 그의 인생에 커다란 영향을 미쳤다.

09 **influence**
[ínfluəns]

(어떤 것이 다른 것에 미치는) 명 **영향(력)** [on] 동 **영향을 끼치다[주다]**

in(**안**) + flu(**흐르다**) → (안으로) 흘러 들어가다 → **영향을 미치다**

influential [ìnfluénʃəl] 형 영향력이 있는

His father had a strong **influence** on his childhood.
그의 아버지는 그의 어린 시절에 강한 영향을 미쳤다.

10 **impact**
[ímpækt]

(어떤 것에 가해지는 강력한 힘): 명 **(강력한) 영향, 충격** 동 **충격[영향]을 주다**

im(**속**) + pact(**밀다**) → (강하게 때려) 속으로 밀어 넣다 → **충격을 주다**

The economic crisis had a huge **impact** on the country.
경제 위기는 그 나라에 엄청난 충격을 주었다.

11 **affect**
[əfékt]

(다른 대상에 직접적인) 동 **영향을 미치다, 작용하다**

af(**방향**) + fect(**행하다**) → (누구에게) 뭔가를 행하다 → **영향을 미치다**

These changes will **affect** the entire world.
이 변화는 전세계에 영향을 미칠 것이다.

12 **reason**
[rí:zn]

1. (어떤 일이 일어나게 된) 명 **이유, 까닭**
2. (사리에 맞게 생각하는 능력): 명 **이성** 동 **추리[추론, 판단]하다**

2 **이성** → (결과의) 이성적인 근거 → 1 **이유**

The only **reason** she married him was for his money.
그녀가 그와 결혼한 유일한 이유는 그의 돈 때문이었다.

Only human beings have the ability to **reason**.
유일하게 인간만이 사고할 수 있는 능력이 있다.

13 **violence**
[váiələns]

(남을 해치려는 거친 행위): 명 **폭력**

vi(**힘**) + olence → (강제적이고 물리적인) 힘 → **폭력**

violent [váiələnt] 형 폭력적인

There is too much **violence** on television these days.
요즘 텔레비전에는 폭력이 너무 많다.

14 **threat**

[θret]

(해칠 듯이 겁을 주는) 명 **협박, 위협**

➡ threaten [θrétn] 동 위협[협박]하다

He had a knife and made a **threat** to kill me.

그는 칼을 가지고 있었고 나를 죽이겠다고 협박했다.

15 **beat**

[bi:t]

(- beat - beaten)

1. (아주 세게 연달아) 동 **때리다, 두드리다** 명 **때리기, 치는 소리**
2. (시합·선거에서 상대를) 동 **이기다, 패배시키다**

💡 1 **때리다** → (상대를 때려 눕혀서) 2 **이기다**

They **beat** him and broke his nose.

그들은 그를 때려서 그의 코를 부러뜨렸다.

Manchester United **beat** Real Madrid in the final.

맨체스터 유나이티드가 레알 마드리드를 결승전에서 물리쳤다.

16 **tear**

1. [tɛər]
2. [tiər]

(- tore - torn)

1. (천이나 종이 등을) 동 **찢다, 찢어지다, 째다, 째지다** 명 **째진 틈, 해진 곳**
2. (-s) (눈에서 흘러 나오는) 명 **눈물**

She tore the letter in two and threw it into the fire.

그녀는 편지를 두 조각으로 찢어서 불 속으로 던졌다.

There were **tears** in her eyes as she said goodbye.

그녀가 작별 인사를 했을 때 그녀의 눈에는 눈물이 있었다.

17 **scissors**

[sízərz]

(자르거나 오리는 데 쓰는) 명 **가위**

💡 sciss(**자르다**) + ors(**행위자**) → (자르는 데) 쓰는 것 → **가위**

I need a pair of **scissors** to cut this paper.

나는 이 종이를 자를 가위가 필요하다.

18 **cruel**

[krú:əl]

(고의로 남을 고통스럽게 하는): 형 **잔인한, 무자비한**

➡ cruelty [krú:əlti] 명 잔인함

I don't like people who are **cruel** to animals.

나는 동물에게 잔인한 사람들을 좋아하지 않는다.

[19] **wild**
[waild]

1. (행동 · 감정 등이 자제력을 잃은): 형 **사나운, 광란의, 미친 듯한**
2. (자연에서 저절로 나서 자라는): 형 **야생의** 명 **야생**

원뜻: **길들여지지 않은(untamed)** ┌ (길들여지지 않아) 1 **사나운, 광란의**
└ (길들여지지 않은): 2 **야생의**

The crowd went **wild** as soon as the band came on stage.
밴드가 무대 위에 오르자 관중들은 흥분해서 날뛰었다.

There are many **wild** animals in the forest.
그 숲에는 많은 야생 동물들이 있다.

[20] **war**
[wɔːr]

(국가간에 군사력을 사용하는) 명 **전쟁**

The city was almost completely destroyed during the **war**.
그 도시는 전쟁 동안 거의 완전히 파괴되었다.

[21] **battle**
[bǽtl]

(적과 맞서서 싸우는) 명 **전투**

bat(**때리다**) + le → (서로) 때리기 → **전투**

Many soldiers were killed in the **battle**.
많은 군인들이 그 전투에서 전사했다.

[22] **peace**
[piːs]

(전쟁 · 근심 · 소란스러움 등이 없는) 명 **평화, 평온, 평안**

➔ peaceful [píːsfəl] 형 평온한, 평화로운

After years of war, the people in this country just want to live in **peace**.
몇 년간의 전쟁 후 이 나라 사람들은 단지 평화롭게 살기를 원한다.

[23] **challenge**
[ʧǽlindʒ]

(시합 · 경쟁 · 싸움을 하자고) 동 **도전하다** 명 **도전, (도전 해볼 만한) 난제**

He **challenged** me to a game of table tennis.
그는 내게 탁구를 한 게임 하자고 도전해 왔다.

[24] **attack**
[ətǽk]

1. (적이나 상대편을) 통 **공격하다** 명 **공격**
2. (해를 가하거나 파괴를 하는) 명 **폭력** 통 **폭력을 쓰다**

1 **공격하다** → (공격을 해서) 2 **폭력을 쓰다**

In 1950, North Korea **attacked** South Korea.
1950년 북한은 남한을 공격했다.

He was **attacked** by two teens while walking home.
그는 집으로 걸어가는 도중에 두 명의 십대로부터 폭행을 당했다.

[25] **defend**
[difénd]

(공격·침략·비난으로부터) 통 **방어하다, 지키다**

de(**떨어져**) + fend(**치다**) → (떨어지도록) 쳐내다 → **방어하다**

defense [diféns] 명 방어

We must always be ready to **defend** our homeland.
우리는 조국을 방어할 수 있게 항상 준비하고 있어야 한다.

Daily Test

01 impact
02 battle
03 result
04 occur
05 beat
06 situation
07 violence
08 defend
09 scissors
10 threat
11 attack
12 effect
13 cause
14 peace
15 challenge
16 affect
17 happen
18 background
19 influence
20 reason
21 war
22 case
23 wild
24 tear
25 cruel

Answer Key ▷ 296

Day 22 문제·사건·전쟁 III

problem, incident & war III

01 **resist**
[rizíst]

(공격·압력 등에 굽히지 않고) 동 **저항[대항]하다**

re(**대항하여**) + sist(**서다**) → (대항하여) 서다 → **저항[대항]하다**

resistance [rizístəns] 명 저항

They **resisted** the enemy's repeated attacks for three days.

그들은 사흘 동안 적의 반복되는 공격에 대항했다.

02 **revolution**
[rèvəlú:ʃən]

(기존의 체제를 근본적으로 바꾸는) 명 **혁명**

re(**다시**) + volve(**돌다**) → (다시 정상으로 돌아가는) **혁명**

The French **Revolution** changed the politics of Europe.

프랑스 혁명은 유럽의 정치를 바꾸어 놓았다.

03 **protect**
[prətékt]

(안전 장치·기구·수단을 써서) 동 **보호하다** [from]

pro(**앞에서**) + tect(**덮다**) → (앞에서 미리 덮어) **보호하다**

protection [prətékʃən] 명 보호

Your safety helmet **protects** you from serious head injury.

안전모는 심각한 머리 부상으로부터 보호해 준다.

04 **guard**
[ga:rd]

(안전을 지키거나 보호를 하는) 명 **경비[경호](원), 보초** 동 **지키다, 보호하다**

외래어: 중요한 사람을 보호하는 일을 하는 **보디가드(bodyguard)** 연상

Two soldiers **guarded** the entrance to the palace.

두 명의 군인이 궁으로 들어가는 입구를 지켰다.

Day 22

05 **care**

[kɛər]

1. (~ for) (환자 · 노약자 등을) 동 **돌보다, 간호하다** 명 **돌봄, 간호**
2. (실수가 없게 하려고 정신 차림): 명 **조심, 주의**
3. (어떤 일을 염려하면서) 동 **관심을 가지다, 상관하다** 명 **걱정, 염려**

She spent the rest of her life **caring** for the poor and sick.
그녀는 남은 인생을 가난하고 병든 사람들을 돌보면서 보냈다.

Special **care** is needed when using them.
그것들을 사용할 때는 특별한 주의가 필요하다.

She doesn't **care** what people think of her.
그녀는 사람들이 자신에 대해 어떻게 생각하는지 상관하지 않는다.

06 **avoid**

[əvɔ́id]

(원치 않는 일, 위험 등을) 동 **피하다, 회피하다**

a(**밖**) + void(**비우다**) → (자리를 비우고) 밖으로 나가다 → **피하다**

He left his office early to **avoid** the rush hour traffic.
그는 러시아워의 교통 혼잡을 피하기 위해 사무실을 일찍 떠났다.

07 **escape**

[iskéip]

(추적 · 구속 · 위험 등에서 벗어나) 동 **달아나다, 탈출하다** 명 **도망, 탈출**

es(**밖**) + cape(**망토**) → (거추장스러운) 망토를 벗다 → **탈출하다**

The man **escaped** from prison by hiding in a truck.
그 남자는 세탁물 트럭 안에 숨어서 탈옥했다.

08 **shelter**

[ʃéltər]

1. (위험 · 비바람 등으로부터의) 명 **피신[대피](처), 보호소**
2. (생활의 기본 요소로서의) 명 **주거지, 집**

2 **집** → (위험 등을 피할 수 있는) 집 → 1 **피신처**

The boy found **shelter** from the rain under a small wooden bridge.
그 소년은 작은 나무 다리 아래에서 비를 피할 곳을 찾았다.

Food, clothing, and **shelter** are basic needs.
의식주는 기본적인 욕구이다.

09 **victory**
[víktəri]

(시합·경쟁·전투 등에서의) 명 **승리**

vic(**정복하다**) + tor → (싸워서) 정복하는 것 → **승리**

They won a **victory** in the 2015 election.
그들은 2015년 선거에서 승리를 거두었다.

10 **win**
[win]
(- won - won)

1. (겨루거나 싸워서 상대를) 동 **이기다** 명 **승리**
2. (승리·상품·1위 등을) 동 **얻다, 획득하다**

1 **이기다** → (이겨서 상품 등을) 2 **획득하다**

winner [wínər] 명 승리자

They played much better and **won** the game.
그들은 훨씬 더 경기를 잘 했고 경기를 이겼다.

She **won** the gold medal in that race.
그녀는 그 경주에서 금메달을 획득했다.

11 **defeat**
[difí:t]

(겨루거나 싸워서 상대를) 동 **패배시키다** 명 **패배**

de(**반대**) + feat(**만들다**) → '만들다'의 반대 → 파괴하다 → **패배시키다**

They were **defeated** in the 2015 election.
그들은 2015년 선거에서 패배했다.

12 **conquer**
[kάŋkər]

(다른 나라를 무력으로) 동 **정복하다**

con(**강조**) + quer(**구하다**) → (강력히 구해서) 획득하다 → **정복하다**

conquest [kάnkwest] 명 정복

Napoleon **conquered** most of Europe in 1806.
나폴레옹은 1806년 유럽의 대부분을 정복했다.

13 **military**
[mílitèri]

(군인들 또는 그 조직): 명 **군대** 형 **군대의**

milit(**군인**) + ary → (군인의) 조직 → **군대**

He served in the **military** for twenty-one months.
그는 21개월 동안 군대에서 복무했다.

14 **army**

[ɑ́:rmi]

(육지에서 전투를 하는) 명 **육군; 군대**

arm(**무기**) + y → (무기를 든) 군인 → **육군; 군대**

After graduating from high school, he joined the **army**.
고등학교 졸업 후 그는 육군에 입대했다.

15 **navy**

[néivi]

(바다에서 전투를 하는) 명 **해군**

nav(**배**) + y → (배에서 전투하는) **해군**

My son is an officer in the **navy** and I am very proud of him.
내 아들은 해군 장교이고 나는 그가 매우 자랑스럽다.

16 **soldier**

[sóuldʒər]

(군대에서 복무하는) 명 **군인**

원뜻: solid coin(**단단한 동전**) → (동전을 받고 싸우는 직업) **군인**

Many **soldiers** died fighting for their country in this war.
많은 군인들이 이 전쟁에서 조국을 위해 싸우다가 전사했다.

17 **officer**

[ɔ́:fisər]

1. (군대에서 지휘권을 갖고 있는) 명 **장교**
2. (정부 · 조직에서 주요 직책을 맡은) 명 **관리, 공무원, 임원**

office(**직책**) + er → (군대 · 조직에서) 직책이 있는 사람 → 1 **장교** 2 **관리**

His father was an army **officer** for thirty years.
그는 아버지는 30년 동안 육군 장교이었다.

My husband now works as a police **officer**.
내 남편은 현재 경찰관으로 일하고 있다.

18 **captain**

[kǽptən]

(지휘 · 통솔을 하는) 명 **(군대) 지휘관, (팀) 주장, (배의) 선장, (항공기의) 기장**

capt(**머리**) + ain → 우두머리 → **지휘관, 주장, 선장, 기장**

He is the **captain** of our school soccer team.
그는 우리 학교 축구팀의 주장이다.

19 **admiral**

[ǽdmərəl]

(해군의 높은 직위의 지휘관): 명 **해군 대장, 제독**

Admiral Yi Sun Shin is one of the greatest heroes in Korean history.

이순신 장군은 한국 역사에 있어서 가장 위대한 영웅 중의 한 명이다.

20 **enemy**

[énəmi]

(싸우거나 해치고자 하는 상대): 명 **적, 적국, 적군**

en(not) + emy(친구) → (친구가 아닌) **적, 적국**

We need to be ready for an attack from the **enemy** at all times.

우리는 항상 적으로부터의 공격에 대비할 필요가 있다.

21 **weapon**

[wépən]

(싸움 · 전쟁에 사용되는) 명 **무기, 흉기**

The police officer ordered the man to put the **weapon** down.

경찰관은 그 남자에게 무기를 내려 놓으라고 명령했다.

22 **gun**

[gʌn]

(탄환을 발사하는) 명 **총, 총포**

The man put a **gun** to his head and threatened to kill him.

그 남자는 그의 머리에 총을 대고 죽이겠다고 협박했다.

23 **shoot**

[ʃuːt]

(- shot - shot)

1. (총이나 활을) 동 **쏘다, 사격하다**
2. (사진이나 영화를) 동 **찍다, 촬영하다**

1 **쏘다** → (빛을 쏘아서 사진 · 영화를) 2 **찍다, 촬영하다**

shot [ʃat] 명 발사, 총[포]성; 촬영

The man was **shot** in the arm during a battle.

그 남자는 전투에서 팔에 총을 맞았다.

The last part of the movie was **shot** in a restaurant.

그 영화의 마지막 부분은 한 레스토랑에서 촬영되었다.

Day 22

24 **explode**
[iksplóud]

(화약이나 폭탄이) 동 **터지다, 터뜨리다, 폭발하다[시키다]**

ex(out) + plode(**박수치다**) → (박수가 터져 나오듯 폭탄이) **터지다**

explosion [ikspló uʒən] 명 폭발

A time bomb **exploded** at the airport yesterday.
어제 시한 폭탄이 공항에서 폭발했다.

25 **aim**
[eim]

1. (총·칼·활을 목표물에) 동 **겨누다, 겨냥하다** 명 **겨냥, 조준**
2. (달성하고자 겨냥한) 명 **목표** 동 **목표로 삼다**

1 **겨냥하다** → (겨냥하고 있는) 2 **목표**

He lifted the gun and **aimed** it toward my head.
그는 총을 들어 내 머리를 향하여 겨냥했다.

His main **aim** in life was to make more and more money.
그의 삶은 주된 목표는 더욱 더 많은 돈을 버는 것이다.

Daily Test

01	explode	14	escape
02	defeat	15	shelter
03	avoid	16	military
04	army	17	aim
05	weapon	18	navy
06	soldier	19	officer
07	captain	20	shoot
08	conquer	21	care
09	win	22	admiral
10	revolution	23	guard
11	victory	24	resist
12	gun	25	protect
13	enemy		

Answer Key ▷ 296

Day 23 문화생활

cultural life

≫ 테마 기본 어휘	television(텔레비전) · radio(라디오) · newspaper(신문) · news(뉴스, 소식) · movie(영화) · stage(무대) · party(파티) · festival(축제, 페스티벌) · ball(공) · toy(장난감) · balloon(풍선) · sport(스포츠) · game(경기) · contest(콘테스트, 경연(대회)) · stadium(경기장, 스타디움) · score(득점) · champion(우승자) · picnic(피크닉) · camping(캠핑, 야영) · hotel(호텔)

01 **broadcast**
[brɔ́:dkæst]
(- broadcast - broadcast)

(방송국이 프로그램을) 동 **방송하다** 명 **방송**

broad(**널리**) + cast(**던지다**) → (영상을) 널리 던지다 → **방송하다**

The new show will be **broadcast** every Sunday.
그 새로운 쇼는 매주 일요일에 방송될 예정이다.

02 **magazine**
[mægəzí:n]

(다양한 글을 모은 정기 간행물): 명 **잡지**

This fashion **magazine** is published monthly.
이 패션 잡지는 매달 발간된다.

03 **rumor**
[rú:mər]

(사람들 입에 오르내리는) 명 **소문**

I heard a **rumor** that he was getting married soon.
나는 그가 곧 결혼한다는 소문을 들었다.

04 **article**
[ά:rtikl]

(신문이나 잡지에 실린) 명 **기사**

arti(**이음매**) + cle → (사람과 소식을) 이어주는 것 → **기사**

This newspaper **article** explains why it has happened.
이 신문 기사는 왜 그 일이 일어났는지 설명하고 있다.

05 **theater**
[θíːətər]

(무대와 관람석을 갖춘) 명 **극장; 영화관**

This movie is now showing at all major **theaters**.
이 영화는 모든 주요 영화관에서 상영되고 있다.

06 **audience**
[ɔ́ːdiəns]

(공연·강연 등을 보러 모인) 명 **청중, 관객**

audi(듣다) + ence → (듣는) 사람 → **청중**

The **audience** cheered loudly when he was introduced.
그가 소개되었을 때 청중들은 크게 환호했다.

07 **scene**
[siːn]

1. (연극·영화 등에서 사건의) 명 **장면**
2. (한 장소에서 벌어지는 일의) 명 **광경**
3. (범죄·사건 등이 벌어진) 명 **현장**

원뜻: **무대(stage)** ┌ (무대에서 벌어지는 한) 1 **장면**
└ (벌어지고 있는) 2 **광경** → (벌어지는) 3 **현장**

The play opens with a **scene** in the forest.
그 연극은 숲 속에서의 한 장면으로 시작된다.

I was amazed at the beautiful **scene** before me.
나는 내 앞에 펼쳐진 아름다운 광경에 경악했다.

After a few minutes, the ambulance arrived at the **scene** of the accident.
몇 분 후에 앰뷸런스가 사고 현장에 도착했다.

08 **perform**
[pərfɔ́ːrm]

1. (연극이나 음악 등을) 동 **공연[연기, 연주]하다**
2. (일이나 임무 등을) 동 **수행[이행]하다**

per + form(**제공하다**) ┌ (공연·연주를) 제공하다 → 1 **공연[연주]하다**
└ (노동력을) 제공하다 → 2 **수행하다**

performance [pərfɔ́ːrməns] 명 공연, 연기, 연주; 수행, 이행; 성과

The orchestra **performed** music by Beethoven.
오케스트라는 베토벤 음악을 연주했다.

A computer can **perform** a huge task in a few seconds.
컴퓨터는 엄청나게 많은 일을 몇 초 만에 수행할 수 있다.

09 **ceremony**
[sérəmòuni]

(격식을 갖추어 치르는 행사): 명 **의식, 식**

원뜻: **신성함(holiness)** → (신성하게 치르는) **의식, 식**

The opening **ceremony** was attended by many people.
그 개회식에는 많은 사람들이 참석했다.

10 **anniversary**
[ænəvə́ːrsəri]

(매년 특별한 일을 기념하는 날): 명 **기념일**

anni(**1년**) + vers(**돌다**) → (해마다) 돌아오는 날 → **기념일**

They celebrated their tenth wedding **anniversary** with a trip to Hawaii.
그들은 하와이 여행으로 10주년 결혼 기념일을 축하했다.

11 **celebrate**
[séləbrèit]

(특별한 날이나 사건을) 동 **축하[기념]하다**

celebr(**유명한**) + ate → (날·사건을) 유명하게 만들다 → **축하[기념]하다**

celebration [sèləbréiʃən] 명 축하(식)

His family went out to **celebrate** his twelfth birthday.
그의 가족은 그의 12번째 생일을 축하하기 위해 외출을 했다.

12 **entertain**
[èntərtéin]

(오락이나 공연 등으로) 동 **즐겁게[재미있게] 하다; 대접하다**

enter(**사이에**) + tain(**가지다**) → (사람들 사이에) 즐거움을 갖게 하다 → **즐겁게 하다**

entertainment [èntərtéinmənt] 명 오락, 연예; 환대

He **entertained** the children with games and music.
그는 아이들을 게임과 음악으로 즐겁게 했다.

13 **hobby**
[hάbi]

(여가 시간에 재미로 하는) 명 **취미**

My favorite **hobby** is listening to classical music.
내가 가장 좋아하는 취미는 고전음악을 듣는 것이다.

14 **exercise**
[éksərsàiz]

1. (건강과 체력 단련을 위한) 명 **운동** 동 **운동하다**
2. (습득한 것을 숙달하기 위한) 명 **연습 (문제), 훈련**

원뜻: **몰아내다**(drive out) ┌ (힘을 밖으로 몰아내는) 1 **운동**
└ (규칙적인 운동처럼 하는) 2 **연습**

The doctor told him that he had to **exercise** regularly to lose weight.
의사는 그에게 살을 빼기 위해 규칙적으로 운동을 해야 한다고 말했다.

Do **exercises** 1-8 on page 19 for homework.
숙제로 19페이지에 있는 연습문제 1에서 8번까지를 해라.

15 **race**
[reis]

1. (빠르기를 겨루는) 명 **경주** 동 **경주하다**
2. (사람의 신체적 특성에 따른) 명 **인종**

racer [réisər] 명 경주자

She was fourth in the **race** with a time of 23 seconds.
그녀는 경주에서 23초의 시간으로 4등이었다.

People of many different **races** live together in the United States.
미국에는 많은 다양한 인종이 함께 산다.

16 **compete**
[kəmpí:t]

(앞서거나 이기려고 서로) 동 **경쟁하다, 겨루다**

com(**함께**) + pete(**추구하다**) → (무엇을 함께 추구하며) **경쟁하다**

competition [kàmpətíʃən] 명 경쟁

The two brothers **competed** for their mother's attention.
두 형제는 엄마의 관심을 받으려고 경쟁을 벌였다.

17 **prize**
[praiz]

(이긴 사람에게 주는) 명 **상, 상금[품]**

She won the first **prize** in the international singing competition.
그들은 국제 노래 경연 대회에서 일등상을 받았다.

18 **gym**
[dʒim]

(실내에 체육 시설을 갖춘) 명 **체육관**

He enjoys daily exercise at the **gym**.
그는 체육관에서 매일 운동하는 것을 즐긴다.

19 **athlete**
[ǽθliːt]

(특히 육상경기에 참가하는) 명 **운동선수, 육상선수**

Every **athlete** dreams of winning a gold medal at the Olympics.
모든 운동선수는 올림픽에서 금메달을 따기를 꿈꾼다.

20 **travel**
[trǽvəl]

(먼 곳으로 가는) 명 **여행** 동 **여행하다** (= journey)

I want to **travel** around the world and see new places.
나는 세계 여행을 하면서 새로운 곳을 보고 싶다.

21 **journey**
[dʒə́ːrni]

(먼 곳으로 가는) 명 **여행** 동 **여행하다** (= travel)

I was very tired after the long **journey**.
나는 긴 여행 후에 매우 피곤했다.

22 **trip**
[trip]

(잠시 갔다 되돌아오는) 명 **(짧은) 여행**

He is on a business **trip** to New York.
그는 뉴욕에 출장 중이다.

23 **sightseeing**
[sáitsìːiŋ]

(명소를 구경하러 다니는) 명 **관광**

sight(**관광지**) + see(**보다**) → (관광지를 보러 다니는) **관광**

sightsee [sáitsìː] 동 관광하다

Yesterday we went **sightseeing** in San Francisco.
어제 우리는 샌프란시스코 관광을 갔다.

24 **tour**

[tuər]

(관광 · 견학을 목적으로) 동 **(여러 곳을) 유람[순회, 여행]하다** 명 **여행, 유람**

➜ tourist [túərist] 명 관광객, 여행자

The next day began with a sightseeing **tour** of London.

다음 날은 런던 관광 여행으로 시작되었다.

25 **explore**

[ikspló:r]

(미지의 지역 · 세계를) 동 **탐험[탐사, 답사]하다**

원뜻: **외치다**(shout) → (미지의 세계를 보고) 외치다 → **탐험하다**

➜ exploration [èkspləréiʃən] 명 탐험, 탐사, 답사

Humans began to **explore** space only 50 years ago.

인간은 단지 50년 전에 우주 탐사를 시작했다.

26 **reserve**

[rizə́:rv]

(좌석 · 방 · 표 등을 미리) 동 **예약하다**

re(뒤) + serve(**보관하다**) → (뒤에) 보관하다 → **예약하다**

➜ reservation [rèzərvéiʃən] 명 예약

You can **reserve** the tickets by phone.

티켓을 전화로 예매할 수 있습니다.

Daily Test

01	entertain	14	rumor
02	explore	15	compete
03	trip	16	sightseeing
04	audience	17	article
05	race	18	celebrate
06	travel	19	magazine
07	scene	20	journey
08	gym	21	athlete
09	tour	22	hobby
10	ceremony	23	anniversary
11	reserve	24	theater
12	perform	25	broadcast
13	exercise	26	prize

Answer Key ▷ 297

Day 24

예술·종교

art & religion

≫ 테마 기본 어휘	drama(드라마, 희곡) · story(이야기) · book(책) · title(제목) · print(인쇄하다) · picture(그림, 사진) · paint(그림물감으로 그리다. 페인트를 칠하다) · photo(사진) · camera(사진기) · film(필름: 영화) · album(앨범) · music(음악) · sing(노래하다) · song(노래) · dance(춤) · band(밴드, 악단) · orchestra(오케스트라) · concert(음악회, 연주회) · melody(멜로디) · rhythm(리듬) · piano(피아노) · violin(바이올린) · guitar(기타) · church(교회) · angel(천사)

01 **literature** [lítərətʃər]

(소설·수필·시·희곡 등의) 명 **문학 (작품)**

liter(**글자**) + ature → (글자를) 적은 것 → **문학**

He was very interested in French **literature**.

그는 프랑스 문학에 대단히 흥미를 가졌다.

02 **novel** [nάvəl]

(지어내어 쓴 긴 이야기): 명 **소설**

nov(**새로운**) + el → (새롭게) 지어낸 이야기 → **소설**

➔ novelist [nάvəlist] 명 소설가

This **novel** is based on a true story.

이 소설은 실제 이야기를 바탕으로 한 것이다.

03 **poem** [póuəm]

(리듬이 있는 형식의 글): 명 **시**

➔ poet [póuit] 명 시인

She writes **poems** about the beauty of nature.

그녀는 자연의 아름다움에 대한 시를 짓는다.

04 **author** [ɔ́:θər]

(책이나 글을 지은) 명 **저자, 필자, 작가**

He is the **author** of several novels.

그는 여러 권의 소설을 쓴 저자이다.

05 **fable**
[féibl]

(교훈적 내용을 동물에 빗대어 엮은) 명 **우화**

When I was a child, I read Aesop's **Fables** several times.
내가 어렸을 때 나는 이솝 우화를 여러 차례 읽었다.

06 **textbook**
[tékstbuk]

(과목의 교재로 사용되는) 명 **교과서**

text(**교재**) + book(**책**) → (교재용) 책 → **교과서**

He took his history **textbook** out of his backpack.
그는 배낭에서 역사 교과서를 꺼냈다.

07 **dictionary**
[díkʃənèri]

(낱말을 모아 놓은) 명 **사전**

diction(**단어**) + ary → (단어를 모아 놓은) **사전**

The boy looked up the meaning of the word in the **dictionary**.
소년은 그 단어의 의미를 사전에서 찾아보았다.

08 **library**
[láibrèri]

(도서·자료 등을 모아 놓은) 명 **도서관[실]**

libr(**책**) + ary → (책을) 모아 놓은 곳 → **도서관**

He went to the **library** to borrow some books.
그는 책을 빌리러 도서관에 갔다.

09 **publish**
[pʌbliʃ]

(서적·잡지를 인쇄하여) 동 **출판[간행]하다**

원뜻: **대중에게 알리다**(make public) → (대중에게 알리기 위해) **출판하다**

Her first novel was **published** when she was twenty years old.
그녀가 20살 때 그녀의 첫 번째 소설이 출간되었다.

Day 24

10 **art**

[a:rt]

1. (그림 · 조각 등의) 명 **미술(품)**
2. (미술 · 음악 · 문학 등의 창작 활동): 명 **예술**

➡ artist [ɑ́:rtist] 명 미술가, 예술가

She studied **art** in college and became an art teacher.
그녀는 대학에서 미술을 공부했고 미술 교사가 되었다.

People say **art** is long and life is short.
사람들은 예술은 길고 인생은 짧다고 말한다.

11 **draw**

[drɔ:]

(- drew - drawn)

1. (펜 · 연필을 써서) 동 **(선으로) 그림을 그리다**
2. (일정한 속도로 부드럽게) 동 **당기다, 끌다**

💡 2 **끌다** → (펜을 끌어) 1 **그림을 그리다**

He **drew** a map for her in case she couldn't find his house.
그는 그녀가 그의 집을 찾지 못할 것을 대비해서 약도를 그려 주었다.

He **drew** the curtains over the window and went to bed.
그는 창문에 커튼을 치고 잠자리에 들었다.

12 **sculpture**

[skʌlptʃər]

(깎거나 새겨서 만드는) 명 **조각(술), 조각품**

💡 sculpt(**조각하다**) + ure → 조각한 것 → **조각**

There was a **sculpture** of an eagle at the entrance.
입구에는 독수리 조각이 있었다.

13 **statue**

[stǽtʃu:]

(사람 · 동물의 형상을 조각한) 명 **상, 조각상**

💡 sta(**서다**) + tue → 세워진 것 → **상, 조각상**

The **Statue** of Liberty is one of the tallest statues in the world.
자유의 여신상은 세계에서 가장 높은 조각상 중의 하나이다.

14 **museum**

[mju:zí:əm]

(유물·예술품을 전시하는) 명 **박물관**

We went to a science **museum** and saw a lot of interesting things.

우리는 과학 박물관에 가서 많은 흥미로운 것들을 보았다.

15 **cartoon**

[ka:rtú:n]

(이야기 형식을 가진 그림): 명 **만화 (영화)**

Disney's **cartoon** characters moved just like real people.

디즈니 만화영화의 캐릭터들은 마치 사람같이 움직였다.

16 **compose**

[kəmpóuz]

(음악 작품이나 글·시를) 동 **짓다, 작곡[작문]하다**

com(**함께**) + pose(**놓다**) → (음이나 글을 함께 놓아서) **작곡[작문]하다**

composition [kàmpəzíʃən] 명 작곡, 작문

composer [kəmpóuzər] 명 작곡가

This piece of music was **composed** by Beethoven.

이 음악 작품은 베토벤이 작곡했다.

17 **instrument**

[ínstrəmənt]

(음악을 연주하는 데 쓰는) 명 **악기**

Do you play any musical **instrument**?

어떤 악기를 연주할 줄 아십니까?

18 **religion**

[rilídʒən]

(신을 믿고 숭배하는) 명 **종교**

re(**다시**) + lig(**묶다**) → (신과 인간을) 다시 하나로 묶는 것 → **종교**

religious [rilídʒəs] 형 종교의, 신앙심이 깊은

Religion gives answers to the questions of life.

종교는 삶의 문제에 대해 답을 준다.

19 **god**
[gad]

(종교에서, 초자연적 존재): 명 **신, 하느님, 창조주**

I really believe that **God** is here with me.

나는 하느님이 이곳에 나와 함께 있다고 정말 믿는다.

20 **pray**
[prei]

(신이나 절대적 존재에게) 동 **기도하다, 빌다**

➡ prayer [prɛər] 명 기도

She closed her eyes and **prayed** to God for help.

그녀는 눈을 감고 하나님께 도와 달라고 기도했다.

21 **temple**
[témpl]

(종교 의식을 행하는 곳): 명 **사원, 절, 신전**

There are more than 1700 Buddhist **temples** in Tibet today.

오늘날 티벳에는 1700개 이상의 불교 절이 있다.

22 **ghost**
[goust]

(죽은 사람의 넋): 명 **유령, 망령**

There's no such thing as **ghosts**. People just make them up.

유령 같은 것은 없어. 사람들이 지어냈을 뿐이야.

23 **devil**
[dévl]

(사람에게 해를 끼치는 사악한) 명 **악마, 마귀; 악인**

He was a saint at church but a **devil** at home.

그는 교회에서는 성자이지만 집에서는 악마이었다.

24 **heaven**
[hévən]

(착한 사람이 죽은 후에 가는) 명 **천국**

He believed that he would meet his wife again in **heaven**.

그는 천국에서 자신의 아내를 다시 만날 것이라고 믿었다.

25 hell
[hel]

(죄지은 사람이 죽은 후에 가는) 명 **지옥**

Traffic was **hell**, and we didn't seem to be moving at all.
교통은 지옥이었고 우리는 전혀 움직이는 것 같지 않았다.

26 magic
[mǽdʒik]

(신비한 일을 행하는) 명 **마법, 마술**

➔ magical [mǽdʒikəl] 형 마술적인, 신비한
magician [mədʒíʃən] 명 마술사

Like **magic**, she suddenly appeared before them all.
마술같이 그녀는 그들 모두 앞에 갑자기 나타났다.

27 miracle
[mírəkl]

(상식을 벗어난 기이한 현상): 명 **기적**

mira(**불가사의**) + cle → 불가사의한 일 → **기적**

It's a **miracle** he didn't break his legs falling from that height.
그런 높이에서 떨어졌는데 그의 다리가 부러지지 않은 것은 기적이다.

Day 24

Daily Test

01	heaven	15	dictionary
02	draw	16	library
03	textbook	17	statue
04	museum	18	hell
05	temple	19	cartoon
06	compose	20	instrument
07	religion	21	devil
08	sculpture	22	magic
09	miracle	23	fable
10	art	24	god
11	novel	25	author
12	publish	26	literature
13	ghost	27	poem
14	pray		

Answer Key ▷ 297

Day 25

경제·상거래

economy & business

≫ 테마 기본 어휘	business(사업, 장사) · market(시장) · shop(상점, 가게) · buy(사다) · sell(팔다) · supermarket(슈퍼마켓) · salesman(남자 판매원) · discount(할인) · give(주다) · get(얻다, 받다, 벌다)

01 **economy**
[ikάnəmi]

(생산·소비와 관련된 모든 활동): 명 **경제**

eco(**집안**) + nomy(**관리**) → (집안 살림의) 관리 → **경제**

economic [èkənάmik] 형 경제의

economics [èkənάmiks] 명 경제학

The country's **economy** is based on tourism.
그 나라의 경제는 관광업을 기반으로 하고 있다.

02 **trade**
[treid]

(서로 물건을 팔고 사는 행위): 명 **거래, 교역, 무역** 동 **거래[교역, 무역]하다**

Trade between the two countries increased by 60 percent.
두 나라 사이의 무역은 60 퍼센트 증가했다.

03 **clerk**
[klə:rk]

(판매나 사무를 담당하는) 명 **(상점의) 점원, 회사 (사무원)**

The store **clerk** was very friendly and helpful.
그 상점 점원은 매우 친근하고 기꺼이 도움을 준다.

04 **serve**
[sə:rv]

(남을 위해서) 동 **봉사하다, 시중들다, (무엇을) 제공하다**

원뜻: **노예**(slave) → (노예처럼) **봉사하다, 시중들다**

service [sə́:rvis] 명 손님 시중[응대], 서비스, 봉사

The clerk was very busy **serving** customers.
그 점원은 손님 응대를 하느라 매우 바빴다.

05 **customer**
[kʌstəmər]

(상품를 구입 하는) 명 **고객, 손님, 거래처**

custom(**관습, 습관**) + er(**사람**) → (습관적으로 자주 오는) **고객, 손님**

Mr. Jones is one of the store's best **customers**.
존스 씨는 상점의 최고 고객 중 한 사람이다.

06 **client**
[kláiənt]

(변호사 · 금융기관 등의) 명 **(전문가의) 고객, 의뢰인**

cli(**의지하다**) + ent(**사람**) → (전문가에게) 의지하는 사람 → **(전문가의) 고객**

I have an important meeting with a new **client** tomorrow.
나는 내일 새 고객과 중요한 회의가 있다.

Day 25

07 **goods**
[gudz]

(사고파는 물건): 명 **상품, 물품**

Goods will be sent within 12 hours of your order.
물품은 주문을 받고 12시간 내에 발송됩니다.

08 **sale**
[seil]

1. (상품을 파는 일): 명 **판매**
2. (정가보다 싸게 파는) 명 **염가[할인] 판매, 세일**

1 **판매** → (정가보다 싸게 파는) 판매 → 2 **세일**

The salesmen make fifty dollars on each **sale**.
그 영업사원들은 판매 한 건당 50달러를 번다.

The camera is now on **sale** at 20% off.
그 카메라는 지금 20% 할인하여 세일 중이다.

09 **purchase**
[pə́:rtʃəs]

(금액이나 규모가 큰 물건을) 동 **사다, 구입[구매]하다**

pur(**강조**) + chase(**추구하다**) → (어떤 물건을) 강하게 추구하다 → **사다**

They **purchased** the land for the purpose of development.
그들은 개발을 목적으로 그 땅을 구입했다.

10 **export**

동 [ikspɔ́ːrt]
명 [ékspɔːrt]

(국내에서 외국으로 상품을) 동 **수출하다** 명 **수출(품)**

ex(**밖**) + port(**나르다**) → (나라) 밖으로 나르다 → **수출하다**

These products are **exported** to countries all over the world.

이 제품들은 전세계의 국가에 수출된다.

11 **import**

동 [impɔ́ːrt]
명 [ímpɔːrt]

(외국에서 국내로 상품을) 동 **수입하다** 명 **수입(품)**

in(**안**) + port(**나르다**) → (나라) 안으로 나르다 → **수입하다**

In 2015, the country **imported** more cars than it exported.

2015년에 그 나라는 수출한 것보다 더 많은 자동차를 수입했다.

12 **price**

[prais]

(판매자가 제시하는 물품의) 명 **가격, 값**

They increased the **price** of their products by 20 percent.

그들은 제품 가격을 20% 인상했다.

13 **charge**

[ʧaːrdʒ]

1. (상품 · 서비스에 대한 대가로) 동 **요금[값]을 청구하다** 명 **요금, 대금**
2. (업무나 조직을 책임지고 맡음): 명 **담당, 책임**

원뜻: **짐(burden)**
- (대가로 부과하는) 짐 → 1 **요금[값]을 청구하다**
- (업무상의) 짐 → 2 **책임, 담당**

The restaurant **charged** us 30 dollars for our lunch.

그 식당은 우리에게 점심 식사비로 30달러를 청구했다.

Now, he is in **charge** of sales department.

현재 그는 영업부서를 책임지고 있다.

14 **cost**

[kɔːst]

(- cost|costed
- cost|costed)

(어떤 일을 하는 데 드는 돈): 명 **비용, 경비, 원가** 동 **(값, 비용이) ~들다**

The total **cost** was much cheaper than I thought.

총 비용은 내가 생각했던 것보다 훨씬 쌌다.

15 **fare**
[fɛər]

(버스·택시·기차 등의) 명 **(교통) 요금, 운임**

The bus **fare** to New York is twenty dollars.
뉴욕행 버스 요금은 20달러이다.

16 **cheap**
[ʧiːp]

(값이나 비용이) 형 **싼, 값싼** 부 **싸게**

Internet shopping is both **cheap** and convenient.
인터넷 쇼핑은 쌀 뿐만 아니라 편리하기도 하다.

17 **expensive**
[ikspénsiv]

(값이나 비용이) 형 **비싼, 값이 비싼**

expense(**비용**) + ive → (비용이) 너무 많이 드는 → **비싼**

This car is too **expensive** for me to buy.
이 자동차는 내가 사기에는 너무 비싸다.

18 **advertise**
[ǽdvərtàiz]

(상품을 널리 알리는 위해) 동 **광고하다**

ad(**방향**) + vert(**돌다**) → (관심을 상품 쪽으로) 돌리게 하다 → **광고하다**

They spend a lot of money **advertising** their products.
그들은 많은 돈을 제품을 광고하는 데 쓴다.

19 **supply**
[səplái]

(필요·부족한 것을 대량으로) 동 **공급[제공]하다** 명 **공급**

sup(**위로**) + ply(**채우다**) → (아래에서 위로) 채워 넣다 → **공급하다**

The river **supplies** drinking water to many cities.
그 강은 많은 도시에 식수를 제공한다.

20 **provide**
[prəváid]

(필요한 것을 미리 알아서) 동 **제공[공급]하다**

pro(**앞에**) + vide(**보다**) → (앞을 내다보고 미리 알아서) **제공하다**

The hotel **provides** 24-hour room service for guests.
그 호텔은 투숙객에게 24시간 룸 서비스를 제공한다.

21 **share**
[ʃɛər]

(무엇을 남에게) 동 **나눠 주다, (남과) 함께 쓰다, 배분[공유]하다** 명 **몫**

I **share** a small room with another student.
나는 작은 방을 다른 학생과 함께 쓴다.

22 **gift**
[gift]

1. (축하·고마움의 뜻으로 주는) 명 **선물**
2. (태어날 때부터 갖춘 능력): 명 **재능**

원뜻: **주다(give)** ┌ (남에게 주는) 1 **선물**
└ (하늘이 준) 2 **재능**

Thanks for the **gift** - it's just what I wanted.
선물 감사합니다. 내가 바로 원했던 것입니다.

She has a **gift** of making friends with everyone she meet.
그녀는 자신이 만나는 모든 사람을 친구로 만드는 재능이 있다.

23 **reward**
[riwɔ́ːrd]

(선행·호의·노력에 대한) 명 **보상[포상, 사례](금)** 동 **보상[보답]하다**

re(**강조**) + ward(**보다**) → (선행·호의·노력을 보고) **보상[보답]하다**

Don't forget to **reward** good behavior.
훌륭한 행동에 대해 보답하는 것을 잊지 마십시오.

24 **receive**
[risíːv]

(주거나 보내 오는 것을) 동 **받다, 받아들이다**

re(**뒤**) + ceive(**받다**) → **받다**

She **received** many presents on her birthday.
그녀는 생일에 많은 선물을 받았다.

25 **gain**
[gein]

(필요·유용·유리한 것을) 동 **얻다, 획득하다** 명 **이익, 이득**

He **gained** international attention after publishing his first novel.
그는 그의 첫 번째 소설 출간 후 국제적인 주목을 받았다.

[26] **borrow**

[bárou]

(남의 것을) 통 **빌리다**

I **borrowed** some books from the library.

나는 도서관에서 몇 권의 책을 빌렸다.

[27] **lend**

[lend]

(- lent - lent)

(자신의 것을 남에게) 통 **빌려주다**

Thank you for **lending** me the money. I'll pay it back tomorrow.

돈을 빌려주셔서 감사합니다. 내일 갚겠습니다.

[28] **rent**

[rent]

(사용료를 내고) 통 **(집·물품 등을) 빌리다[빌려주다]** 명 **집[방]세; 사용료**

외래어: 돈을 주고 빌려 쓰는 자동차 → **렌터카**(rent car) 연상

She **rented** out two rooms in her house to college students.

그녀는 자기 집의 방 두 개를 대학생들에게 세를 놓았다.

Daily Test

01	export	15	client
02	borrow	16	gift
03	share	17	reward
04	goods	18	rent
05	trade	19	import
06	fare	20	economy
07	serve	21	clerk
08	lend	22	purchase
09	charge	23	price
10	gain	24	provide
11	expensive	25	customer
12	cost	26	supply
13	receive	27	cheap
14	sale	28	advertise

Answer Key ▷ 297

Day 26

재무·금융

money & finance

≫ 테마 기본 어휘	money(돈)·cash(현금)·dollar(달러)·cent(센트)·rich(부유한, 부자인)·poor (가난한)·bank(은행)·have(가지다)

01 **coin**
[kɔin]

(쇠붙이로 만든 화폐): 명 **동전, 주화**

He took a **coin** from his pocket and gave it to me.
그는 주머니에서 동전 하나를 꺼내 내게 주었다.

02 **property**
[prɑ́pərti]

(경제적 가치를 지닌 소유) 명 **재산; 부동산**

proper(**자기 자신의**) + ty → (자기 자신이) 소유한 것 → **재산; 부동산**

The hospital building is government **property**.
그 병원 건물은 정부 재산이다.

03 **treasure**
[tréʒər]

(귀금속·보석 등의) 명 **보물**

The map showed where the **treasure** was buried.
그 지도는 보물이 어디에 묻혀 있는지를 보여 주었다.

04 **resource**
[ríːsɔːrs]

(이용 가능한 물자·노동력·기술 따위): 명 **자원, 재원, 자산**

re(**다시**) + source(**원천**) → (다시) 일의 원천이 되는 것 → **자원**

This country is rich in natural **resources**.
이 나라는 천연자원이 풍부하다.

05 **owe**
[ou]

(남에게 갚아야 할) 동 **(돈을) 빚지고 있다, 신세를 지고 있다** [to]

Don't forget that you **owe** me twenty dollars.
내게 20달러 빚지고 있다는 것 잊지 마세요.

06 **debt**
[det]

(남에게 갚아야 할) 명 **빚, 부채, 신세**

He spent all his money and got into **debt**.
그는 돈을 다 써버리고 빚을 졌다.

07 **earn**
[əːrn]

(일·사업·투자 등의 대가로) 동 **(돈을) 얻다[벌다], 수익을 올리다**

➔ earning [ə́ːrniŋ] 명 (-s) 소득, 사업[투자] 소득

He **earned** more than $100,000 last year.
그는 지난해 십만 달러 이상을 벌었다.

08 **income**
[ínkʌm]

(경제활동을 통해 얻는 정기적인) 명 **소득, 수입**

in(안) + come(오다) → (안으로) 들어온 돈 → **소득, 수입**

Most of the people depend on farming for their **income**.
그 사람들의 대부분은 수입을 농업에 의존하고 있다.

09 **pay**
[pei]
(- paid|payed
- paid|payed)

(치러야 할 돈을) 동 **지불[지급]하다**

➔ payment [péimənt] 명 지불[지급](금)

If you **pay** in cash, you can get a ten percent discount.
현금으로 지불하시면 10%의 할인을 받으실 수 있습니다.

10 **expense**
[ikspéns]

(어떤 일에 쓴 돈): 명 **비용**

ex(밖) + pense(지불하다) → (밖으로) 지불하는 돈 → **비용**

We're looking for ways to reduce our **expenses**.
우리는 비용을 줄일 방법을 찾고 있다.

11 **spend**
[spend]
(- spent - spent)

1. (돈 · 물자 등을 어떤 일에) 통 **쓰다, 들이다** [on]
2. (시간이나 세월을 어떻게) 통 **보내다, 지내다**

She **spends** too much money on clothes and food.
그녀는 옷과 음식을 사는 데 너무 많은 돈을 쓴다.

He **spends** too much time playing computer games.
그는 너무 많은 시간을 컴퓨터 게임을 하면서 보낸다.

12 **afford**
[əfɔ́:rd]

(돈 · 시간 · 형편상 무엇을) 통 **~을 할[살] 여유가 있다**

a + ford(**더 나아가서**) → 더 나아갈 수 있다 → **~을 할[살] 여유가 있다**

The car is too expensive! I can't **afford** to buy it.
그 차는 너무 비싸요! 나는 그것을 살만한 여유가 없습니다.

13 **bill**
[bil]

1. (지불할 금액 · 내역이 적힌) 명 **계산서, 청구서**
2. (종이로 된 화폐): 명 **지폐**

원뜻: **도장이 찍힌 문서(sealed document)** → 공식 문서 → 1 **계산서** 2 **지폐**

A 10% service charge will be added to your **bill**.
계산서에는 10%의 봉사료가 추가됩니다.

He took a ten-dollar **bill** from his wallet.
그는 십 달러짜리 지폐를 지갑에서 꺼냈다.

14 **tax**
[tæks]

(국민이 나라에 내는 돈): 명 **세금**

Rich people should pay more **tax** than poor people.
부자들은 가난한 사람들보다 더 많은 세금을 내야 한다.

15 **profit**
[prάfit]

(장사 · 사업을 해서 남은 돈): 명 **이익, 이윤**

pro(**앞**) + fit(**만들다**) → (장사를 잘해서 앞에 만들어 낸 것): **이익, 이윤**

The company **profits** increased by more than 20% last year.
작년에 회사의 수익이 20% 이상 증가했다.

16 **wealth**
[welθ]

(많은 재산): 명 **부, 부유함**

➡ wealthy [wélθi] 형 부유한, 부자인

He was from a **wealthy** family and had everything he needed.
그는 부유한 가정 출신으로 그가 필요로 하는 모든 것을 갖고 있었다.

17 **charity**
[ʧǽrəti]

(가난하거나 불쌍한 사람을 도와주는) 명 **자선 (단체)**

💡 char(**소중한**) + ity → (가난한 사람을 소중히 여기는) **자선 (단체)**

This **charity** helps poor children in Africa.
이 자선 단체는 아프리카의 가난한 아이들을 돕는다.

18 **save**
[seiv]

1. (돈을 지금 쓰지 않고) 동 **모으다, 저축하다**
2. (돈·물건 등을 마구 쓰지 않고) 동 **아끼다, 절약하다**
3. (위험이나 재난으로부터) 동 **구하다, 구조하다** [from]

💡 원뜻: **안전한(safe)** ┌ (안전하게 둬서) 1 **모으다** 2 **절약하다**
└ (안전하게) 3 **구하다**

He is **saving** for a new computer and printer.
그는 새 컴퓨터와 프린터를 사기 위해 돈을 모으고 있다.

We decided to take a taxi to **save** time.
우리는 시간을 아끼기 위해 택시를 타기로 결정했다.

He **saved** a little boy from falling into the lake.
그는 한 어린 소년이 호수에 빠지는 것을 구했다.

19 **account**
[əkáunt]

1. (은행의) 명 **예금계좌**
2. (사건·상황에 대한 상세한) 명 **설명, 기술, 보고**

💡 ac(to) + count(**계산하다**) ┌ (돈을) 계산한 것 → 1 **예금계좌**
└ (돈을 계산하듯이 상세히 하는) 2 **설명**

I would like to open an **account** with your bank.
당신 은행에 계좌를 개설하고 싶습니다.

He gave the police an **account** of what had happened.
그는 경찰에게 무슨 일이 일어났는지 설명을 했다.

[20] **store**

[stɔːr]

1. (물건을 일정한 곳에 모아) 동 **저장하다** 명 **저장소[품]**
2. (shop의 미국식 영어): 명 **상점, 가게**

원뜻: **세우다(erect)** ┌ (물건을 모아) 세워두다 → 1 **저장하다**
└ (물건을) 세워두는 곳 → 2 **상점**

Even a small computer can **store** large amounts of information.
작은 컴퓨터 조차도 많은 양의 정보를 저장할 수 있다.

The **store** sells all kinds of products.
그 상점은 온갖 종류의 제품을 판매한다.

[21] **own**

[oun]

1. (무엇을 법적으로 자기 것으로) 동 **소유하다**
2. (소유의 뜻을 강조하여) 형 **자기 자신의**

owner [óunər] 명 소유자

He now **owns** a very successful business.
그는 지금은 매우 성공적인 사업체를 소유하고 있다.

Everyone has a right to express their **own** opinion.
모든 사람은 자기 자신의 의견을 표현할 권리가 있다.

[22] **belong**

[bilɔ́ːŋ]

(~ to) (주어가 목적어의) 동 **~ 소유[것]이다, 소속이다**

be**(강조)** + long**(~와 관련되다)** → ~와 전적으로 관련되다 → **~ 소유이다**

belonging [bilɔ́ːŋiŋ] 명 (-s) 소유물, 소지품

Do you know who this bag **belong** to?
이 가방이 누구의 것인지 아십니까?

[23] **private**

[práivət]

(개인의 소유이거나 개인과 관련된): 형 **개인[사유]의, 개인적인, 사적인**

priv**(분리된)** + ate → (남들과) 분리된 → **개인의**

Each of the rooms has a **private** bathroom.
각각의 객실에는 개인 욕실이 있다.

24 **public**

[pʌblik]

(개인이 아니라 일반 사람들과 관련된): 형 **공공[대중]의, 공적인** 명 **대중**

pub(**사람들**) + ic → (개인이 아닌) 일반 사람들 → **대중, 공공의, 공적인**

We are planning to build a new **public** library soon.

우리는 곧 새로운 공공 도서관을 지을 계획이다.

25 **remove**

[rimúːv]

(무엇을 지금 있는 곳에서) 동 **제거하다, 없애다, 치우다, 떼어내다**

re(**떨어져**) + move(**옮기다**) → 떨어진 곳으로 옮기다 → **제거하다, 없애다**

removal [rimúːvəl] 명 제거, 없애기

They **removed** the old television and replaced it with the new one.

그들은 낡은 텔레비전을 치우고 그것을 새 것으로 바꾸었다.

Day 26

26 **waste**

[weist]

(돈·시간·물건 등을) 동 **허비[낭비]하다** [on] 명 **허비, 낭비**

It is a complete **waste** of time to talk for hours on the phone.

몇 시간씩 전화 통화를 하는 것은 완전히 시간 낭비이다.

Daily Test

01	afford	14	treasure
02	remove	15	wealth
03	belong	16	private
04	debt	17	resource
05	profit	18	spend
06	store	19	property
07	earn	20	own
08	save	21	account
09	public	22	bill
10	pay	23	expense
11	waste	24	owe
12	income	25	coin
13	tax	26	charity

Answer Key ▷ 297

Day 27 노동·생산 I

labor & production I

≫ 테마 기본 어휘	work(일하다) · do(하다, 행하다) · busy(바쁜) · help(돕다) · make(만들다) · use (쓰다, 사용하다)

01 **labor**
[léibər]

(몸을 움직여 하는 육체) 명 **노동, 노동력**

Machines have replaced human **labor** in many industries.
많은 산업에서 기계가 인간의 노동력을 대체해 왔다.

02 **task**
[tæsk]

(하도록 주어진 유쾌하지 않은) 명 **일, 과업, 과제**

Our first **task** was to solve the problem.
우리의 첫 번째 일은 그 문제를 해결하는 것이었다.

03 **mission**
[míʃən]

(파견되는 사람에게 주어진 일): 명 **임무**

miss(**보내다**) + ion → (다른 곳으로 보내지는 사람의) **임무**

Our **mission** was to help poor children in Africa.
우리의 임무는 아프리카의 가난한 아이들을 돕는 것이었다.

04 **activity**
[æktívəti]

(어떤 목적이나 즐거움을 위한) 명 **활동**

active(**활동적인**) + ity → (활동적으로) 하는 일 → **활동**

All of the school children were active in sports **activities** after school.
그 학교의 모든 아이들은 방과 후 스포츠 활동에 적극적이었다.

05 **matter**

[mǽtər]

1. (생각 · 논의 · 해결해야 할) 명 **일, 문제, 사건**
2. (물체를 구성하는) 명 **물질**
3. (무엇이 누구에게) 동 **중요하다, 문제가 되다**

The **matter** will be discussed at the next meeting.
그 문제는 다음 회의에서 논의될 것이다.

It is possible to change **matter** into energy.
물질을 에너지로 바꾸는 것은 가능하다.

It doesn't **matter** to me what you think about me.
당신이 나에 대해 어떻게 생각하든 내게는 중요하지 않습니다.

06 **act**

[ækt]

1. (어떤 동작을 하거나 일을 하다): 동 **행동하다, 행하다** 명 **행동**
2. (영화 · 연극 등에서) 동 **연기하다, 연극을 상연하다**

1 **행동** → (행동으로 나타내서) 2 **연기하다**

action [ǽkʃən] 명 행동, 동작
actor [ǽktər] 명 남자 배우 actress [ǽktris] 명 여자 배우

Stop **acting** like a child. You're a grown man.
어린아이 같이 행동하지 마세요. 당신은 성인입니다.

She has **acted** in many plays and is a very talented actress.
그녀는 많은 연극에서 연기를 했고 매우 재능이 있는 여배우이다.

Day 27

07 **conduct**

동 [kəndʌ́kt]
명 [kάndʌkt]

1. (어떤 업무나 활동을) 동 **수행[실시]하다** 명 **수행, 실시**
2. (오케스트라 · 합창단을) 동 **지휘하다**

con(**함께**) + duct(**이끌다**) ┌ (함께 이끌어 업무를) 1 **수행하다**
└ (오케스트라를) 이끌다 → 2 **지휘하다**

conductor [kəndʌ́ktər] 명 지휘자

We **conducted** interviews with more than 200 people.
우리는 200명 이상의 사람들과 인터뷰를 했다.

The orchestra was **conducted** by William Smith.
윌리암 스미스가 오케스트라를 지휘했다.

08 **miss**

[mis]

1. (때를 놓치거나 범위를 벗어나) 동 **하지 못하다, 놓치다, 빗나가다** 명 **놓침**
2. (볼 수 없는 좋아하는 대상을) 동 **그리워하다**

1 **하지 못하다, 놓치다** → (보지 못하는 대상을) 2 **그리워하다**

The player jumped to catch the ball, but **missed**.

그 선수는 공을 잡으려고 뛰어올랐으나 놓쳤다.

He is in a foreign country and he **misses** his home and his family.

그는 외국에 있어서 집과 가족을 그리워한다.

09 **effort**

[éfərt]

(어떤 목적을 위해 들이는 힘): 명 **노력**

ef(밖) + fort(힘센) → (강한 힘을) 밖으로 냄 → **노력**

We are making every **effort** to solve the problem.

우리는 그 문제를 해결하기 위해 모든 노력을 다하고 있다.

10 **try**

[trai]

1. (무엇을 하거나 이루려고) 동 **노력[시도]하다** 명 **시도**
2. (무엇을 평가하려고) 동 **실제로 해 보다, 시험삼아 써 보다**

원뜻: test(시험) ┌ 2 **시험삼아 써 보다**
└ (시험해 보려고) 1 **시도[노력]하다**

→ trial [tráiəl] 명 시험, 실험

I am **trying** to do my best in everything I do.

나는 내가 하는 모든 일에 최선을 다하려고 노력하고 있다.

Try these shoes on. They match the dress.

이 구두를 신어 보세요. 그것이 그 드레스와 어울려요.

11 **attempt**

[ətémpt]

(힘들거나 위험한 일을 하려고) 동 **시도[기도]하다** 명 **시도**

at(to) + tempt(시도하다) → **시도하다**

They finally reached the top of the mountain on the fifth attempt.

그들은 다섯 번째 시도에서 마침내 산 정상에 올랐다.

[12] intend
[inténd]

(마음속에 무엇을 하려고) 통 **의도[작정]하다**

in(방향) + tend(뻗다) → (마음을) 어떤 방향으로 뻗다 → **의도하다**

intention [inténʃən] 명 의도 intentional [inténʃənl] 형 의도적인

How long do you **intend** to stay here in Los Angeles?
얼마나 오래 이곳 로스앤젤레스에 머물 작정이십니까?

[13] lucky
[lʌki]

(뜻밖에 좋은 일이 생긴): 형 **운이 좋은, 행운의**

luck [lʌk] 명 운, 행운

You're **lucky** to have such a good friend.
그런 좋은 친구가 있다니 운이 좋으시네요.

Day 27

[14] fortune
[fɔ́ːrʧən]

1. (우연히 일어난 좋거나 나쁜 일): 명 **운, 운수, 행운**
2. (아주 많은 액수의) 명 **재산, 부, 거금**

1 **운** → (운이 좋아서 모은) 2 **재산, 부**

fortunate [fɔ́ːrʧənət] 형 운 좋은, 다행한

I had the good **fortune** to work with many great people.
나는 많은 훌륭한 사람들과 함께 일하는 행운을 얻었다.

He made a **fortune** through his business.
그는 사업을 통해 많은 재산을 모았다.

[15] succeed
[səksíːd]

(목적한 것을 이루다): 통 **성공하다** [in]

suc(아래) + ceed(가다) → (아래에서) 위로 올라가다 → **성공하다**

success [səksés] 명 성공 successful [səksésfəl] 형 성공적인

He finally **succeeded** in finding a solution to the problem.
그는 마침내 그 문제의 답을 찾는 데 성공했다.

16 **achieve**
[ətʃíːv]

(오랜 노력 끝에 목적을) 동 **성취[달성]하다**

a(방향) + chieve(끝) → (목적의) 끝에 이르다 → **성취하다**

achievement [ətʃíːvmənt] 명 성취, 달성; 업적

He finally **achieved** his dream of becoming a great pianist.
그는 위대한 피아니스트가 되는 꿈을 마침내 이루었다.

17 **possible**
[pάsəbl]

(해낼 수 있거나 될 수 있는): 형 **가능한, 할 수 있는, 가능성이 있는**

poss(할 수 있는) + ible → **할 수 있는, 가능한**

possibility [pὰsəbíləti] 명 가능성 ⊖ impossible [impάsəbl] 형 불가능한

The Internet makes it **possible** for us to share ideas.
인터넷은 우리가 정보를 공유하는 것을 가능하게 한다.

18 **fail**
[feil]

(뜻한 것을 이루지 못하고) 동 **실패하다** [in]

원뜻: **실망시키다**(disappoint) → (실망스럽게도) **실패하다**

failure [féiljər] 명 실패

They gave him a second chance when he **failed**.
그가 실패했을 때 그들은 그에게 또 한 번의 기회를 주었다.

19 **favor**
[féivər]

1. (남에게 베푸는) 명 **친절한 행위, 호의** 동 **호의[친절, 은혜]를 베풀다**
2. (어떤 대상을 더 좋게 생각하다): 동 **선호[지지]하다** 명 **선호, 지지**

1 **호의** → (어떤 대상에) 호의를 보이다 → 2 **선호[지지]하다**

favorable [féivərəbl] 형 유리한; 호의적인, 찬성하는

Will you do me a **favor** and help me, please?
부탁이 있는데 나를 좀 도와 주시겠습니까?

Most students voted in **favor** of the proposal.
대부분의 학생들은 그 제안에 찬성 투표를 했다.

20 cooperate
[kouάpərèit]

(여럿이 서로 힘을 합하여) 통 **협력[협동, 협조]하다**

co(**함께**) + operate(**일하다**) → (함께) 일하다 → **협력하다**

cooperation [kouὰpəréiʃən] 명 협력, 협동

They agreed to **cooperate** with each other in sharing information.

그들은 정보를 공유하는 데 서로 협력을 하기로 합의했다.

21 encourage
[inkə́ːridʒ]

1. (용기·자신감을 북돋워 줘서) 통 **격려하다**
2. (권하거나 분위기를 만들어, 무엇을) 통 **권장[장려]하다**

en(**만들다**) + courage(**용기**) → (용기를) 만들어 주다 → 1 **격려하다** 2 **권장하다**

encouragement [inkə́ːridʒmənt] 명 격려, 고무

My parents **encouraged** me to follow my dreams.

내 부모님은 내게 나의 꿈을 따르라고 격려해 주셨다.

A lot of doctors **encourage** people to stop smoking.

많은 의사들은 사람들에게 금연을 하라고 권장한다.

Day 27

Daily Test

01	attempt	12	conduct
02	act	13	miss
03	fortune	14	lucky
04	encourage	15	succeed
05	achieve	16	possible
06	fail	17	matter
07	intend	18	favor
08	try	19	activity
09	task	20	labor
10	effort	21	mission
11	cooperate		

Answer Key ▷ 297

Day 28

노동·생산 II

labor & production II

01 **volunteer**
[vὰləntíər]

(스스로 원하여 대가 없이) 동 **자진[자원]하여 하다** 명 **자원 봉사자**

volunt(**자유 의지의**) + eer → (자유 의지에 따라) **자진하여 하다**

voluntary [vάləntèri] 형 자발적인, 자원한

A lot of young people have **volunteered** to help us.
많은 젊은이들이 우리를 돕겠다고 자원했다.

02 **devote**
[divóut]

(어떤 일이나 남을 위해 모든 것을) 동 **바치다, 헌신하다** [to]

de(**정식으로**) + vote(**맹세하다**) → (다 바칠 것을) 정식으로 맹세하다 → **헌신하다**

devotion [divóuʃən] 명 헌신

He **devoted** his life to helping the poor and sick.
그는 그의 인생을 가난하고 병든 사람들을 위해 바쳤다.

03 **hard-working**
[ha:rdwə́:rkiŋ]

(열심히 일하는): 형 **부지런한, 근면한**

hard(**열심히**) + working(**일하는**) → **근면한**

He was a **hard-working** and honest young man.
그는 근면하고 정직한 젊은이었다.

04 **active**
[ǽktiv]

(움직임이나 일하는 태도가) 형 **활동[적극]적인**

act(**행동**) + ive(**~ 성향의**) → (행동으로 하는) 성향인 → **활동적인**

The old man is now eighty years old, but still leads an **active** life.
그 노인은 지금 80세이지만 여전히 활동적인 삶을 살고 있다.

05 **lazy**
[léizi]

(움직이거나 일하기를 싫어하는): 형 **게으른, 나태한**

The **lazy** man lies in bed all morning.
그 게으른 남자는 아침 내내 침대에 누워 있는다.

06 **leisure**
[líːʒər]

(일이 없이 여유로운 시간): 명 **여가 (시간)**

leis(**허락 받다**) + ure → (일하지 않게) 허락 받은 시간 → **여가**

The most popular **leisure** activity in Britain is watching television.
영국에서 가장 인기 있는 여가 활동은 텔레비전 시청이다.

07 **science**
[sáiəns]

(자연에 관한 지식 체계): 명 **과학**

sci(**알다**) + ence → (자연에 대해) 아는 지식 → **과학**

scientific [sàiəntífik] 형 과학적인 scientist [sáiəntist] 명 과학자

Developments in **science** have changed our way of life.
과학의 발전은 우리의 생활 방식을 바꾸어 놓았다.

Day 28

08 **technology**
[teknálədʒi]

(과학을 응용한) 명 **(과학) 기술**

techno(**기술**) + logy(**학문**) → **(과학) 기술**

technological [tèknəládʒikəl] 형 기술의

Computer **technology** makes it possible for many people to work from home.
컴퓨터 기술은 많은 사람들이 재택 근무를 할 수 있게 한다.

09 **skill**
[skil]

(오랜 훈련과 경험으로 쌓은) 명 **기량, 솜씨, 기술**

skillful [skílfəl] 형 솜씨 좋은

You need good communication **skills** for this job.
이 일을 하기 위해서는 훌륭한 의사소통 기술이 필요하다.

10 **invent**
[invént]

(전에 없던 새로운 것을) 동 **발명[고안]하다**

in(on) + vent(come) → come on(우연히 발견하다) → **발명하다**

invention [invénʃən] 명 발명(품)

The telephone was **invented** by Bell over a hundred years ago.
전화는 100년도 더 전에 벨에 의해 발명되었다.

11 **industry**
[índəstri]

(물품·서비스를 만들어 내는 일): 명 **산업**

indu(안) + str(만들다) → (공장 안에서) 무엇을 만드는 것 → **산업**

industrial [indʌ́striəl] 형 산업의

The computer game **industry** is now an important part of the economy.
컴퓨터 게임 산업은 현재 경제의 가장 중요한 일부이다.

12 **produce**
[prədjúːs]

(물품·농산물 등을 대량으로): 동 **생산하다**

pro(앞) + duce(이끌다) → (물품을) 앞으로 이끌어 내다 → **생산하다**

production [prədʌ́kʃən] 명 생산 product [prɑ́dʌkt] 명 제품

The factory **produces** 5,000 computers a month.
그 공장은 한 달에 5천 대의 컴퓨터를 생산한다.

13 **create**
[kriéit]

(전에는 없던 것을 처음으로) 동 **창조[창작]하다**

creation [kriéiʃən] 명 창조

They believe that God **created** the world.
그들은 하나님이 세상을 창조했다고 믿는다.

14 **factory**
[fǽktəri]

(물건을 만들어 내는) 명 **공장**

fac(만들다) + tory → (물건을) 만드는 곳 → **공장**

The **factory** produces two kinds of products.
그 공장은 두 가지 종류의 제품을 생산한다.

15 **machine**
[məʃíːn]

(동력으로 움직여서 일을 하는) 명 **기계**

This **machine** is very simple to use and perfectly safe.
이 기계는 사용이 매우 간단하고 완벽하게 안전하다.

16 **device**
[diváis]

(어떤 일을 하도록 만들어진) 명 **장치, 기구, 고안품**

devise [diváiz] 동 고안하다

This **device** is used for temperature control.
이 장치는 온도 조절에 사용된다.

17 **operate**
[ápərèit]

1. (기계·장비 등을 다루어) 동 **작동[가동, 운전]하다[되다]**
2. (몸을 째거나 꿰매는) 동 **수술을 하다** [on]

oper(**일하다**) + ate ┌ (일을 하도록) 1 **작동하다**
└ (몸을 치료하는) 일을 하다 → 2 **수술하다**

operation [àpəréiʃən] 명 작동; 운영; 수술

This machine is simple to **operate**, easy to learn.
이 기계는 작동이 간단하고 배우기가 쉽다.

The doctor decided to **operate** on him the next day.
의사는 다음날 그를 수술하기로 결정했다.

18 **handle**
[hǽndl]

1. (차량·동물·도구를 손으로) 동 **다루다, 부리다**
2. (어떤 일을 맡아서) 동 **처리하다, 다루다**
3. (손으로 잡는 물건의) 명 **손잡이, 핸들, 자루**

hand(**손**)**의 변형** ┌ (손으로) 1 **다루다, 부리다** → (다루어서) 2 **처리하다**
└ (손으로 잡는) 3 **손잡이**

I've never **handled** a gun before in my life.
나는 내 인생에서 전에 한 번도 총을 다루어 본 적이 없다.

Be careful when **handling** them; they break easily.
그것들을 다룰 때는 조심하십시오. 쉽게 깨집니다.

He turned the **handle** and pushed the door open.
그는 손잡이를 돌리고 문을 밀어서 열었다.

Day 28

19 **tool**
[tu:l]

(망치·톱 등 손에 들고 쓰는) 명 **연장, 도구, 공구**

The hand **tool** is used to make holes in wood.
그 수공구는 나무에 구멍을 내는 데 사용된다.

20 **repair**
[ripέər]

(고장나거나 파손된 것을) 동 **수리[수선]하다** 명 **수리, 수선**

re(**다시**) + pair(**준비하다**) → (다시) 준비하다 → **수리하다**

repairman [ripέərmæn] 명 수리공

He had his car **repaired** after the accident.
그는 사고 후에 자동차를 수리했다.

21 **convenient**
[kənvíːnjənt]

(이용하기 쉽고 편한): 형 **편리한, 간편한**

con(**함께**) + veni(**오다**) → (필요한 것이 모두) 함께 오는 → **편리한**

convenience [kənvíːnjəns] 명 편리

⊖ inconvenient [ìnkənvíːnjənt] 형 불편한

Internet shopping is the most **convenient** way to buy things.
인터넷 쇼핑은 물건을 사는 가장 편리한 방법이다.

22 **proper**
[prάpər]

(일정한 기준에 맞아서) 형 **적절[타당]한, 예의 바른**

Please put everything back in its **proper** place.
모든 것을 제자리에 돌려 놓으십시오.

23 **fit**
[fit]

1. (요구되는 곳에) 형 **적합한, 알맞은, 적임의** 동 **적절하다, 꼭 맞다**
2. (규칙적인 운동으로) 형 **건강한, 좋은 건강 상태인**

1 **알맞은** → (건강 상태가) 알맞은 → 2 **건강한**

The black jacket **fits** you very well.
그 검은 재킷은 당신에게 정말 꼭 맞습니다.

He tries to keep **fit** by playing tennis.
그는 테니스를 쳐서 건강을 유지하려고 한다.

24 match
[mætʃ]

1. (서로 조화를 이루어 잘) 동 **어울리다** 명 **잘 어울리는 사람[것]**
2. (두 가지가 서로) 동 **아주 비슷하다; 대등[필적]하다** 명 **아주 비슷한 것**
3. (승부를 겨루는) 명 **경기, 시합**

원뜻: **한 쌍을 이루는 것** ┌ (한 쌍을 이루 듯) 1 **어울리다** 2 **아주 비슷하다**
└ (한 쌍을 이루어 겨루는) 3 **시합, 경기**

That blue tie doesn't **match** your suit at all.
그 파란색 넥타이는 당신의 양복과 전혀 어울리지 않습니다.

Nothing in the world can **match** a mother's love.
세상의 어떤 것도 어머니의 사랑에 필적할 수 없다.

We have a big football **match** tomorrow.
우리는 내일 큰 축구 시합이 있다.

25 available
[əvéiləbl]

(물품이나 시설을) 형 **구할[이용할] 수 있는**

a(to) + vail(**가치**) → 도움(가치)이 되는 → **구할[이용할] 수 있는**

availability [əvèiləbíləti] 명 입수[이용] 가능

Every type of information is **available** on the Internet today.
오늘날 인터넷에서는 모든 종류의 정보를 입수할 수 있다.

Day 28

Daily Test

01	match	14	science
02	industry	15	technology
03	leisure	16	create
04	factory	17	available
05	convenient	18	machine
06	device	19	operate
07	handle	20	fit
08	produce	21	lazy
09	invent	22	tool
10	devote	23	active
11	skill	24	volunteer
12	proper	25	hard-working
13	repair		

Answer Key ▷ 297

Day 29 회사·업무

company & work

≫ 테마 기본 어휘	office(사무실)·work(일하다, 근무하다)·amateur(아마추어)·schedule(일정, 스케줄)·program(진행 순서, 프로그램)·system(시스템)·style(스타일, 방식)

01 **company** [kʌmpəni]

1. (사업을 하는 단체): 명 **회사**
2. (함께 시간을 보내고 있는) 명 **친구, 방문객; 같이 있음**

com(**함께**) + pan(**빵**) ┌ (빵을 얻기 위해) 함께 모인 조직 → 1 **회사**
└ (빵을 함께 나누는) 2 **친구, 방문객**

He works for a **company** that makes computers.
그는 컴퓨터를 만드는 회사에서 근무하고 있다.

He is friendly and enjoys other people's **company**.
그는 다정하고 다른 사람들과 같이 있는 것을 즐긴다.

02 **establish** [istǽbliʃ]

(기관·조직체·제도를 새로) 동 **설립[제정]하다**

e + stable(**안정된**) → (안정되게) 세우다 → **설립하다**

establishment [istǽbliʃmənt] 명 설립, 제정

The computer company was **established** in 2010.
그 컴퓨터 회사는 2010년에 설립되었다.

03 **job** [dʒab]

1. (보수를 받고 하는 일): 명 **직업, 일자리**
2. (해야 하는) 명 **일, 일거리**

2 **일** → (보수를 받고 하는) 일 → 1 **직업**

I'm looking for a new **job**, but I haven't found one yet.
나는 새 일자리를 찾고 있지만 아직 찾지 못했다.

It's my **job** to clean up the house every day.
매일 집을 청소하는 것은 나의 일이다.

04 **profession**

[prəféʃən]

(의사나 변호사 등의) 명 **(지적인) 직업, 전문직**

원뜻: **서약을 하고 전문 종교인이 됨** → 전문직

➔ professional [prəféʃənl] 형 전문직의, 전문적인 명 전문직 종사자, 프로

Her father was a lawyer by **profession**.

그녀의 아버지는 직업이 변호사이었다.

05 **career**

[kəríər]

(한 사람이 지금까지 거쳐 온) 명 **직업(의 내역), 경력, 이력**

At the age of 26, he began his **career** as a teacher.

그는 26살에 교사로서 경력을 시작했다.

06 **apply**

[əplái]

1. (공식 문서로) 동 **(일자리에) 지원하다; (허가·증명서 등을) 신청하다**
2. (원리·기술 등을 실제로) 동 **적용[응용]하다** [to]

ap(to) + ply(**포개다**) ┌ (포개져서) 접촉하다 → (접촉하여) 1 **지원[신청]하다**
└ (서로 접촉시켜) 2 **적용하다**

➔ application [æpləkéiʃən] 명 지원(서), 신청; 적용, 응용

applicant [ǽplikənt] 명 지원[신청]자

She's **applied** for a job with a small computer company.

그녀는 작은 컴퓨터 회사에 일자리를 지원했다.

The police must **apply** the law fairly.

경찰은 법을 공정하게 적용해야 한다.

07 **manage**

[mǽnidʒ]

1. (업무·조직 등을 맡아서) 동 **관리하다**
2. (어렵고 힘든 일을) 동 **간신히[용케] 해내다**

man(**손**) + age ┌ (손으로) 다루다 → 1 **관리하다**
└ (잘 다루어서) 2 **간신히[용케] 해내다**

➔ management [mǽnidʒmənt] 명 관리

manager [mǽnidʒər] 명 관리자

He has been asked to **manage** a new project.

그는 새로운 프로젝트를 관리해 달라는 요청을 받았다.

He **managed** to pass the exam on the third try.

그는 그 시험에 세 번 시도해서 간신히 합격했다.

08 **employ**
[implɔ́i]

(급료를 주고 일을 할 사람을) 동 **고용하다**

em(안) + ploy(접다) → (안으로 접어서) 감싸다 → (회사 안으로) **고용하다**

employment [implɔ́imənt] 명 고용

The company **employs** about 50,000 people.
그 회사는 5만 명의 사람을 고용하고 있다.

09 **secretary**
[sékrətèri]

(윗사람의 사무·일정 등을 챙겨 주는) 명 **비서**

secret(비밀) + ary → (비밀을 위임 받은) 사람 → **비서**

I asked my **secretary** to make an appointment with Mr. Brown.
나는 내 비서에게 브라운 씨와 약속을 잡으라고 부탁했다.

10 **salary**
[sǽləri]

(사무직원이 고정적으로 받는) 명 **급료, 봉급**

He receives a **salary** of $60,000 a year.
그는 일년에 6만 달러의 급료를 받는다.

11 **wage**
[weidʒ]

(공장·상점의 근로자가 받는) 명 **임금**

The workers are fighting for higher **wages**.
그 노동자들은 더 높은 임금을 요구하며 싸우고 있다.

12 **plan**
[plæn]

(앞으로 할 일을 정해 놓은) 명 **계획** 동 **계획하다**

In the interview, they asked me about my future **plans**.
인터뷰에서 그들은 내게 나의 미래 계획에 대해 질문을 했다.

13 **project**
[prɑ́dʒekt]

(사업·연구·개발 등의) 명 **계획, 프로젝트; 연구 과제**

pro(앞) + ject(던지다) → (생각을 앞으로 던져서) 계획한 것 → **계획**

The **project** will cost five million dollars.
그 프로젝트는 오백만 달러가 소요된다.

14 **due**

[djuː]

1. (예정 · 예상되는 일이 언제) 형 **~하기로 되어 있는, ~할 예정인**
2. (~ to) ('because of'와 유사한 의미): 형 **~ 때문에**

원뜻: **빚을 진** ┌ (빚을) 언제까지 갚아야 하는 → 1 **~하기로 되어 있는**
└ 빚[신세]를 진 → ~ 덕분인 → 2 **~ 때문에**

The new museum is **due** to open in October.
새로운 박물관은 10월에 개관될 예정이다.

The game was canceled **due** to bad weather.
나쁜 날씨 때문에 경기가 취소되었다.

15 **prepare**

[pripέər]

(앞일을 미리) 동 **준비[대비]하다[시키다]** [for]

pre(**미리**) + pare(**준비시키다**) → (미리) **준비하다**

preparation [prèpəréiʃən] 명 준비

Everyone was very busy **preparing** for the event.
모든 사람들이 행사 준비를 하느라 매우 바빴다.

16 **ready**

[rédi]

(필요한 것이) 형 **준비된, 채비를 갖춘**

Dinner will be **ready** in about twenty minutes.
저녁 식사는 20분 정도 있으면 준비된다.

17 **willing**

[wíliŋ]

(필요하다면 마다하지 않고) 형 **기꺼이 ~하는, 자발적인**

will(**의지**) + ing → 의지를 가지고 있는 → **기꺼이 ~하는**

I am on your side and I am **willing** to help you if I can.
나는 당신 편이고 할 수 있다면 당신을 기꺼이 도와 드리겠습니다.

18 **structure**

[strʌktʃər]

(전체의 부분들이 서로 짜여진) 명 **구조, 구조[건축]물**

struct(**세우다**) + ure → 세워진 것 → **구조(물)**

His house is a simple wooden **structure** with three rooms.
그의 집은 방이 세 개가 있는 단순한 목조 구조물이다.

19 **purpose**

[pə́:rpəs]

(이루고자 하는 일): 명 **목적, 의도, 용도**

💡 pur(앞) + pose(놓다) → (맨 앞에) 놓은 것 → **목적**

The **purpose** of this meeting is to discuss the plans.

이 회의의 목적은 그 계획에 대해 논의하는 데 있다.

20 **goal**

[goul]

(달성하고자 하는 최종) 명 **목표**

He finally achieved his **goal** of becoming a doctor.

그는 마침내 의사가 되겠다는 목표를 이루었다.

21 **target**

[tά:rgit]

(사격·공격·비난 등의 목표물): 명 **과녁, 표적; 목표(물)**

The arrow missed the **target**, and fell to the ground.

화살은 과녁을 못 맞히고 땅에 떨어졌다.

22 **function**

[fʌŋkʃən]

(사물의 고유한 역할·작용): 명 **기능**

💡 funct(수행하다) + ion → (어떤 일을 수행하는) **기능**

This new camera has more **functions** than the old one.

이 새로운 카메라는 이전 것보다 더 많은 기능이 있다.

23 **role**

[roul]

(맡아서 하는 일): 명 **역할; (극 중의) 역, 배역**

He played the **role** of a young teacher in the movie.

그는 영화에서 한 젊은 교사의 배역을 했다.

24 **method**

[méθəd]

(어떤 목적을 이루기 위한) 명 **방법**

💡 met(뒤를 쫓아) + hod(길) → (뒤를 쫓아) 따라가야 하는 길 → **방법**

You can save a lot of time by using this **method**.

이 방법을 사용하면 많은 시간을 절약할 수 있습니다.

25 **technique**

[tekníːk]

(일을 잘 해내는 특별한) 명 **기법, 테크닉, 기술**

techn(**기술**) + ique → (특별한) **기법, 기술**

technical [téknikəl] 형 기술[기법]의

His drawing **techniques** are amazing.

그의 그림 기법은 놀랍다.

26 **process**

[prάses]

(일이 되어 가는) 명 **과정**

pro(**앞으로**) + cess(**가다**) → (일이 앞으로 나아가는) **과정**

Writing a book is a long and difficult **process**.

책을 집필하는 것은 길고 어려운 과정이다.

Day 29

Daily Test

01	target	14	role
02	salary	15	plan
03	manage	16	company
04	prepare	17	process
05	method	18	employ
06	career	19	project
07	ready	20	goal
08	job	21	apply
09	secretary	22	profession
10	structure	23	function
11	wage	24	purpose
12	willing	25	due
13	technique	26	establish

Answer Key ▷ 297

Day 30 장소·이동 I

place & movement I

≫ 테마 기본 어휘	position(위치, 장소; 자세)·place(장소, 곳)·area(지역)·put(놓다, 두다)·inside(안, 속, 내부)·outside(밖[바깥], 외부)·top(맨 위, 윗면, 꼭대기)·back(뒷부분, 뒷면)·side(옆, 측면)·middle(중간, 한가운데)·center(중심, 중앙)·corner(모서리, 구석)

01 **site** [sait]

(어떤 일이 있었거나 쓰이는 목적이 있는) 명 **장소, 위치; 현장, 부지**

외래어: 인터넷상의 정보가 있는 장소 **웹사이트(web site)** 연상

The museum was built on the **site** of a palace.

그 박물관은 한 궁전이 있던 자리에 지어졌다.

02 **zone** [zoun]

(특징·용도가 주변과 뚜렷이 다른) 명 **지역, 지대, 구역**

You can't park there - it's a no parking **zone**.

그곳에 주차하면 안 됩니다. 주차 금지 구역입니다.

03 **region** [ríːdʒən]

(문화·사회·지리적으로 구분한) 명 **(넓은) 지방[지역, 지대]**

reg(**다스리다**) + ion → (왕이 다스리는) **지방, 지역, 지대**

regional [ríːdʒənl] 형 지방[지역, 지대]의

The **region** produces 40% of the country's rice.

그 지역은 그 나라 쌀의 40%를 생산한다.

04 **local** [lóukəl]

(살고 있거나 언급하고 있는 그) 형 **지역의, 현지의** 명 **현지인**

loc(**장소**) + al → 그 장소의 → **현지의**

We will be arriving in London at 4 o'clock **local** time.

우리는 현지 시각으로 4시에 런던에 도착할 예정이다.

05 **locate**

[lóukeit]

(무엇을 어디에) 동 **위치시키다, ~에 차리다[두다]**

loc(**장소**) + ate → (어떤 장소에) 놓다 → **위치시키다**

location [loukéiʃən] 명 소재, 위치

Our office is **located** in downtown Los Angeles.

우리 사무실은 로스앤젤레스 시내에 위치해 있다.

06 **lay**

[lei]

(- laid – laid)

1. (바닥과 수평이 되게) 동 **눕히다, (눕히듯이) 두다[놓다]**

2. (새 · 곤충 등이) 동 **알을 낳다**

1 **눕히다, 두다** → (바닥에 눕히듯이) 2 **알을 낳다**

She **laid** the baby gently down on the bed.

그녀는 아기를 부드럽게 내려 침대에 눕혔다.

The fish **lay** hundreds of eggs at one time.

그 물고기는 한 번에 수백 개의 알을 낳는다.

07 **arrange**

[əréindʒ]

1. (일정한 차례나 간격으로) 동 **배열[정돈]하다**

2. (일에 필요한 것을 미리) 동 **준비[마련]하다[해 주다]**

ar(to) + range(**줄**) → (줄을 맞추어) 1 **배열하다** → (배열하여) 2 **준비하다**

arrangement [əréindʒmənt] 명 배열, 정돈; 준비, 마련, 주선

All files are **arranged** alphabetically.

모든 파일들은 알파벳순으로 정리되어 있다.

The next meeting has been **arranged** for Thursday.

다음 회의는 목요일에 하기로 정해졌다.

Day 30

08 **insert**

동 [insə́ːrt]

명 [ínsəːrt]

(속이나 틈 · 구멍 사이에) 동 **끼워[집어] 넣다, 삽입하다** 명 **삽입물**

in(**안**) + sert(**합치다**) → (안으로 넣어) 합치다 → **삽입하다**

insertion [insə́ːrʃən] 명 삽입

He **inserted** a coin in the vending machine.

그는 자동판매기에 동전을 집어 넣었다.

09 **hang**
[hæŋ]
(- hanged|hung - hanged|hung)

(윗부분이 고정되어 달려 있게) 통 **걸다, 걸리다, 매달다, 매달리다**

I'll **hang** this picture on the wall and I'll look at it every day.
나는 이 그림을 벽에 걸고 매일 볼 것이다.

10 **cover**
[kʌvər]

1. (어떤 것의 위를) 통 **덮다, 싸다** 명 **뚜껑, 덮개**
2. (범위 · 영역 · 분야가 어디까지) 통 **미치다, 걸치다; 포함하다; 다루다**

1 **덮다** → (덮는 범위가 어디까지) 2 **미치다; 포함하다**

The top of the mountain was still **covered** with snow.
산꼭대기는 여전히 눈으로 덮여 있었다.

The book **covers** all the basics about the Internet.
그 책은 인터넷에 관한 모든 기본적인 것들을 다루고 있다.

11 **wrap**
[ræp]

(물건을 종이 · 천 등으로) 통 **(감)싸다, 포장하다** 명 **랩, 싸는 물건[종이]**

외래어: 식품 포장에 사용되는 **랩(wrap)** 연상

He gave me a beautifully **wrapped** birthday present.
그는 아름답게 포장된 생일 선물을 내게 주었다.

12 **space**
[speis]

1. (비어 있거나 이용할 수 있는) 명 **공간**
2. (지구 밖의 천체가 있는 공간): 명 **우주**

1 **공간** → (지구 밖의) 공간 → 2 **우주**

Sorry for being late. I couldn't find a parking **space**.
늦어서 죄송합니다. 주차 공간을 찾을 수 없었어요.

Many people have long dreamed of **space** travel.
많은 사람들이 오랫동안 우주 여행을 꿈꾸어 왔다.

13 **hole**
[houl]

(뚫어지거나 파낸 자리): 명 **구멍, 구덩이**

They dug a deep **hole** in the ground.
그들은 땅에 깊은 구멍을 팠다

14 **gap**
[gæp]

(벌어져 사이가 생긴) 명 **틈, 구멍, 간격; 격차**

He had a wide **gap** between his front teeth.
그는 앞니 사이에 넓은 틈이 있었다.

15 **indoor**
[índɔ:r]

(건물 안에서 행해지거나 사용되는): 형 **실내(용)의**

in(안) + door(문) → (건물) 문의 안쪽 → **실내의**

indoors [indɔ́:rz] 부 실내에서, 실내로

The hotel has an **indoor** swimming pool and sauna.
그 호텔에는 실내 수영장과 사우나가 있다.

16 **outdoor**
[áutdɔ:r]

(건물 밖에서 행해지거나 사용되는): 형 **실외(용)의**

out(밖) + door(문) → (건물) 문의 바깥쪽 → **실외의**

outdoors [autdɔ́:rz] 부 실외에서, 실외로

He was more interested in **outdoor** sports than in his studies.
그는 공부보다 야외 스포츠에 더 흥미를 가졌다.

Day 30

17 **above**
[əbʌv]

(어떤 것의 위치가) 전 부 **~보다 위에[위로]; (수량이) ~이상으로**

a(~에) + bove(위) → 위에 → **~보다 위에**

Our plane was flying **above** the clouds.
우리 비행기는 구름 위를 날고 있었다.

18 **below**
[bilóu]

(어떤 것의 위치가) 전 부 **~보다 아래에[아래로]; (수량이) ~이하로**

be(~에) + low(낮은) → 낮은 곳에 → **~보다 아래에**

The living room is directly **below** his bedroom.
거실은 그의 침실 바로 아래에 있다.

19 **bottom**
[bάtəm]

(사물의 가장 낮은 곳): 명 **맨 아래, (밑)바닥** 형 **맨 아래의, (밑)바닥의**

Please sign your name on the line at the **bottom** of the form.
양식의 맨 아랫부분의 선에 서명을 하십시오.

20 **front**
[frʌnt]

(앞으로 향하고 있는) 명 **앞부분, 앞면, 앞쪽** 형 **앞부분[면, 쪽]의**

I preferred to sit in the **front** of the classroom.
나는 교실의 앞쪽에 앉는 것을 더 좋아한다.

21 **ahead**
[əhéd]

(공간·시간상으로) 부 **앞(쪽)에, 앞으로; ~보다 빨리, 미리**

a(on) + head(**머리**) → (머리가) 향한 쪽에 → **앞쪽에**

The work was finished **ahead** of schedule.
그 일은 일정보다 빨리 끝났다.

22 **behind**
[biháind]

(향한 방향의 반대쪽의 위치에): 전부 **(~의) 뒤에**

The sun disappeared **behind** the clouds.
태양이 구름 뒤로 사라졌다.

23 **beside**
[bisáid]

(어떤 대상의 아주 가까운) 전 **옆에**

be(by) + side → by the side → **옆에**

He bought two cups of coffee, and sat **beside** her.
그는 커피 두 잔을 가져와서 그녀 옆에 앉았다.

24 **edge**
[edʒ]

(사물의 중심에서 가장 먼) 명 **끝머리, 가장자리, 모서리; (칼 등의) 날**

Stay away from the **edge** of the cliff.
절벽 끝에서 떨어져 있으세요.

25 arrive
[əráiv]

(여행의 목적지에) 동 **도착하다**

ar(~에) + rive(해안) → (오랜 항해 끝에) 해안에 닿다 → **도착하다**

arrival [əráivəl] 명 도착

The train **arrives** there at 4 o'clock.

기차는 4시에 그곳에 도착한다.

26 reach
[riːʧ]

(목표한 곳이나 일정한 수준에) 동 **도달하다, 닿다, 이르다**

After six hours, they finally **reached** the top of the mountain.

6시간 후 그들은 마침내 산 정상에 도달했다.

27 return
[ritə́ːrn]

(본래의 장소나 상태로) 동 **돌아오다[가다]; 돌려주다** 명 **돌아옴[감]**

re(뒤로) + turn(돌다) → (뒤로) 돌아서 오다 → **돌아오다**

Wait here until I **return**. I'll be back in a moment.

내가 돌아올 때까지 여기서 기다리세요. 곧 돌아올게요.

Day 30

Daily Test

01 cover
02 reach
03 ahead
04 arrange
05 zone
06 indoor
07 local
08 return
09 hole
10 arrive
11 above
12 gap
13 edge
14 insert
15 lay
16 behind
17 beside
18 wrap
19 site
20 region
21 hang
22 space
23 front
24 locate
25 bottom
26 outdoor
27 below

Answer Key ▷ 298

Day 31 장소·이동 II

place & movement II

≫ 테마 기본 어휘	come(오다)·go(가다)·turn(돌다, 돌리다)·near(가까운, 가까이)·right(오른쪽)·left(왼쪽)·east(동쪽)·west(서쪽)·south(남쪽)·north(북쪽)·speed(속도, 속력)·fast(빠른, 빨리)·slow(느린, 천천히)

01 **leave**
[liːv]
(- left - left)

1. (있던 곳에서 다른 곳으로) 동 **떠나다; (직장 등을) 그만두다**
2. (현재의 상태·위치에) 동 **그대로 두다, 놓아두다, 두고 가다**

1 **그대로 두다, 놓아두다** → (놓아두고) 2 **떠나다**

The last train for London **leaves** at ten o'clock.
런던행 마지막 열차는 10시에 떠난다.

Please **leave** the door open when you go out.
나가실 때 문을 열어 두십시오.

02 **stay**
[stei]

(떠나지 않고 있는 곳에) 동 **머무르다, 그대로 있다; 변함없이 ~이다** 명 **머무름**

I'm going to **stay** home and study tonight.
나는 오늘밤 집에 머무르면서 공부를 할 것이다.

03 **wait**
[weit]

(사람이나 때가 오기를) 동 **기다리다** [for] 명 **기다리기**

She kept me **waiting** for over an hour.
그녀는 나를 한 시간 이상 기다리게 했다.

04 **approach**
[əpróutʃ]

(장소·사람 쪽으로 가까이) 동 **접근하다, 다가가다** 명 **접근 (방법)**

ap(to) + proach(**더 가까이 오다**) → **접근하다**

A tourist **approached** me and asked the way to the museum.
한 관광객이 내게 접근을 해서 박물관으로 가는 길을 물었다.

05 **pass**
[pæs]

1. (어떤 장소나 대상을) 통 **지나가다, 통과하다; (시간이) 지나다**
2. (시험·검사·심사 등에서) 통 **합격하다[시키다]** 명 **합격**
3. (물건을 집어서) 통 **건네주다** 명 **건네주기, 패스**

1 **지나가다, 통과하다** ┌ (시험에 통과하여) 2 **합격하다**
└ (어디를 지나쳐서) 3 **건네주다**

Several empty taxis **passed** me without stopping.
여러 대의 빈 택시가 서지 않고 나를 지나갔다.

He must study hard to **pass** the test.
그는 시험에 합격하려면 열심히 공부해야 한다.

Mom, can you **pass** me the bowl of salad, please?
엄마, 샐러드 그릇 좀 건네주세요.

06 **cross**
[krɔːs]

1. (도로·강·바다 등을) 통 **건너다, 횡단하다**
2. (十, X 등의) 명 **십자형 기호[표], 십자가** 통 **(선·도로 등이) 교차하다**

2 **십자형 기호** → (십자형으로) 1 **건너다, 횡단하다**

Be careful when you **cross** the street.
길을 건널 때 조심하십시오.

The **cross** is the symbol of Christianity.
십자가는 기독교의 상징이다.

07 **lead**
[liːd]
(- led - led)

(앞장서서) 통 **이끌다, 안내[지휘]하다; (경쟁에서) 선두에 서다** 명 **선두, 수위**

leader [líːdər] 명 지도자, 리더; 선두, 선도자
leadership [líːdərʃip] 명 지도[통솔]력

I think he is too old to **lead** the country.
나는 그가 나라를 이끌기에는 너무 나이가 들었다고 생각한다.

08 **follow**
[fálou]

(앞에 가는 것을 뒤에서) 통 **따라가다; (충고·지시 등을) 따르다**

She felt like there was someone **following** her.
그녀는 누군가가 자신을 따라오고 있는 것처럼 느꼈다.

09 **chase**
[tʃeis]

(달아나는 사람·동물을) 동 **뒤쫓다, 추격하다; 추구하다** 명 **추적, 추격; 추구**

The children were playing and **chasing** each other.
아이들은 장난을 치면서 서로의 뒤를 쫓았다.

10 **accompany**
[əkʌmpəni]

(누군가가 가는 곳을) 동 **함께 가다, 동행하다**

ac(**방향**) + company(**함께 있음**) → (어디로) 함께 가다 → **동행하다**

Children under eight should be **accompanied** by a parent.
여덟 살 미만의 어린이들은 부모와 동행해야 한다.

11 **move**
[mu:v]

(자세·위치·장소를 바꾸어) 동 **움직이다, 옮기다, 이동하다**

→ movement [mú:vmənt] 명 움직임, 이동

Let's **move** this table to the living room.
이 테이블을 거실로 옮깁시다.

12 **enter**
[éntər]

(장소의 안으로) 동 **들어가다[오다]; (단체·학교에) 입회[입학]하다**

→ entrance [éntrəns] 명 입구, 출입구; 입장, 등장; 입회, 입학

He **entered** the room quietly, trying not to wake them up.
그는 그들을 깨우지 않으려고 조용히 방으로 들어갔다.

13 **rise**
[raiz]
(- rose – risen)

(위치·높이·수준 등이) 동 **오르다, 올라가다; 증가하다** 명 **오름**

House prices **rose** by 10% last year.
주택 가격이 작년에 10% 올랐다.

14 **climb**
[klaim]

(높은 곳을 손발을 써서) 동 **(기어)오르다, 등반하다; (수량 등이) 증가하다**

His dream is to **climb** Mount Everest one day.
그의 꿈은 언젠가 에베레스트 산을 등반하는 것이다.

[15] **fall**
[fɔːl]
(- fell - fallen)

1. (위에서 아래로) 동 **떨어지다; (바닥에) 넘어지다; (수량 등이) 줄다** 명 **하락**
2. (사계절 중에 세 번째 계절): 명 **가을**

1 **떨어지다** → (낙엽이) 떨어지는 계절 → 2 **가을**

He **fell** off his bike and broke his leg.
그는 자전거에서 떨어져서 다리가 부러졌다.

In the **fall**, leaves change color from green to red or yellow.
가을에는 나뭇잎이 녹색에서 붉은색이나 노란색으로 색이 변한다.

[16] **drop**
[drap]

(물건을) 동 **떨어뜨리다[지다]; (수준 등이) 하락하다[시키다]** 명 **낙하, 하락**

She **dropped** a dish and it broke all over the floor.
그녀는 접시를 떨어뜨려 그것이 온 바닥에 깨졌다.

[17] **roll**
[roul]

1. (둥근 물건이 바닥에서) 동 **구르다, 굴러가다, 굴리다** 명 **구르기, 굴리기**
2. (원통·공 모양으로) 동 **말다, 감다, 둘러싸다** 명 **둥글게 만 것, 두루마리**

원뜻: **작은 바퀴** ┌ (바퀴처럼) 1 **구르다, 굴리다**
└ (바퀴에 무엇을) 2 **말다, 감다**

The ball **rolled** slowly toward third base and stopped.
공이 3루 쪽으로 천천히 굴러가다가 멈추었다.

He **rolled** up his sleeves and washed the dishes.
그는 소매를 걷어 올리고 설거지를 했다.

[18] **shake**
[ʃeik]
(- shook - shaken)

(물체가 잇따라 움직이게) 동 **흔들(리)다; (몸을) 떨(리)다** 명 **흔들기; 떨림**

His mother **shook** him to wake him up.
그의 엄마는 그를 깨우려고 흔들었다.

[19] **far**
[faːr]

(거리·시간적으로 매우 떨어져서): 부 **멀리** 형 **먼, 멀리 떨어진**

Let's take a bus. It's too **far** to walk from here to the post office.
버스를 탑시다. 여기에서 우체국까지 걸어서 가기에는 너무 멀어요.

20 **distance**
[dístəns]

(둘 사이가 서로 떨어져 있는) 명 **거리**

dis(**떨어져**) + sta(**서다**) → (멀리) 떨어져 서 있는 → **먼, 떨어진**

distant [dístənt] 형 먼, (멀리) 떨어져 있는

What's the **distance** between the two cities?
그 두 도시 사이의 거리는 얼마인가요?

21 **nearby**
[nìərbái]

(현재의 위치나 언급된 곳에서) 형 부 **가까운 곳의[에], 인근의[에]**

near(**가까운**) + by(**옆에**) → **인근의**

Could you tell me if there's a post office **nearby**?
가까운 곳에 우체국이 있는지 말씀해 주시겠습니까?

22 **forward**
[fɔ́ːrwərd]

(방향·위치·시간이) 부 **앞으로, 미래로** 형 **앞의, 미래로의**

for(**앞**) + ward(**방향**) → **앞으로**

He leaned **forward** and kissed her forehead.
그는 몸을 앞으로 기울여 그녀의 이마에 입맞춤을 했다.

23 **backward**
[bǽkwərd]

(방향·위치·상태 등이) 부 **뒤로, 거꾸로, 퇴보하여** 형 **뒤의, 퇴보하는**

back(**뒤**) + ward(**방향**) → **뒤로**

He stepped **backward** and fell down the stairs.
그는 뒷걸음질 치다가 계단에서 굴러 떨어졌다.

24 **quick**
[kwik]

(짧은 시간 내에 이루어지는): 형 **빠른, 신속한**

Can you be **quick** please? - I'm in a hurry.
신속하게 해 주시겠어요? 급해서 그래요.

25 **sudden**
[sʌdn]

(뜻밖에 갑자기 일어난): 형 **갑작스러운, 별안간의**

His **sudden** death was a great shock to many people.
그의 갑작스러운 죽음은 많은 사람들에게 엄청난 충격이었다.

26 **gradual**

[grǽdʒuəl]

(조금씩 서서히 진행하는): 형 **점진적인, 차츰 ~하는**

grad(**발걸음**) + ual → (한 걸음씩) 천천히 → **점진적인**

The change was very **gradual** and took a long time.

변화는 매우 점진적이었고 오랜 시간이 걸렸다.

27 **hurry**

[hə́:ri]

(시간이 없어서) 동 **서두르다, 서두르게 하다** 명 **서두름, 급함**

You'll be late for school, if you don't **hurry**.

서두르지 않으면 넌 학교에 늦을 거야.

28 **rush**

[rʌʃ]

(다급한 일이 있어서) 동 **급히 하다[가다, 움직이다]** 명 **급히 움직임**

He **rushed** into the burning house to save his son.

그는 아들을 구하기 위해 불타고 있는 집으로 급하게 들어갔다.

Daily Test

01	pass	15	accompany
02	enter	16	hurry
03	gradual	17	approach
04	follow	18	far
05	quick	19	sudden
06	forward	20	backward
07	rush	21	cross
08	stay	22	wait
09	drop	23	shake
10	leave	24	rise
11	chase	25	nearby
12	lead	26	climb
13	distance	27	roll
14	move	28	fall

Answer Key ▷ 298

Day 32

교통수단·운송

means of transportation

≫ 테마 기본 어휘	drive(운전하다) · bicycle(자전거) · car(자동차) · truck(트럭) · taxi(택시) · bus(버스) · train(기차) · subway(지하철) · ticket(표, 티켓) · engine(엔진) · way(길) · tunnel(터널) · fly(날다, 비행하다) · airplane(비행기) · boat(배, 보트) · swim(수영하다) · bring(가져[데려]오다) · send(보내다, 부치다)

01 **ride**
[raid]
(- rode - ridden)

(자동차 · 버스 등을 승객으로) 동 **타다; (자전거 등을) 타다, (말을) 몰다**

He **rides** the bus to work every day.

그는 매일 버스를 타고 출근한다.

02 **traffic**
[trǽfik]

(어떤 도로를 이용하는 차량들): 명 **교통(량)**

There wasn't much **traffic** on the road.

도로에는 교통량이 많지 않았다.

03 **vehicle**
[víːikl]

(사람 · 짐을 실어 나르는) 명 **차량, 탈것**

veh(**나르다**) + icle → 실어 나르는 것 → **차량, 탈것**

Many **vehicles** were parked in front of the building.

건물 앞에는 많은 차량이 주차되어 있었다.

04 **passenger**
[pǽsəndʒər]

(차 · 배 · 비행기 등을 타는) 명 **승객, 여객**

passeng(**통행**) + er → (탈것으로) 통행하는 사람 → **승객, 여객**

The bus can hold 50 **passengers**.

그 버스는 50명의 승객을 태울 수 있다.

05 **station**

[stéiʃən]

1. (기차 · 버스가 머무르는) 명 **역, 정거장**
2. (경찰서 · 방송국 등의 관청 · 시설) 명 **서, 국, 소**

sta(서다) + tion → (서 있는) 건물 · 시설 → 1 **역** 2 **서, 국, 소**

The train had already left the **station** when we arrived.
우리가 도착했을 때 기차는 이미 역을 떠났다.

As soon as he saw the fire, he called the fire **station**.
그는 화재를 보자마자 소방서로 전화를 했다.

Day 32

06 **wheel**

[hwi:l]

(자동차 등을 굴리는) 명 **바퀴; (자동차의) 핸들**

The front **wheel** of his bike hit a rock.
그의 자전거 앞 바퀴가 바위에 부딪쳤다.

07 **route**

[ru:t]

(한 지점에서 다른 지점까지의) 명 **길, 경로, 노선**

Our office is on a bus **route** and close to a train station.
우리 사무실은 버스 노선 상에 있고 기차역에 가까이 있다.

08 **path**

[pæθ]

(지나다녀서 생긴) 명 **작은[좁은] 길, 오솔길**

He followed the **path** through the forest.
그는 숲 속에 나 있는 오솔길을 따라 갔다.

09 **guide**

[gaid]

(길 · 장소 · 방법 · 내용 등을) 동 **안내[가이드, 지도]하다** 명 **안내자[서], 지침**

We were **guided** around the city by a local person.
우리는 한 지역 사람의 안내를 받아 그 도시를 둘러보았다.

10 **road**

[roud]

(차가 다닐 수 있도록 만든) 명 **도로, 길**

The **road** was so narrow that cars couldn't pass each other.
그 도로는 너무 좁아서 차들이 서로 지나갈 수가 없었다.

11 **street**
[striːt]

(양쪽에 집 · 건물이 늘어선) 명 **거리, 시가**

I saw him walking down the **street**.
나는 그가 거리를 걸어가고 있는 것을 보았다.

12 **bridge**
[bridʒ]

(위로 건너 다니도록 만든) 명 **다리, 교량**

They are planning to build a **bridge** over the river.
그들은 그 강 위에 다리를 건설할 계획이다.

13 **airport**
[ɛ́ərpɔːrt]

(항공기가 뜨고 내리는) 명 **공항**

air(**공중**) + port(**나르다**) → (공중을 통해) 나르는 곳 → **공항**

The plane arrived at the international **airport** in Japan.
그 비행기는 일본에 있는 국제 공항에 도착했다.

14 **ship**
[ʃip]

(규모가 큰) 명 **배, 선박, 함선** 동 **수송[운송]하다**

He has traveled all over the world by **ship**.
그는 배를 타고 전세계 여행을 했다.

15 **port**
[pɔːrt]

(배가 드나들 수 있게 만든) 명 **항구**

Singapore is one of the largest **ports** in the world.
싱가포르는 세계에서 가장 큰 항구 중의 하나이다.

16 **sail**
[seil]

(배가 물위나 바다를) 동 **항해하다** 명 **돛**

I want to buy a boat and **sail** around the world.
나는 배를 사서 세계를 항해하고 싶다.

17 **float**

[flout]

(물 위나 공중에) 동 **뜨다, 띄우다, 떠다니다** 명 **뜨는 것, 부유물**

A dead fish was **floating** in the water.

죽은 물고기 한 마리가 물 위에 떠 있었다.

18 **sink**

[siŋk]

(- sank - sunk)

1. (배가 물 속으로) 동 **가라앉다, 침몰하다; 내려가다, 낮아지다**
2. (씻거나 설거지를 하는) 명 **싱크대; 세면대**

1 **가라앉다** → (더러워진 물이 아래로 가라앉는) 2 **싱크대; 세면대**

The boat broke in two and **sank** within minutes.

배가 두 동강이 나면서 몇 분 내에 침몰했다.

He washed his face and hands in the **sink**.

그는 세면대에서 얼굴과 손을 씻었다.

19 **deliver**

[dilívər]

(편지 · 물품 등을 받을 사람 · 장소에) 동 **배달하다; 넘겨주다**

de(away) + liver(**자유롭게 하다**) → (물품을 자유롭게) 가게 하다 → **배달하다**

delivery [dilívəri] 명 배달, 인도

Your order will be **delivered** within 48 hours.

당신의 주문품은 48시간 내에 배달됩니다.

20 **carry**

[kǽri]

(물건을 한 곳에서 다른 곳으로) 동 **나르다, 운반하다; 지니고 다니다**

He helped her to **carry** her bags up the stairs.

그는 그녀가 가방을 계단 위로 나르는 것을 도와주었다.

21 **baggage**

[bǽgidʒ]

(여행객이 운반하는) 명 **(여행용) 짐, 수하물**

bag(**꾸러미**) + age → (짐) 꾸러미 → **수하물**

I don't have much **baggage** - just two small bags.

나는 수하물이 많지 않습니다. 작은 가방 두 개뿐이에요.

22 **burden**
[bə́ːrdn]

(운반이 힘든) 명 **(무거운) 짐; (정신적인) 짐, 부담** 동 **짐을 지우다**

He carried a heavy **burden** of responsibility.
그는 책임감이라는 무거운 짐을 지고 있었다.

23 **pack**
[pæk]

(물건을 가방 등에 넣어) 동 **(짐을) 꾸리다, 싸다, 포장하다** 명 **꾸러미**

⊖ unpack [ʌnpǽk] 동 짐을 풀다

I'm leaving tomorrow, but I haven't **packed** yet.
나는 내일 떠나는데 아직 짐을 꾸리지 못했다.

24 **load**
[loud]

(사람·동물·차량 등에 많은) 동 **짐을 싣다[지다]** 명 **짐, 화물**

⊖ unload [ʌnlóud] 동 짐을 내리다

They **loaded** the truck with the boxes.
그들은 트럭에 상자를 실었다.

25 **lift**
[lift]

(무엇을 위로) 동 **들다, (들어) 올리다** (= raise)

The box is too heavy for me to **lift** by myself.
그 상자는 내가 혼자 들기에는 너무 무겁다.

26 **raise**
[reiz]

1. (무엇을 위로) 동 **들다, (들어) 올리다** (=lift)
2. (수량·가격·수준 등을) 동 **올리다, 높이다, 인상하다**
3. (아이나 동식물을 보살펴) 동 **기르다, 사육[재배]하다**

1. **올리다** ┌ (수량·가격·수준 등을) 2 **올리다, 인상하다**
└ (사람·동식물의 크기를) 올리다 → 3 **기르다, 사육[재배]하다**

If you have any questions, **raise** your hand.
질문이 있으면 손을 드십시오.

They decided to **raise** the price of gas.
그들은 가스 가격을 올리기로 결정했다.

Raising children is like growing flowers in the garden.
아이를 기르는 것은 정원에 꽃을 기르는 것과 같다.

27 **push**
[puʃ]

(물체가 움직이게 힘을 가하여) 동 **밀다, 떠밀다, 밀치다** 명 **밀기**

You pull and I'll **push** from behind.
당기세요, 나는 뒤에서 밀게요.

28 **press**
[pres]

1. (힘을 가하여 물체의 표면을) 동 **누르다** 명 **누르기**
2. (신문·잡지 등의 뉴스 매체): 명 **언론, 보도 기관**

➡ pressure [préʃər] 명 압력

Press this button to turn on the computer.
컴퓨터를 키려면 이 버튼을 누르십시오.

The report has received little attention in the **press**.
그 보도는 언론의 주목을 거의 받지 못했다.

29 **pull**
[pul]

(힘을 주어 자기 쪽으로) 동 **당기다, 끌다** 명 **당기기**

He tied the rope around the tree and **pulled** it tight.
그는 나무 둘레에 밧줄을 묶고 팽팽하게 잡아당겼다.

Daily Test

01	load	16	carry
02	street	17	route
03	wheel	18	path
04	ship	19	airport
05	baggage	20	lift
06	sail	21	port
07	pull	22	float
08	sink	23	pack
09	bridge	24	raise
10	push	25	station
11	road	26	deliver
12	traffic	27	passenger
13	press	28	ride
14	guide	29	vehicle
15	burden		

Answer Key ▷ 298

PART 3

자연과 환경

과학적 · 체계적인 신개념의 영단어 학습법

개념원리 VOCA

|중|학|필|수|편|

Day 33 시간 I

time I

≫ 테마 기본 어휘	time(시간) · hour(한 시간) · minute(분) · o'clock(~시) · morning(아침) · afternoon(오후) · evening(저녁) · noon(정오) · night(밤) · tonight(오늘 밤) · midnight (자정) · date(날짜) · day(하루, 날, 요일) · today(오늘) · yesterday (어제) · tomorrow(내일) · Monday(월요일) · Tuesday(화요일) · Wednesday(수요일) · Thursday(목요일) · Friday(금요일) · Saturday(토요일) · Sunday(일요일) · week(주, 1주간) · weekend(주말)

01 **sometime**
[sʌmtàim]

(정확히 언제인지는 모르지만) 부 **(미래의) 언젠가, (과거의) 어떤 때에**

some(**어떤**) + time(**때**) → **어떤 때에**

I remember seeing him **sometime** last year.
나는 작년에 언젠가 그를 본 것을 기억한다.

02 **occasion**
[əkéiʒən]

1. (어떤 일 · 현상이 일어나는) 명 **때, 경우**
2. (행사 · 축제 · 축하연 등의) 명 **특별한 일, 중요한 행사**

oc(**아래로**) + cas(**떨어지다**) → (천체가 땅에 떨어진) 1 **때, 경우** → 2 **특별한 일**

occasional [əkéiʒənəl] 형 가끔의, 때때로의

I have visited him on several **occasions**.
나는 그를 여러 차례 방문했다.

I only wear a suit on special **occasions** such as weddings.
나는 결혼식과 같은 특별한 행사 때에만 양복을 입는다.

03 **moment**
[móumənt]

(일이 일어난 정확한 시점): 명 **순간; 잠깐, 잠시**

mo(**움직이다**) + ment → (움직이는 바로 그) **순간; 잠깐**

momentary [móumәntèri] 형 순간적인, 잠깐의

I fell in love with her the **moment** I saw her.
나는 그녀를 보는 순간 그녀에게 사랑에 빠졌다.

04 **period**
[pí:əriəd]

(두 시점 사이의 동안): 명 **기간**

per(**주변**) + iod(**도는**) → (전염병이 주변을 도는) **기간**

We've learned a lot in a very short **period** of time.
우리는 아주 짧은 기간 동안에 많은 것을 배웠다.

05 **term**
[tə:rm]

1. (어느 때까지라고) 명 **(정해진) 기간, 기한, 임기, 학기, 형기**
2. (특정 분야에서 주로 쓰는) 명 **용어**

원뜻: **제한, 한계(limit)** ┌ (제한된) 기간 → 1 **기간, 기한, 임기**
└ (한계를 지어) 정의해 놓은 말 → 2 **용어**

The President of the United States has a **term** of four years.
미국 대통령은 임기가 4년이다.

URL is the **term** for the address of a webpage.
URL은 웹페이지의 주소를 나타내는 용어이다.

06 **during**
[djúəriŋ]

(특정 기간) 전 **~동안 (내내), ~하는 중에**

dur(**지속되다**) + ing → (지속되는) 동안 → **~동안**

I made a lot of new friends **during** my stay in France.
프랑스에 있는 동안 나는 많은 새로운 친구를 사귀었다.

07 **until**
[əntíl]

(동작·상태의 지속됨이 언제) 전 접 **~까지, ~할 때까지**

till [til] 전 접 ~까지 (until의 구어)

They waited inside **until** it stopped raining.
그들은 비가 그칠 때까지 안에서 기다렸다.

08 **temporary**
[témpərèri]

(곧 변하거나 끝나는): 형 **일시적인, 임시의**

tempor(**시간**) + ary → (짧은) 시간의 → **일시적인**

I'm staying at a friend's house, but it's only **temporary**.
나는 친구 집에 머무르고 있지만 임시일 뿐이다.

09 **permanent**

[pə́ːrmənənt]

(오래 또는 영원히 지속되는): 형 영구[영속]적인

per(**계속해서**) + man(**남아 있다**) → (계속해서) 남아 있는 → **영구적인**

permanence [pə́ːrmənəns] 명 영구성, 영속성

The car accident left him with **permanent** brain damage.

그 자동차 사고는 그에게 영구적인 뇌 손상을 남겼다.

10 **forever**

[fərévər]

(시간상 무한히 이어지는): 부 영원히

for(**~동안**) + ever(**항상**) → (끝없는 동안) 항상 → **영원히**

I'll never leave you and I'll love you **forever**.

나는 당신을 절대로 떠나지 않고 영원히 사랑하겠습니다.

11 **present**

[préznt]

1. (지금 이 시간): 명 현재 형 현재의
2. (사람·사물이 어떤 곳에) 형 있는, 존재하는, 출석[참석]한
3. (축하·고마움의 뜻으로 주는) 명 선물

pre(**앞에**) + sent(**있다**)
- (바로 앞에 있는) 시간 → 1 **현재**
- (앞에) 있는 → 2 **존재하는, 출석한**
- (주려고 앞에 놓은) 3 **선물**

You should forget the past and live in the **present**.

당신은 과거는 잊고 현재에 살아야 합니다.

He was **present** at the meeting but did not speak.

그는 회의에는 참석했지만 말은 하지 않았다.

My boyfriend gave me a **present** for my birthday.

내 남자 친구는 내게 생일 선물을 주었다.

12 **nowadays**

[náuədèiz]

(과거의 일과 대비하여) 부 요즈음[오늘날]에는

now(**지금**) + a + days(**날들**) → (지금의) 날들 → **요즈음에는**

Nowadays people don't cook a lot at home.

요즘 사람들은 집에서 요리를 많이 하지 않는다.

13 **modern**

[mάdərn]

(과거나 전통적인 것과 대비하여) 형 **현대[근대]의, 현대적인, 최신의**

mod(**바로 지금**) + ern → (바로 지금) 이 시대의 → **현대의**

Now smartphones are an important part of **modern** life.

이제 스마트폰은 현대 생활의 중요한 부분이다.

14 **recent**

[ríːsnt]

(얼마 지나지 않은) 형 **최근의**

re(**강조**) + cent(**새로운**) → (아주) 새로운 → **최근의**

House prices have increased sharply in **recent** years.

최근 몇 년간 주택 가격이 급격히 올랐다.

15 **past**

[pæst]

(이미 지나간) 명 **과거** 형 **과거의, 지난** 전 **(시간·위치·단계가) ~을 지나서**

pass(**지나다**)의 옛 과거분사형

She never speaks about her **past** or her family.

그녀는 자신의 과거나 가족에 대해서 절대 말하지 않는다.

16 **ancient**

[éinʃənt]

(먼 옛날의): 형 **고대의**

anci(**이전의**) + ent → (역사) 이전의 시대의 → **고대의**

The Olympic Games began in **ancient** Greece almost 2,800 years ago.

올림픽 경기는 거의 2,800년 전에 고대 그리스에서 시작되었다.

17 **history**

[hístəri]

(과거에 일어난 모든 일): 명 **역사(학)**

historic [histɔ́ːrik] 형 역사적으로 중요한

historical [histɔ́ːrikəl] 형 역사적, 역사상의

The Chinese are very proud of their history.

중국 사람들은 자신들의 역사에 대해 대단한 자부심을 갖고 있다.

18 **future**
[fjúːʧər]

(앞으로 올 때): 명 **미래, 장래**

They asked me about my **future** plans.
그들은 내게 나의 미래 계획에 대해 물었다.

19 **soon**
[suːn]

(시간적으로 얼마 되지 않아) 부 **곧, 이내, 빨리, 일찍**

Don't worry, I'll be back **soon**.
걱정 마세요. 곧 돌아올게요.

20 **dawn**
[dɔːn]

(날이 밝을 무렵): 명 **새벽, 동틀 녘**

They start work at **dawn** and work all day.
그들은 새벽에 일을 시작해서 하루 종일 일한다.

21 **century**
[sénʧəri]

(100년의 기간): 명 **백 년(간), 세기**

cent(백) + ury → **백 년(간), 세기**

We are now living in the twenty-first **century**.
우리는 지금 21세기에 살고 있다.

22 **always**
[ɔ́ːlweiz]

(때에 따라 달라짐이 없이) 부 **항상, 언제나, 늘**

all(모든) + ways(길) → all the way(내내) → **언제나**

We **always** go to the movies on Sunday afternoons.
우리는 일요일 오후에는 항상 영화를 보러 간다.

23 **frequent**
[fríːkwənt]

(거듭되는 간격이 매우 짧게) 형 **자주 일어나는, 빈번한**

As time went by, his visits became less **frequent**.
시간이 지나면서 그의 방문은 덜 잦아졌다.

[24] **often**

[ɔ́:fən]

(반복되는 횟수가 많은): 부 **자주, 흔히**

My husband **often** goes abroad on business.

내 남편은 자주 외국에 출장을 간다.

[25] **sometimes**

[sʌmtàimz]

(항상 있거나 자주 있지 않고) 부 **때때로, 가끔**

some(**몇몇의**) + time(**때**) → (몇몇의) 때에 → **때때로**

He **sometimes** has to work late at night.

그는 가끔씩 밤 늦게까지 일을 해야 한다.

[26] **repeat**

[ripí:t]

(같은 일·말·행동 등을) 동 **반복하다, 되풀이하다** 명 **반복**

re(**다시**) + peat(**시도하다**) → (다시) 시도하다 → **반복하다**

repetition [rèpətíʃən] 명 반복

I didn't hear what you said. Could you **repeat** it?

말씀을 못 들었어요. 다시 말씀해 주시겠습니까?

Daily Test

01	nowadays	14	moment
02	sometimes	15	ancient
03	always	16	frequent
04	during	17	period
05	past	18	present
06	dawn	19	occasion
07	until	20	century
08	future	21	soon
09	often	22	modern
10	permanent	23	forever
11	repeat	24	term
12	temporary	25	sometime
13	recent	26	history

Answer Key ▷ 298

Day 34 시간 II

time II

≫ 테마 기본 어휘	month(달, 월, 1개월) · January(1월) · February(2월) · March(3월) · April(4월) · May(5월) · June(6월) · July(7월) · August(8월) · September(9월) · October(10월) · November(11월) · December(`월) · year(해, 연, 1년) · season(계절) · spring(봄) · summer(여름) · autumn(가을) · fall(가을) · winter(겨울) · calendar(달력) · now (지금) · new(새로운) · old(오래된, 늙은) · again(다시) · before(전에) · after(후에) · first(첫 번째의) · second(두 번째의) · third(세 번째의) · last(마지막의) · end (끝, 끝나다)

01 **regular**
[régjulər]

(일정하게 되풀이되는): 형 **규칙적인, 정기적인**

regula(**규칙**) + r → (규칙을) 따르는 → **규칙적인**

⊖ irregular [irégjulər] 형 불규칙적인

Regular exercise is good for your health.

규칙적인 운동은 건강에 좋다.

02 **previous**
[príːviəs]

(지금 말하고 있는 것보다) 형 **이전의, 앞의**

pre(**앞에**) + vi(**길**) → (앞선 길에) 있었거나 일어난 → **이전의, 앞의**

She has no **previous** experience of computers.

그녀는 컴퓨터를 다루어 본 이전 경험이 없다.

03 **former**
[fɔ́ːrmər]

(달라진 현재와 대비하여) 형 **(바뀌기) 이전의, 예전의**

form(**첫 번째**) + er(**비교급**) → 더 이전(첫 번째)의 → **전의, 이전의**

Former President Bush made a surprise visit to the White House.

부쉬 전 대통령이 백악관을 깜짝 방문했다.

[04] **ago**
[əgóu]

(지금부터 얼마의 시간) 부 ~전에

He left here just a few minutes **ago**.
그는 이곳을 단지 몇 분 전에 떠났다.

[05] **already**
[ɔːlrédi]

(어떤 시점보다 앞서) 부 **이미, 벌써**

all(**모든**) + ready(**준비된**) → (모든 것이) 준비된 → **이미, 벌써**

The train had **already** left when we got there.
우리가 그곳에 도착했을 때 기차는 이미 떠났다.

[06] **afterward**
[ǽftərwərd]

(언급한 일이 있고 난) 부 **그 후에, 나중에** (= afterwards)

after(**이후**) + ward(**방향**) → (이후의) 방향으로 → **그 후에, 나중에**

An ambulance arrived shortly **afterward**.
바로 직후에 앰뷸런스가 도착했다.

[07] **since**
[sins]

1. (완료형 동사 구문에서) 접 전 부 **~부터[이후] (죽, 내내)**
2. (어떤 일의 가벼운 이유): 접 **~ 때문에**

Andrew has changed a lot **since** I last saw him.
앤드류는 내가 지난번 본 후로 많이 변했다.

Since it's your first day, I'd like you to meet everybody.
오늘은 첫 날이시니까 제가 모든 분들을 소개시켜 드릴게요.

[08] **immediate**
[imíːdiət]

(지체 없이 바로): 형 **즉시의, 즉각적인**

im(not) + medi(**중간**) → (중간이 없이) **즉시의**

We must take **immediate** action to solve the problem.
우리는 그 문제를 해결하기 위한 즉각적인 조치를 취해야 한다.

Day 34

09 **instant**

[ínstənt]

(거의 동시일 정도로) 형 **즉각적인; (식품이) 인스턴트의** 명 **아주 짧은 동안**

외래어: 즉석에서 간단히 조리해 먹는 **인스턴트 식품**(instant food) 연상

The book was an **instant** success when it was first published.

그 책은 처음 출간되었을 때 즉각 성공을 거두었다.

10 **next**

[nekst]

1. (순서나 시간상) 형 **다음의** 부 **다음에[으로]**

2. (~ to) (공간적으로) 형 **~의 바로 옆에**

He's excited about his birthday party **next** week.

그는 다음주에 있을 그의 생일 파티에 흥분해 있다.

I usually talk to the person sitting **next** to me on the train.

나는 대개 기차에서 내 옆에 앉은 사람과 이야기를 나눈다.

11 **early**

[ə́:rli]

(보통·예정·예상보다) 형 **이른, 빠른** 부 **일찍, 빨리**

I like to get up **early** in the morning.

나는 아침 일찍 일어나는 것을 좋아한다.

12 **late**

[leit]

(보통·예정·예상보다) 형 **늦은** 부 **늦게**

He's always **late** for school in the morning.

그는 항상 아침에 학교에 지각을 한다.

13 **delay**

[diléi]

(사정상, 또는 일부러 일을 뒤로) 동 **미루다, 연기하다, 지연시키다** 명 **연기; 지연**

de(**떨어져**) + lay(**놓아두다**) → (뒤로) 떨어뜨려 놓아두다 → **미루다**

The plane was **delayed** for five hours because of bad weather.

비행기가 나쁜 날씨로 인해 다섯 시간 지체되었다.

14 **begin**

[bigín]

(- began - begun)

(일·행동의 첫 부분을) 동 **시작하다[되다]** (= start)

→ beginning [bigíniŋ] 명 시작, 처음, 초기

Come on, everyone, let's **begin** the meeting.

자, 여러분 회의를 시작합시다.

15 **start**

[sta:rt]

(일·행동의 첫 부분을) 동 **시작하다[되다]** (= begin) 명 **시작, 처음**

Normally I **start** work at 9 am and finish at 6 pm.

나는 보통 오전 9시 일을 시작해서 오후 6시에 끝낸다.

16 **original**

[ərídʒənl]

1. (달라지기 전의 맨 처음) 형 **원래[본래]의** 명 **원본, 원래의 것**
2. (전에 없던 새로운 것인): 형 **독창적인**

orig(**떠오르다**) + inal → (없던 것이) 떠오른 → 1 **원래의** 2 **독창적인**

→ origin [ɔ́:rədʒin] 명 기원, 근원

I can't tell the difference between the **original** painting and the copy.

나는 원화와 복제품 사이의 차이를 구분하지 못하겠습니다.

Her writings are full of **original** ideas.

그녀의 글은 독창적인 생각으로 가득하다.

17 **source**

[sɔ:rs]

(무엇이 나오거나 생기난) 명 **근원, 원천; (정보 등의) 출처**

sourc(**갑자기 생겨나다**) + e → 갑자기 생겨나는 곳 → **원천, 근원**

We are looking for new **sources** of energy.

우리는 새로운 에너지원을 찾고 있다.

18 **finish**

[fíniʃ]

(일을 완전히 마무리하고) 동 **끝내다, 끝나다, 마치다**

fin(**끝**) + ish → **끝내다, 끝나다**

I can't go out because I haven't **finished** my work yet.

나는 아직 일을 끝내지 못해서 밖에 나갈 수가 없다.

Day 34

19 **final**
[fáinl]

(일·상황의 전개 과정상) 형 마지막의, 최후의, 최종적인 명 결승전; 기말 시험

fin(끝) + al → 끝의 → **마지막의, 최종적인**

Take your time before you make a **final** decision.
최종 결정을 하기 전에 시간을 가지십시오.

20 **pause**
[pɔːz]

(하던 것을 다시 하기 전에) 동 잠시 멈추다 명 잠시 멈춤

He **paused** and thought for a moment before he answered.
그는 대답을 하기 전에 잠시 멈추고 생각을 했다.

21 **hesitate**
[hézətèit]

(확신이 서지 않거나 긴장하여) 동 망설이다, 주저하다

hes(꽉 붙잡다) + it → (뒤에서) 꽉 붙잡다 → **망설이다**

hesitation [hèzətéiʃən] 명 망설임, 주저

Don't **hesitate** to call us if you need anything.
필요한 것이 있으면 주저 말고 우리에게 전화하십시오.

22 **quit**
[kwit]
(- quit - quit)

1. (나쁜 행동, 싫은 일을 완전히) 동 그만두다[하다]
2. (직장·학교 등을 완전히) 동 그만두다, 떠나다

He followed the doctor's advice and **quit** smoking.
그는 의사의 조언을 따라 담배를 끊었다.

He has decided to **quit** his job and start his own business.
그는 직장을 그만두고 자신의 사업을 시작하기로 결정했다.

23 **cancel**
[kǽnsəl]

(하기로 예정·계획·결정된 일을) 동 취소하다

cancellation [kænsəléiʃən] 명 취소

Last night's game was **canceled** because of rain.
어젯밤 경기는 비 때문에 취소되었다.

24 continue

[kəntínjuː]

(끊이지 않고, 또는 끊어졌다가 다시) 동 계속되다[하다]

con(**함께**) + tin(**붙잡다**) → (서로 붙잡고) 이어져 있다 → **계속되다**

If the rain **continues**, we'll have to cancel the game.

비가 계속되면 우리는 경기를 취소해야 합니다.

25 remain

[riméin]

1. (본래나 이전의 상태로) 동 여전히[변함없이] ~이다, (여전히) 남다
2. (있는 곳을 떠나지 않고) 동 머무르다, 그대로 있다

re(**뒤에**) + main(**남아 있다**) → (뒤에) 남아 있다 → 1 **머무르다** 2 **여전히 ~이다**

This old village has **remained** unchanged for a long period of time.

이 옛 마을은 오랜 세월 변하지 않은 채 그대로이다.

They left, but he **remained** behind.

그들은 떠났지만 그는 여전히 뒤에 남았다.

Day 34

Daily Test

01	hesitate	14	cancel
02	next	15	late
03	since	16	regular
04	start	17	immediate
05	continue	18	delay
06	already	19	pause
07	original	20	afterward
08	former	21	ago
09	instant	22	quit
10	finish	23	final
11	early	24	begin
12	source	25	previous
13	remain		

Answer Key ▷ 298

Day 35

자연환경·동식물 I

nature, animals & plants I

≫ 테마 기본 어휘	world(세계)·city(도시)·town((소)도시)·Asia(아시아)·Africa(아프리카)·Europe(유럽)·mountain(산)·river(강)·sky(하늘)·star(별)·sun(해, 태양)·moon(달)·hot(뜨거운, 더운)·cold(추운, 차가운)·cool(시원한)·rain(비)·snow(눈)·ice(얼음)·egg(알; 달걀, 계란)·animal(동물, 짐승)·bird(새)·fish(물고기, 어류, 생선)·tree(나무)·flower(꽃)

01 **nature**
[néitʃər]

1. (산·바다·비·동식물 등의) 명 **자연**
2. (본래부터 가진 근본 성질): 명 **본질, 본성**

1 **자연** → (자연 상태 그대로의) 2 **본질, 본성**

natural [nǽtʃərəl] 형 자연의, 자연스러운; 선천적인

He lives in the country and enjoys **nature**.
그녀는 시골에 살면서 자연을 즐긴다.

He's a cheerful and warm person by **nature**.
그는 천성적으로 유쾌하고 따뜻한 사람이다.

02 **environment**
[inváiərənmənt]

(영향을 미치는 주변의 조건·상황): 명 **환경**

environ(**둘러싸다**) + ment → (무엇을) 둘러싸고 있는 것 → **환경**

environmental [invàiərənméntl] 형 환경의

We have a responsibility to protect the **environment**.
우리는 환경을 보호할 책임이 있다.

03 **global**
[glóubəl]

(대상의 범위나 미치는 영향이) 형 **세계적인, 지구 전체의**

globe(**구체, 지구**) + al → **지구 전체의**

We now live in a **global** information society.
우리는 지금 지구촌 정보 사회에 살고 있다.

[04] **map**
[mæp]

(산·강·도로 등을 줄여서 나타낸 그림): 명 **지도, 약도**

In his office, there is a **map** of the world on the wall.
그의 사무실에는 벽에 세계 지도가 있다.

[05] **downtown**
[dauntáun]

(상업 지구나 번화가가 있는) 부 **도심지에[로]** 형 **도심지의** 명 **도심지**

down(**아래**) + town(**도시**) → (도시의 아랫부분인) **도심지에[로]**

The hotel is near the **downtown** area.
그 호텔은 시내 가까이에 있다.

Day 35

[06] **capital**
[kǽpətl]

1. (한 나라의 중앙 정부가 있는) 명 **수도**
2. (A, B 등과 같이 큰 체로 된) 명 **대문자** 형 **대문자의**
3. (사업의 밑천으로 투자한 돈): 명 **자본(금)** 형 **자본의**

capit(**머리, 으뜸**) + al
- (한 나라의) 으뜸 도시 → 1 **수도**
- (문장의) 앞머리 글자 → 2 **대문자**
- 사업의 으뜸(기본)이 되는 돈 → 3 **자본(금)**

Washington D.C. is the **capital** of the United States.
워싱턴 DC는 미국의 수도이다.

Every sentence begins with a **capital** letter.
모든 문장은 대문자로 시작한다.

The government has tried to attract foreign **capital**.
정부는 외국 자본을 끌어들이려고 노력해 왔다.

[07] **park**
[pa:rk]

1. (휴식·놀이 등을 위한 녹지 공간): 명 **공원**
2. (자동차를) 동 **주차하다**

parking [pá:rkiŋ] 명 주차

It's a beautiful day, let's go for a walk in the **park**.
오늘 날씨가 화창하군요. 공원에 산책하러 갑시다.

He **parked** his car in front of the shop.
그는 차를 상점 앞에 주차했다.

08 **countryside**
[kʌntrisaid]

(자연·풍경 등에 대해 말할 때의) 명 시골

country(시골) + side(방면) → 시골

A lot of tourists come here to see this beautiful **countryside**.
많은 관광객들이 이 아름다운 시골을 보기 위해 이곳에 온다.

09 **village**
[vílidʒ]

(시골의 몇몇 집이 모여 사는) 명 마을, 촌락

vill(시골집) + age → (시골집이) 모여 있는 곳 → 마을

He lives in a small **village** in the mountains.
그는 산 속의 한 작은 마을에 산다.

10 **land**
[lænd]

1. (바다와 대비하여) 명 육지, 뭍; 땅, 토지
2. (비행기·새 등이 땅 위에) 동 내려앉다, 착륙하다[시키다]

1 땅 → (땅에) 2 내려앉다

Only 29 percent of the Earth's surface is **land**.
지구 표면의 29%만이 육지이다.

The plane **landed** smoothly at the airport.
비행기가 공항에 부드럽게 착륙했다.

11 **ground**
[graund]

(땅의 거죽 부분): 명 땅(바닥), 지면; (평평한) 장소, ~장, 운동장

They sat down on the **ground** under a tree.
그들은 나무 아래 땅바닥에 앉았다.

12 **underground**
형 [ʌndərgraund]
부 [ʌndərgráund]

(땅 속의): 형 지하의 부 지하에서

under(아래의) + ground(땅) → (땅) 아래의 → 지하의

The new train station was **underground**.
새 기차역은 지하에 있다.

13 **earthquake**
[ə́:rθkweik]

(땅이 흔들리거나 갈라지는) 명 **지진**

earth(**땅**) + quake(**마구 흔들리다**) → (땅이 마구 흔들리는) **지진**

The **earthquake** destroyed most of the buildings.
지진은 건물들의 대부분을 파괴했다.

14 **continent**
[kántənənt]

(넓고 큰 면적의 육지): 명 **대륙**

con(**함께**) + tin(**붙잡다**) → (여러 개의 땅이 함께 붙잡고 이어지는) **대륙**

Asia is the largest **continent** in the world.
아시아는 세계에서 가장 큰 대륙이다.

15 **soil**
[sɔil]

(지구의 표면을 덮고 있는) 명 **흙, 토양**

This plant does not grow well in dry **soil**.
이 식물은 메마른 토양에서는 잘 자라지 않는다.

16 **sand**
[sænd]

(잘게 부스러진 돌 알갱이): 명 **모래**

Some kids were building a **sand** castle on the beach.
몇몇 아이들이 해변에서 모래성을 쌓고 있었다.

17 **stone**
[stoun]

(땅 위의 작고 단단한 광물질): 명 **돌**

The building was made of **stone** and built in 2013.
그 건물은 돌로 지어졌고 2013년에 건축되었다.

18 **rock**
[rak]

(땅을 구성하는 크고 단단한 광물질): 명 **바위, 암석**

The boat hit a **rock** and got a hole in it.
배가 바위에 부딪쳐 그 안에 구멍이 생겼다.

19 **cave**

[keiv]

(땅·바위 속으로 패어 들어간) 명 **굴, 동굴**

Thousands of years ago, people used to live in **caves**.

수천 년 전에 사람들은 동굴에서 살았다.

20 **dig**

[dig]

(- dug - dug)

(도구·손 등으로 땅에) 동 **(구멍을) 파다, (묻힌 것을) 파내다**

They **dug** a deep hole and planted the tree there.

그들은 깊은 구멍을 파고 그곳에 나무를 심었다.

21 **bury**

[béri]

(땅이나 흙 속에) 동 **묻다, 매장하다**

He dug a hole in the ground and **buried** the money.

그는 땅에 구멍을 파고 돈을 묻었다.

22 **volcano**

[valkéinou]

(땅속의 가스·용암이 터져 나오는) 명 **화산**

원뜻: **불의 신**(god of fire) → (불을 내뿜는) **화산**

Earthquakes are signs that a **volcano** may erupt.

지진은 화산이 폭발하지도 모른다는 징후이다.

23 **hill**

[hil]

(땅이 주변보다 조금 높고 경사가 진) 명 **언덕, 낮은 산**

The hotel is on a **hill** above the lake.

그 호텔은 호수 위의 언덕 위에 있다.

24 **valley**

[vǽli]

(두 산 사이에 깊이 패어 들어간) 명 **계곡, 골짜기**

The road runs along a **valley** between two mountains.

그 도로는 두 산 사이의 계곡을 따라 나 있다.

25 **stream**
[stri:m]

(강보다 작은 자그마한) 명 개울, 시내; 흐름 동 흐르다

A small **stream** flows along the valley to the south.
작은 개울이 계곡을 따라 남쪽으로 흐른다.

26 **lake**
[leik]

(넓고 깊은 땅에 물이 괴어 있는) 명 호수

He swam over to the other side of the **lake**.
그는 수영을 해서 호수의 반대편으로 건너갔다.

27 **pond**
[pand]

(호수보다 작은 자연 또는 인공의) 명 연못

We have a small **pond** in the garden.
우리는 정원에 작은 연못을 갖고 있다.

28 **forest**
[fɔ́:rist]

(나무가 우거진 큰) 명 숲, 삼림

Huge areas of **forest** are being destroyed every year.
엄청난 면적의 숲이 매년 파괴되고 있다.

Daily Test

01	valley	15	dig
02	ground	16	park
03	capital	17	countryside
04	continent	18	earthquake
05	bury	19	stream
06	sand	20	soil
07	rock	21	stone
08	underground	22	hill
09	pond	23	lake
10	land	24	downtown
11	environment	25	cave
12	forest	26	map
13	village	27	nature
14	volcano	28	global

Answer Key ▷ 298

Day 36

자연환경·동식물 II

nature, animals & plants II

01 **desert**
[dézərt]

(모래·자갈로 뒤덮인) 명 **사막**

원뜻: **버리다(abandon)** → (버려진) 땅 → **사막**

More than 95% of Saudi Arabia is **desert**.
사우디 아라비아의 95% 이상은 사막이다.

02 **ocean**
[óuʃən]

(지구상에 물이 차 있는 공간): 명 **바다** (= sea)

One summer day, we went swimming in the **ocean**.
어느 여름 날, 우리는 바다에 수영을 하러 갔다.

03 **sea**
[siː]

(지구상에 물이 차 있는 공간): 명 **바다** (= ocean)

He ran into the **sea** and started swimming.
그는 바다 속으로 뛰어들어 수영을 하기 시작했다.

04 **wave**
[weiv]

1. (바다의 수면 위에 이는) 명 **파도**
2. (인사하거나 주의를 끌려고) 동 **손을 흔들다, 흔들어 신호하다** 명 **흔들기**

1 **파도** → (파도가 일렁이듯) 2 **손을 흔들다**

Large **waves** were breaking on the rocks.
커다란 파도가 바위에 부딪쳐 부서지고 있었다.

He **waved** at her but she didn't seem to notice.
그는 그녀에게 손을 흔들었지만 그녀는 알아차리지 못한 것처럼 보였다.

05 **shore**
[ʃɔːr]

(바다·강·호수의 가장자리와 접한 땅): 명 **물가, 기슭**

She sat on the **shore** and looked at the ocean.
그녀는 해변에 앉아 바다를 바라보았다.

06 **coast**

[koust]

(바다와 육지가 만나는 곳): 명 **해안**

The island lies about 15 miles off the **coast** of Florida.

그 섬은 플로리다 해안에서 15마일 떨어진 곳에 있다.

07 **beach**

[biːʧ]

(모래·자갈로 덮인 물가): 명 **해변, 바닷가, 호숫가**

A young couple was walking along the **beach**.

한 젊은 연인이 해변을 따라 걷고 있었다.

08 **horizon**

[həráizn]

(땅·바다가 하늘과 맞닿아 보이는) 명 **지평[수평]선**

horiz(**경계**) + on → (땅·바다와 하늘이 경계를 이루는) **지평[수평]선**

The sun rose above the **horizon** in the morning.

아침에 태양이 지평선 위로 떠올랐다.

09 **island**

[áilənd]

(둘레가 물로 둘러싸인) 명 **섬**

is(**물의**) + land(**땅**) → (물에 둘러싸인) 땅 → **섬**

We went to a beautiful **island** by boat.

우리는 배를 타고 한 아름다운 섬에 갔다.

10 **universe**

[júːnəvə̀ːrs]

(세상 모든 것이 들어있는 끝없는) 명 **우주**

uni(**하나**) + verse(**되다**) → (모든 것이 하나로) 되는 것 → **우주**

Nobody knows how the **universe** began.

아무도 우주가 어떻게 시작되었는지 모른다.

11 **planet**

[plǽnit]

(태양이나 중심 별의 둘레를 도는) 명 **행성**

plan(**떠돌아다니다**) + et → (떠돌아다니는) 별 → **행성**

Many people believe that life exists on other **planets**.

많은 사람들은 생명체가 다른 행성에도 존재한다고 믿는다.

Day 36

[12] **satellite**
[sǽtəlàit]

(행성의 둘레를 도는) 명 **위성; 인공위성**

원뜻: **수행원**(attendant) → (수행하듯 행성 주위를 도는) **(인공) 위성**

The Moon is a **satellite** of Earth, the planet we live on.
달은 우리가 사는 행성인 지구의 위성이다.

[13] **solar**
[sóulər]

(태양이나 태양 에너지와 관련된): 형 **태양의, 태양 열을 이용한**

sol(**태양**) + ar → **태양의**

The **solar** system has eight planets including Earth.
태양계에는 지구를 포함하여 8개의 행성이 있다.

[14] **lunar**
[lú:nər]

(달과 관련된): 형 **달의**

luna(**달**) + ar → **달의**

Apollo 11 landed on the **lunar** surface in 1969.
아폴로 11호는 1969년에 달 표면에 착륙했다.

[15] **earth**
[ə:rθ]

1. (인류가 살고 있는 땅덩어리): 명 **지구**
2. (바다·하늘·공중에 대하여) 명 **땅, 육지, 지상**
3. (지구의 표면을 덮고 있는) 명 **흙, 토양**

1 **지구** → (지구 위의) 2 **땅** → (땅을 구성하는) 3 **흙**

The **Earth** goes around the Sun once a day.
지구는 태양 주위를 하루에 한 번 돈다.

Suddenly, the **earth** began to shake under their feet.
갑자기 그들의 발 아래에서 땅이 흔들리기 시작했다.

He put some **earth** into the pot and planted flowers.
그는 화분에 흙을 넣고 꽃을 심었다.

[16] **weather**
[wéðər]

(기온·기압·바람·구름·비 등의) 명 **날씨, 일기**

I love warm weather and I don't like cold **weather**.
나는 따뜻한 날씨를 좋아하고 추운 날씨는 좋아하지 않는다.

17 **climate**
[kláimit]

(어느 지역의 평균적인 날씨): 명 기후

The region has a hot **climate** almost throughout the year.
그 지역은 거의 일년 내내 더운 기후이다.

18 **atmosphere**
[ǽtməsfìər]

1. (지구를 둘러싸고 있는 기체): 명 **대기, 공기**
2. (어떤 대상 주변에서 느껴지는) 명 **분위기**

atmos(증기) + sphere(지구) ┌ (지구를 둘러싼) 증기 → 1 **대기**
└ (주변을 둘러싼) 2 **분위기**

The greenhouse gas pollutes the **atmosphere**.
온실 가스는 대기를 오염시킨다.

The **atmosphere** in our office is very friendly.
우리 사무실의 분위기는 매우 친밀하다.

19 **cloud**
[klaud]

(공중에 떠 있는) 명 구름

cloudy [kláudi] 형 흐린

The weather was clear without a cloud in the sky.
날씨가 하늘에 구름 한 점 없이 맑았다.

20 **fog**
[fɔːg]

(앞이 잘 안 보일 정도의 짙은) 명 안개

foggy [fɔ́ːgi] 형 안개 낀

The accident happened because of thick **fog**.
그 사고는 짙은 안개 때문에 일어났다.

21 **temperature**
[témpərəʧər]

(덥고 찬 정도): 명 온도, 기온, 체온

temper(적절히 섞다) + ate → (찬 것과 더운 것이) 적절히 섞인 정도 → **온도**

The **temperature** often falls below zero in the winter.
겨울에는 기온이 자주 영도 이하로 떨어진다.

22 **warm**
[wɔːrm]

(기분 좋을 만큼 알맞게 더운): 형 **따뜻한** 동 **따뜻해지다, 따뜻하게 하다**

warmth [wɔːrmθ] 명 온기, 따뜻함

I was so **warm** and comfortable in bed I didn't want to get up.
나는 침대 안이 너무 따뜻하고 편안해서 일어나고 싶지 않았다.

23 **heat**
[hiːt]

(뜨거운 에너지): 명 **열, 열기, 더위; 불, 난방** 동 **뜨거워지다, 뜨겁게 하다**

Cook the sauce over a high **heat** for five minutes.
소스를 높은 불에 5분간 조리하십시오.

24 **shower**
[ʃáuər]

1. (갑자기 세차게 쏟아지는) 명 **소나기**
2. (뿜어 내리는 물로 몸을 씻는) 명 **샤워(기)** 동 **샤워를 하다**

1 **소나기** → (소나기 같은 뿜는 물에 몸을 씻는) 2 **샤워**

He was caught in a **shower** and returned home wet.
그는 소나기를 만나 젖은 채 집으로 돌아왔다.

He got out of bed and took a **shower**.
그는 잠자리에서 일어나 샤워를 했다.

25 **rainbow**
[réinbòu]

(비가 그친 뒤 나타나는 일곱 빛깔의 줄): 명 **무지개**

rain(**비**) + bow(**활**) → (비가 그친 뒤 나타나는) 활 모양의 줄 → **무지개**

The **rainbow** has seven colors - red, orange, yellow, green, blue, indigo and violet.
무지개는 빨, 주, 노, 초, 파, 남, 보의 일곱 가지 색으로 되어 있다.

26 **umbrella**
[ʌmbrélə]

(비를 가리는 데 쓰는) 명 **우산**

umbr(**그늘**) + ella → (그늘을) 만들어 주는 것 → **우산**

Take an **umbrella** with you. It might rain.
우산을 갖고 가세요. 비가 올지 모릅니다.

27 **flood**
[flʌd]

(많은 비로 크게 불어난 물): 명 홍수 동 범람하다[시키다]

This area becomes **flooded** whenever it rains heavily.
이 지역은 비가 심하게 올 때마다 홍수가 난다.

28 **freeze**
[fri:z]
(- froze - frozen)

(액체가 고체로) 동 얼다, 얼리다

This winter is the first season the river has **frozen** since 2002.
올 겨울은 2002년 이후 강이 언 첫 번째 계절이다.

29 **melt**
[melt]

(고체가 액체로) 동 녹다, 녹이다

The sun came out and the snow was beginning to **melt**.
해가 나오고 눈이 녹기 시작했다.

Day 36

Daily Test

01	shore	16	universe
02	melt	17	flood
03	satellite	18	wave
04	umbrella	19	cloud
05	horizon	20	rainbow
06	shower	21	heat
07	warm	22	coast
08	freeze	23	sea
09	ocean	24	atmosphere
10	weather	25	solar
11	desert	26	temperature
12	island	27	lunar
13	beach	28	climate
14	fog	29	earth
15	planet		

Answer Key ▷ 299

Day 37 자연환경·동식물 III

nature, animals & plants III

01 **wind**
1. [wind]
2. [waind]
(- wound – wound)

1. (공기의 움직임): 명 **바람**
2. (무엇의 둘레를 실·끈 등으로) 동 **감다; (도로·강 등이) 구불구불하다**

→ windy [wíndi] 형 바람이 세게 부는

A strong **wind** was blowing from the west.
서쪽에서 강한 바람이 불어왔다.

He **wound** a scarf around his neck.
그는 목 둘레에 스카프를 감았다.

02 **blow**
[blou]
(- blew - blown)

1. (바람이) 동 **불다**
2. (입 밖으로) 동 **입김을 불다[내뿜다]** 명 **불기**

1 **바람이 불다** → (입 밖으로) 바람을 내뿜다 → 2 **입김을 불다**

A strong cold wind **blew** from the ocean.
강하고 찬 바람이 바다에서 불어왔다.

He picked up his cup and **blew** on his coffee to cool it.
그는 컵을 들고 커피를 식히려고 입김을 후후 불었다.

03 **storm**
[stɔːrm]

(사나운 비바람이 몰아치는) 명 **폭풍(우)**

A **storm** hit the area and destroyed a lot of houses.
폭풍우가 그 지역을 강타해서 많은 집을 파괴했다.

04 **thunder**
[θʌndər]

(하늘에서 요란하게 울리는 소리): 명 **천둥**

There was a huge storm with **thunder** and lightning last night.
어젯밤 천둥과 번개를 동반한 엄청난 폭풍우가 있었다.

05 **lightning**
[láitniŋ]

(하늘에서 번쩍이는 빛): 명 **번개**

lighten(**환하게 하다**) + ing → (하늘을) 환하게 비추는 빛 → **번개**

The house was struck by **lightning** and badly damaged.
그 집은 번개를 맞아 심하게 손상되었다.

06 **wildlife**
[wáildlaif]

(자연에서 저절로 자라는) 명 **야생 생물**

wild(**야생의**) + life(**생물**) → **야생 생물**

Many kinds of **wildlife** live in the forest.
많은 종류의 야생 생물이 그 숲 속에 산다.

07 **tail**
[teil]

(동물의 뒤쪽에 길게 달린) 명 **꼬리**

Monkeys usually have long **tails**.
원숭이들은 대개 긴 꼬리를 가지고 있다.

08 **wing**
[wiŋ]

(새·비행기 등이 날 때 쓰는) 명 **날개**

The eagle spread its **wings** and flew away.
새는 날개를 펴고 날아갔다.

09 **pet**
[pet]

(집에서 기르는) 명 **애완동물**

Dogs or other **pets** are not allowed in the building.
개는 다른 애완동물은 그 건물에 들어오는 것이 허용되지 않는다.

10 **dinosaur**
[dáinəsɔ̀:r]

(멸종한 거대한 파충류): 명 **공룡**

dino(**무서운**) + saur(**도마뱀**) → (무서운) 도마뱀 → **공룡**

Dinosaurs disappeared from earth millions of years ago.
공룡은 수백만 년 전에 지구에서 사라졌다.

11 insect
[ínsekt]

(개미·나비·벌 등과 같은) 명 **곤충**

in(안) + sect(자르다) → (안으로 잘려진 듯한 마디로 이루어진) **곤충**

Flies, bees and butterflies are all **insects**.
파리와 벌, 나비는 모두 곤충이다.

12 nest
[nest]

(새나 곤충의 집): 명 **둥지, 보금자리**

The bird flew back to the **nest** and sat there.
새는 둥지로 날아 돌아가서 그곳에 앉았다.

13 cage
[keidʒ]

(동물을 가두는) 명 **우리, 새장**

I hate to see animals in **cages**.
나는 우리에 갇힌 동물들을 보는 것이 싫다.

14 zoo
[zuː]

(온갖 동물을 모아 놓은) 명 **동물원**

We went to the **zoo** and saw all kinds of animals.
우리는 동물원에 가서 온갖 종류의 동물을 보았다.

15 hunt
[hʌnt]

(야생 짐승을 잡으려고) 동 **사냥하다** 명 **사냥**

hunter [hʌntər] 명 사냥꾼

Most animals sleep in the day and **hunt** at night.
대부분의 동물들은 낮에는 자고 밤에 사냥을 한다.

16 plant
[plænt]

1. (풀·꽃·나무와 같은) 명 **식물** 동 **(식물, 씨앗을) 심다**
2. (대규모의 설비·기계를 갖춘) 명 **(제조) 공장, 생산 설비**

1 **심다** → (심어 놓은) 기계·설비·건물 → 2 **(제조) 공장, 생산 설비**

The **plant** has a beautiful bright yellow flower.
그 식물은 아름다운 밝은 노란색 꽃이 핀다.

The **plant** produces 500 cars a day.
그 공장은 하루에 500대의 자동차를 생산한다.

17 **vase**
[veis]

(꽃을 꽂는) 명 **꽃병**

Her mom put a **vase** of flowers in her room.
그녀의 엄마는 그녀의 방에 꽃을 꽂은 꽃병을 놓아 주었다.

18 **grass**
[græs]

(줄기가 연하고 키가 작은 식물): 명 **풀, 풀밭**

A group of children were playing on the **grass**.
한 무리의 아이들이 풀밭에서 놀고 있었다.

19 **weed**
[wiːd]

(농작물에 해가 되는) 명 **잡초**

He went into the garden and pulled up **weeds**.
그는 정원으로 가서 잡초를 뽑았다.

20 **seed**
[siːd]

(열매 속의) 명 **씨, 씨앗, 종자**

This small **seed** will grow into a tall tree.
이 작은 씨앗은 큰 나무로 자란다.

21 **leaf**
[liːf]

(줄기·가지에 붙은 녹색의) 명 **(나뭇)잎**

The **leaves** on trees change color in the fall.
나뭇잎은 가을에 색깔을 바꾼다.

22 **branch**
[bræntʃ]

1. (나무의 원줄기에서 뻗어나간) 명 **나뭇가지**
2. (본사나 본부 아래의) 명 **지사, 지부**

1 **나뭇가지** → (본사·본부에서 나뭇가지처럼 뻗어나간) **지사, 지부**

He shook the **branches** so that the fruit fell down.
그는 과일이 떨어지도록 나뭇가지를 흔들었다.

The bank has over 500 **branches** all over the world.
그 은행은 전세계에 500개가 넘는 지사를 가지고 있다.

Day 37

23 **root**
[ru:t]

(땅속으로 뻗어있는) 명 **(식물의) 뿌리; 근원, 기원, 뿌리**

Many large trees were pulled up by the **roots**.
많은 큰 나무들이 뿌리째 뽑혔다.

24 **pick**
[pik]

1. (붙어 있는 열매·꽃·잎 등을) 동 **따다, 뜯다, 꺾다**
2. (여럿 중에서 어떤 것을) 동 **고르다, 뽑다**

원뜻: **부리로 쪼다(peck)**
- (부리로 쪼듯) 1 **꽃을 따다**
- (부리로 쪼아 하나를) 2 **고르다, 뽑다**

He **picked** a flower and gave it to me.
그는 꽃을 따서 내게 주었다.

The magician asked her to **pick** a card from a group of cards.
마술사는 그녀에게 여러 장의 카드 중에 카드 한 장을 고르라고 부탁했다.

25 **farm**
[fa:rm]

(작물 재배, 가축 사육 시설을 갖춘) 명 **농장**

farmer [fά:rmər] 명 농부, 농장주

They live on a small **farm** with cows and pigs.
그들은 소, 돼지가 있는 작은 농장에서 산다.

26 **field**
[fi:ld]

1. (풀·작물로 덮여 펼쳐진) 명 **들(판), 논밭; (스포츠) 경기장**
2. (활동·연구·관심의 대상이 되는) 명 **분야**

1 **들판** → (특정 용도의) 들판 → 2 **분야**

Some farmers were working in the **fields**.
몇몇 농부들이 들판에서 일을 하고 있었다.

He's an excellent scientist, one of the best in his **field**.
그는 자신의 분야에서 최고 중의 한 사람인 뛰어난 과학자이다.

27 **crop**
[krap]

(곡식·채소·과일 등의) 명 **(농)작물**

The main crops in the area are rice and **corn**.
그 지역의 주요 작물은 쌀과 옥수수이다.

28 **harvest**
[hάːrvist]

(익은 농작물을 거두어들이는 것): 명 **수확[추수](기)** 동 **수확하다**

원뜻: **가을(autumn)** → (농작물을) 수확하는 계절 → **수확[추수](기)**

The **harvest** was late this year because of the cold weather.
올해는 수확이 추운 날씨 때문에 늦었다.

29 **greenhouse**
[gríːnhàus]

(식물 재배용 구조물): 명 **온실**

green**(녹색의)** + house**(집)** → (녹색을) 유지시켜 주는 집 → **온실**

The **greenhouse** was filled with tulips and lilies.
그 온실은 튤립과 라일락으로 가득했다.

Day 37

Daily Test

01	seed	16	wind
02	dinosaur	17	field
03	crop	18	farm
04	tail	19	wing
05	hunt	20	cage
06	root	21	weed
07	lightning	22	wildlife
08	storm	23	thunder
09	pet	24	leaf
10	vase	25	grass
11	insect	26	zoo
12	plant	27	harvest
13	pick	28	blow
14	branch	29	greenhouse
15	nest		

Answer Key ▷ 299

Day 38

물질·에너지

matter & energy

≫ 테마 기본 어휘	thing(것, 사물, 물건) · water(물) · gas(기체, 가스) · air(공기) · gold(금) · silver(은) · diamond(다이아몬드) · plastic(플라스틱) · bar(막대기) · energy(에너지) · power(힘, 동력; 권력) · plug(전기 플러그) · light(빛) · lamp(램프, 등) · fire(불)

01 **object**
[ɑ́bdʒikt]

명 [ɑ́bdʒikt]
동 [əbdʒékt]

1. (일정한 형체를 가진) 명 **물체, 물건**
2. (의도하고 있거나 바라는 결과): 명 **목적, 목표**
3. (옳지 않은 것에 대해) 동 **반대하다, 이의를 제기하다** [to]

ob(**대항**) + ject(**던지다**)
- (앞에 던져져) 맞대하고 있는 대상 → 1 **물체**
- (던져서 맞추고자 하는) 2 **목표, 목표**
- (대항하여) 던지다 → 3 **반대하다**

It is important to learn how to lift heavy **objects** safely.
무거운 물건을 안전하게 드는 방법을 배우는 것은 중요하다.

The **object** of this game is to score as many goals as possible.
이 게임의 목적은 가능한 많은 골을 득점하는 것이다.

Many people **object** to building a factory in this area.
많은 사람들은 이 지역에 공장을 짓는 것을 반대한다.

02 **material**
[mətíəriəl]

1. (물건을 만드는 데 들어가는) 명 **재료, 소재; (옷의) 감[천]**
2. (정신적인 것에 대비하여) 형 **물질의, 물질적인**

mater(**물질**) + ial → 2 **물질의** → (바탕이 되는) 물질 → 1 **재료**

Wood and stone are the oldest building **materials**.
나무와 돌은 가장 오래된 건축 자재이다.

True love is more valuable than any **material** wealth.
진정한 사랑은 어떤 물질적인 부유함보다 더 소중하다.

03 **item**
[áitəm]

(가짓수가 여럿인 품목 · 세트 중) 명 (하나의) 물품, 항목, (낱낱의) 사항

Carefully check each **item** on the list.
리스트에 있는 각각의 물품을 주의 깊게 점검하십시오.

04 **liquid**
[líkwid]

(일정한 부피는 있으나 일정한 모양이 없는) 명 액체

liqu(**유동적이다**) + id → (일정한 모양이 없이) 유동적인 것 → **액체**

Get a lot of rest and drink plenty of **liquids**.
많은 휴식을 취하고 물 종류를 많이 마시십시오.

05 **boil**
[bɔil]

(액체가 뜨거워져) 동 끓다, 끓이다; (끓는 물에) 삶다 명 비등(점), 삶기

Cover the pot and heat the water until it **boils**.
냄비를 덮고 물이 끓을 때까지 데우십시오.

06 **flow**
[flou]

(액체 · 기체 · 전류 등이) 동 흐르다 명 흐름

The river **flows** into the lake from the north.
그 강은 북쪽에서 호수로 흐른다.

07 **pour**
[pɔːr]

(그릇을 기울여 액체 등을) 동 붓다, 따르다; (비가) 퍼붓다

She **poured** some wine into a glass.
그녀는 와인을 잔에 따랐다.

08 **spill**
[spil]

(용기에 담긴 액체를 실수로) 동 엎지르다, 엎질러지다 명 엎지름

Oh, my god! I've **spilled** coffee all over my new suit.
이런, 맙소사! 내 새 양복에 온통 커피를 엎질렀구먼.

09 **wet**
[wet]

(물기가 배어들어) 형 젖은

Take an umbrella with you, or you may get **wet**.
우산을 가져가세요. 그렇지 않으면 비에 젖을지 모릅니다.

10 **dry**
[drai]

(물기가 없이) 형 마른, 건조한; 비가 오지 않는 동 마르다, 말리다

Take off your wet clothes and **dry** them over the fire.
젖은 옷을 벗어서 불 위에 말리세요.

11 **metal**
[métl]

(철·구리·금 등의 쇠붙이): 명 금속

Metal, paper and glass can be recycled and used again.
금속과 종이, 유리는 재활용되어 다시 사용될 수 있다.

12 **iron**
[áiərn]

1. (은백색의 금속): 명 철, 쇠
2. (옷·천의 구김을 펴는) 명 다리미 동 다리미질을 하다

1 **철, 쇠** → (구김을 펴는) 철 → 2 **다리미**

All the windows have **iron** bars across them.
모든 창문에는 그것들을 가로지르는 쇠창살이 있다.

He himself washes and **irons** his shirts once a week.
그는 자신이 직접 일주일에 한 번 셔츠를 빨래하고 다림질한다.

13 **wood**
[wud]

1. (건축·가구·연료의 재료로 쓰이는) 명 나무, 재목
2. (forest(숲)보다 규모가 작은) 명 숲

1 **나무** → (나무들이 우거진) 2 **숲**

These houses are made of **wood**.
이 집들은 목재로 지어졌다.

He went for a walk in the **woods** alone after breakfast.
아침 식사 후 그는 혼자 숲 속에 산책하러 갔다.

[14] **stick**
[stik]
(- stuck - stuck)

1. (가늘고 기다란 모양의) 명 나무토막, 나뭇가지, 막대기, 채
2. (풀 등의 끈끈한 물질로) 동 붙이다, 붙다
3. (뾰족한 끝으로) 동 찌르다, 찔리다, 꽂다, 꽂히다

1 **막대기** → (막대기로) 2 **찌르다, 꽂다** → (꽂아서) 3 **붙이다**

They collected dry **sticks** to start a fire.
그들은 불을 피울 마른 나뭇가지들을 주워 모았다.

Don't forget to **stick** a stamp on the envelope.
봉투에 우표 붙이는 것을 잊지 마십시오.

It hurt when the nurse **stuck** a needle in my left arm.
간호사가 주사 바늘을 내 왼팔에 찔렀을 때 아팠다.

[15] **board**
[bɔːrd]

(나무를 판판하고 넓게 켠) 명 널빤지, 판자, ~판[대]; 게시판

The exam results were put up on the **board**.
시험 결과가 게시판에 붙여졌다.

[16] **glass**
[glæs]

1. (병이나 창유리 등의 소재): 명 유리
2. (찬 음료를 따라 마시는) 명 유리잔, 글라스
3. (-s) (눈에 쓰는 기구): 명 안경

1. **유리** ┌ (유리로 만든) 잔 → 2. **유리잔**
└ (두 개의 유리[렌즈]가 끼워진) 3. **안경**

He cut himself on a piece of broken **glass**.
그는 유리 조각에 베었다.

I'm terribly thirsty. Can I have a **glass** of water please?
나는 몹시 목이 마릅니다. 물 한 잔 마실 수 있을까요?

I can't see very well without my **glasses**.
나는 안경 없이는 잘 보지를 못한다.

[17] **candle**
[kǽndl]

(불을 밝히는 데 쓰는) 명 양초

She blew out the **candles** on her birthday cake.
그녀는 생일 케이크 위의 촛불을 불어서 껐다.

18 **shine**

[ʃain]

(- shone|shined - shone|shined)

(물체가 빛을 발하여) 동 **빛나다, 반짝이다; (빛을 보내) 비추다**

The sun was **shining** and the sky was blue.

태양은 빛나고 하늘은 푸르렀다.

19 **bright**

[brait]

1. (빛이나 색깔이) 형 **밝은, 선명한; (표정 등이) 밝은**

2. (특히 아이나 젊은 사람이) 형 **영리한, 똑똑한**

1 **밝은** → (머리가) 밝은 → 2 **영리한**

The weather was **bright** and beautiful all day.

날씨가 하루 종일 밝고 아름다웠다.

She is the **brightest** student in the class.

그녀는 반에서 가장 똑똑한 학생이다.

20 **dark**

[da:rk]

(밝지 않고) 형 **어두운, 캄캄한; 암울한** 명 **어둠**

The room was so **dark** that he couldn't see anything.

방이 너무 어두워서 그는 아무것도 볼 수 없었다.

21 **shadow**

[ʃǽdou]

(빛을 가려서 생긴 검은) 명 **그림자**

shade(그늘)의 변형 → **그림자**

The children played the game of stepping on each other's **shadows**.

아이들은 서로의 그림자 밟기 게임을 했다.

22 **burn**

[bəːrn]

(물건·연료 등이 불에) 동 **타다, 태우다; 화상을 입다[입히다]** 명 **화상**

Within minutes the building was **burning** out of control.

몇 분 내에 건물은 수습이 불가능하게 타고 있었다.

[23] **smoke**

[smouk]

(불에 탈 때 생기는) 명 연기 동 연기를 뿜다; 담배를 피우다

After a moment, **smoke** began to fill the room.

잠시 후 연기가 방을 채우기 시작했다.

[24] **electricity**

[ilektrísəti]

(빛·열·동력을 일으키는) 명 전기, 전력

electr(**호박**) + ic → (호박을) 문지르면 정전기가 발생하는 데서 유래 → **전기**

electrical [iléktrikəl] 형 전기의

electric [iléktrik] 형 (대개 명사 앞에서) 전기의

The washing machine uses a lot of **electricity**.

그 세탁기는 많은 전기를 소모한다.

[25] **force**

[fɔːrs]

1. (물체가 움직이거나 부딪칠 때의) 명 힘

2. (강압·위협·폭력으로 남을) 동 억지로 ~시키다 명 물리력, 폭력

1 **힘** → (힘을 써서) 2 **억지로 ~시키다**

The player kicked the ball with full **force**.

그 선수는 온 힘을 다해 공을 찼다.

You can't **force** children to study if they don't want to.

원하지 않는데 아이들을 억지로 공부하게 할 수는 없다.

Day 38

Daily Test

01 electricity
02 metal
03 flow
04 stick
05 shadow
06 glass
07 shine
08 iron
09 dry
10 material
11 wet
12 burn
13 dark
14 pour
15 spill
16 wood
17 force
18 board
19 candle
20 smoke
21 boil
22 bright
23 liquid
24 object
25 item

Answer Key ▷ 299

Day 39

사물의 모양, 특성 I

shape & characteristic I

≫ 테마 기본 어휘	point(작은 점, 소수점) · line(선, 줄) · design(디자인) · form(폼, 형상)

01 **pretty** [príti]

1. (특별히 뛰어나진 않지만 꽤) 형 **예쁜, 귀여운**
2. (보통 이상으로) 부 **꽤, 상당히, 어느 정도**

pret(**거짓말**) + ty ┌ (거짓말같이) 1 **예쁜, 귀여운**
└ (거짓말같이 보통 이상으로) 2 **꽤, 상당히**

Oh, you look so **pretty** in that dress!
와, 그 드레스를 입으니 당신은 너무나 예뻐 보입니다.

My knowledge of Spanish is **pretty** basic.
나의 스페인어 실력은 상당히 기초적인 수준이다.

02 **cute** [kjuːt]

(어린 사람이나 작은 물건이) 형 **예쁜, 귀여운**

This baby is always smiling. Isn't he a **cute** little baby?
이 아기는 항상 미소를 지어. 귀여운 어린 아기 아니니?

03 **handsome** [hǽnsəm]

(남자가 매력적으로) 형 **잘생긴, 미남의**

hand(**손**) + some → (손으로) 다루기 쉬운 → <의미 변화> → **잘생긴**

He looks very **handsome** in his black suit.
그는 검은 양복을 입으면 매우 잘생겨 보인다.

04 **attractive** [ətrǽktiv]

(사람의 마음을 끄는): 형 **매력적인**

at(to) + tract(**끌다**) → (마음을) 끄는 → **매력적인**

She is an **attractive** woman with long blonde hair.
그녀는 긴 금발 머리의 매력적인 여자이다.

05 **ugly**
[ʌgli]

(외모나 생김새가) 형 **못생긴, 추한**

ug(**무서워하다**) + ly → (무서울 정도로) **못생긴**

They made fun of me because I'm **ugly**.
그들은 못생겼다고 나를 놀렸다.

06 **shape**
[ʃeip]

(사물이 생긴) 명 **모양, 형태**

His birthday cake was in the **shape** of a piano.
그의 생일 케이크는 피아노 모양이었다.

07 **appearance**
[əpíərəns]

(겉으로 드러나 보이는) 명 **외모, 외관**

appear(**~처럼 보이다**) + ance → (겉으로) 보이는 모습 → **외모, 외관**

appear [əpíər] 동 나타나다; ~처럼 보이다

She takes great pride in her **appearance**.
그녀는 자신의 외모에 대해 대단한 자부심을 갖고 있다.

08 **outline**
[áutlain]

(사물의 대강의 모습 · 내용): 명 **윤곽, 개요** 동 **윤곽을 보여주다, 개요를 말하다**

out(**밖**) + line(**선**) → (사물의) 바깥쪽의 선 → **윤곽**

He took a pencil and drew the **outline** of the building.
그는 연필을 잡고 건물의 윤곽을 그렸다.

09 **row**
[rou]

1. (옆으로 죽 벌여 늘어선) 명 **열, 줄**
2. (노로) 동 **배를 젓다, 저어 가다** 명 **노 젓기**

Our seats were in the very front **row** of the plane.
우리의 좌석은 비행기 맨 앞 줄에 있었다.

They **rowed** across the lake in a small boat.
그들은 작은 배로 노를 저어 호수를 가로질러 건너 갔다.

Day 39

[10] **dot**
[dat]

(작고 둥글게 찍은) 명 점 동 점을 찍다, 점선을 긋다

Now fold the paper along the **dotted** line.
이제 점선을 따라 종이를 접으세요.

[11] **square**
[skwɛər]

1. (정확히 바른 네모꼴): 명 정사각형 형 정사각형의
2. (건물로 둘러싸인 넓은 빈터): 명 광장

1 **정사각형** → (주로 정사각형 모양의) 2 **광장**

A **square** has four equal sides.
정사각형은 4개의 동일한 변을 가지고 있다.

There were a lot of people in the **square**.
광장에는 많은 사람들이 있었다.

[12] **block**
[blak]

1. (돌 · 나무 · 금속 등의) 명 사각형 덩어리, 블록; (사각형의) 구획[건물 단지]
2. (길 · 통로 등을 가로막아) 동 막다, 차단하다 명 장애[방해](물)

This pyramid is made up of more than two million stone **blocks**.
이 피라미드는 2백만 개 이상의 돌덩어리로 이루어져 있다.

All roads into the city were **blocked** by the snow.
도시로 들어가는 모든 도로들이 눈으로 인해 막혔다.

[13] **triangle**
[tráiæŋgl]

(세 개의 직선으로 둘러싸인) 명 삼각형

tri(셋) + angle(각) → (세 개의 각을) 가진 도형 → **삼각형**

Every **triangle** has three sides and three angles.
모든 삼각형은 3개의 변과 3개의 각을 가지고 있다.

[14] **circle**
[sə́ːrkl]

(둥근 모양): 명 원, 원형, 동그라미

The children sat in a **circle**, facing each other.
그 아이들은 서로를 마주보며 둥그렇게 모여 앉았다.

15 **round**
[raund]

(모양이 원·공과 같이) 형 **둥근, 원형[구형]의** 부 **둥글게** 전 **~을 돌아**

There is a big **round** table in the middle of the room.
방의 가운데에는 커다란 둥근 테이블이 있다.

16 **angle**
[ǽŋgl]

(벌어진 곳, 또는 벌어진 정도): 명 **각, 각도**

A square has four right **angles**.
정사각형에는 4개의 직각이 있다.

17 **surface**
[sə́:rfis]

(사물의 겉으로 드러난 면): 명 **표면**

sur(**위에**) + face(**얼굴**) → (얼굴의) 윗면 → **표면**

Around 70% of the Earth's **surface** is covered with water.
지구 표면의 약 70%는 물로 덮여 있다.

18 **sign**
[sain]

1. (무엇을 의미·상징하는) 명 **기호, 표지(판), 간판, 조짐**
2. (문서·편지에 이름을 써넣어) 동 **서명하다**

Take the first road on the right and then follow the **signs**.
오른쪽 첫 번째 도로를 탄 후에 표지판을 따라가십시오.

He picked up a pen and **signed** his name on the document.
그는 펜을 집어 들고 서류에 서명을 했다.

19 **mark**
[ma:rk]

1. (무엇을 상징하여 나타낸) 명 **표시, 기호, 도안, 상표** 동 **표시하다**
2. (물건 표면의 보기 흉한) 명 **자국, 얼룩, 흠집**

I've **marked** the pages you need to read.
나는 당신이 읽어야 할 페이지에 표시를 했다.

The children left dirty **marks** all over the carpet.
아이들이 온 카펫에 더러운 얼룩을 남겼다.

Day 39

20 **signal**

[síɡnəl]

(의사 전달을 위한 몸짓·소리 등의) 명 **신호** 동 **신호하다**

sign(**기호**) + al → (몸짓·소리로 하는) **신호**

Don't anyone touch it until I give the **signal**.

내가 신호를 할 때까지 아무도 그것을 만지지 마십시오.

21 **flag**

[flæɡ]

(천에 그림·기호 등을 그려 넣은) 명 **기, 깃발**

The Korean **flag** was flying in front of the building.

건물 앞에는 대한민국 국기가 휘날리고 있었다.

22 **straight**

[streit]

(굽거나 휘지 않고) 형 **곧은, 똑바른** 부 **똑바로, 일직선으로**

원뜻: stretch(**뻗다**)의 변형 → 쭉 뻗은 → **곧은, 똑바른**

Go **straight** and turn left at the post office.

똑바로 가다가 우체국에서 좌회전 하십시오.

23 **direct**

[dirékt]

1. (중간에 아무것도 없이) 형 **직접의, 직행[직통]의** 부 **직접으로, 곧장**
2. (책임자가 무엇을 하라고) 동 **지시[명령, 지휘]하다**

di(**떨어져**) + rect(**똑바로 가다**) ┌ (떨어진 곳으로) 똑바로 가는 → 1 **직접의**
+ rect(**안내하다**) └ (안내하듯) 2 **지시[지휘]하다**

direction [dirékʃən] 명 (-s) 지시, 명령; (-s) 길 안내; 방향

⊖ indirect [ìndərékt] 형 곧지 않은, 우회하는; 간접적인

Is there a **direct** bus to London?

뉴욕으로 가는 직행 버스가 있습니까?

The teacher **directed** the students to open their textbooks to page 73.

선생님은 학생들에게 교과서 73 페이지를 펴라고 지시했다.

24 **flat**

[flæt]

(바닥이 높낮이의 차이 없이) 형 **평평한, 고른; 납작한** 부 **평평하게**

In the old days, people believed the earth was **flat**.

옛날에는 사람들이 지구가 평평하다고 믿었다.

[25] **bend**

[bend]

(- bent - bent)

(한쪽으로 휘어지게) 동 **구부리다, 구부러지다, 굽히다, 굽혀지다**

She dropped her pen, so she **bent** down to pick it up.

그녀는 펜을 떨어뜨려서 그것을 집으려고 몸을 구부렸다.

[26] **curve**

[kəːrv]

(부드럽게 굽은) 명 **곡선, 만곡(부), 커브** 동 **만곡하다[시키다]**

Many accidents happened at the sharp **curve** in the road.

많은 사고가 도로의 급커브에서 발생했다.

[27] **lean**

[liːn]

(- leaned|leant - leaned|leant)

1. (똑바로 서 있지 않고) 동 **기울다, 기울이다**
2. (다른 것에 비스듬히) 동 **기대다, 의지하다, 기대어 놓다**

1 **기울다** → (비스듬히 기울여서) 2 **기대다**

The tower is **leaning** a little more each year.

그 탑은 매년 조금씩 더 기울어지고 있다.

He stood **leaning** against the wall.

그는 벽에 기대어 서 있었다.

Day 39

Daily Test

01	flag	15	block
02	dot	16	pretty
03	appearance	17	lean
04	round	18	curve
05	flat	19	outline
06	ugly	20	triangle
07	angle	21	signal
08	handsome	22	shape
09	row	23	attractive
10	sign	24	straight
11	square	25	mark
12	surface	26	circle
13	bend	27	cute
14	direct		

Answer Key ▷ 299

Day 40

사물의 모양, 특성 II

shape & characteristic II

≫ 테마 기본 어휘	color(색) · white(흰색) · black(검은색) · blue(파란색) · yellow(노란색) · red(빨간색) · green(녹색) · gray(회색) · brown(갈색) · pink(분홍색)

01 **soft**
[sɔ:ft]

(딱딱 · 뻣뻣하거나 거칠지 않고) 형 부드러운, 연한, 매끄러운

Her skin was **soft** and her eyes were blue.
그녀의 피부는 부드러웠고 그녀의 눈은 파랬다.

02 **smooth**
[smu:ð]

(표면이 거친 데가 없이) 형 매끄러운, 반질반질한; 순조로운

This cream makes your skin look **smooth**.
이 크림은 당신의 피부를 매끄럽게 보이게 만든다.

03 **rough**
[rʌf]

(겉면이 부드럽지 않고) 형 거친, 거칠거칠한

His hands were **rough** from his farm work.
그의 손은 농장 일을 하느라 거칠었다.

04 **steep**
[sti:p]

(기울어진 정도가 매우) 형 가파른, 비탈진, 급격한

This hill is very **steep**, so be careful you don't fall.
이 언덕은 매우 가파르니 떨어지지 않도록 조심하십시오.

05 **sharp**
[ʃa:rp]

(물건의 끝이나 날이) 형 날카로운, 예리한

The knife is very **sharp**, use it carefully.
그 칼은 매우 날카롭습니다. 조심해서 사용하세요.

06 dull
[dʌl]

1. (날카롭지 않고) 형 (칼날 등이) 무딘; (머리가) 둔한;
2. (단조롭고 무미건조해서) 형 지루한, 재미없는

1 **무딘** → (무뎌서) 2 **지루한**

Einstein's teachers regarded him as a **dull** student.
아인슈타인의 선생님들은 그를 둔한 학생이라고 여겼다.

It was a very **dull** evening. Nothing really happened.
그때는 매우 지루한 저녁이었다. 정말 아무 일도 일어나지 않았다.

07 hard
[haːrd]

1. (쉽게 부서지지 않고) 형 단단한, 굳은 부 단단히, 굳게
2. (일에 정성을 다하여) 부 열심히, 애써서 형 열심히 하는
3. (이해·해결·처리가) 형 어려운, 힘든; (일·형편이) 힘든 부 힘들게
4. (강한 힘으로) 형 세게[힘껏] 하는 부 세게, 힘껏

Diamonds are the **hardest** material on earth.
다이아몬드는 지구상에서 가장 단단한 물체이다.

You won't pass your exam if you don't work **hard**.
열심히 공부하지 않으면 시험에 합격하지 못할 것이다.

It is **hard** to believe that he did not know it.
그가 그것을 몰랐다는 것을 믿기가 어렵다.

He kicked the ball as **hard** as he could.
그는 있는 힘껏 공을 찼다.

Day 40

08 character
[kǽriktər]

1. (다른 것과 구분 짓게 하는 고유한) 명 성격, 기질, 특징, 특질
2. (말의 기호 체계): 명 문자
3. (연극·영화·소설 등의) 명 등장인물

charac(**새기다**) + ter
- (사람·사물에 고유하게) 새겨진 것 → 1 **성격, 특징**
- (새겨진) 기호 → 2 **문자**
- (고유한 성격을 가진) 3 **등장인물**

He has a strong **character** and great wisdom.
그는 강한 기질과 대단한 지혜를 갖고 있다.

Every Chinese **character** has its own meaning.
모든 중국 문자는 그 자체의 고유한 의미를 가지고 있다.

In the movie, the main **character** is a scientist.
그 영화에서, 주인공은 과학자이다.

09 **feature**
[fíːʧər]

(다른 부분에 비해 눈에 띄는) 명 **특징, 특색** 동 **(~의) 특징을 이루다**

feat(**만들다**) + ure → (눈에 띄게) 만들어진 것 → **특징, 특색**

The new software has several new **features**.
새로운 소프트웨어는 여러 가지의 새로운 특징을 가지고 있다.

10 **quality**
[kwάləti]

(사람·사물의 근본 성질): 명 **질, 자질, 품질, 특질**

qual(**어떤 종류의**) + ity → (어떤 종류의) 성질인가? → **질, 품질**

The restaurant uses only the highest **quality** ingredients.
그 레스토랑은 최고급 품질의 재료만을 사용한다.

11 **typical**
[típikəl]

(어떤 종류의 특징을 가장 잘 나타내는): 형 **전형적인, 대표적인**

type(**종류**) + ic → (어떤 종류의) 특징을 잘 나타나는 → **전형적인**

This painting is a **typical** example of his early work.
이 그림은 그의 초기 작품의 전형적인 예이다.

12 **condition**
[kəndíʃən]

1. (상태의 좋고 나쁨의 관점에서의) 명 **상태; (건강) 상태**
2. (-s) (영향을 미치는 주변의) 명 **상황, 환경, 조건**

1 **상태** → (주변의) 상태 → 2 **상황, 환경, 조건**

Although the car was six years old, it was in excellent **condition**.
그 차는 6년된 차임에도 불구하고 상태가 아주 좋았다.

Workers complained about unsafe working **conditions**.
노동자들은 안전하지 못한 근무 조건에 대해 항의했다.

13 **standard**
[stǽndərd]

(따라야 할 본보기가 되는) 명 **기준, 표준, 규범** 형 **일반적인, 보통의**

stand(**서다**) + ard(**단단한**) → (본보기로) 단단히 서 있는 것 → **기준, 표준**

The device doesn't meet safety **standards**.
그 장치는 안전 기준에 맞지 않는다.

14 **pleasant**
[plézənt]

(무엇이 만족감·즐거움·기쁨을 주는): 형 유쾌한, 기분이 좋은

please(**기쁘게 하다**) + ant → (기쁨을) 주는 → **유쾌한, 기분이 좋은**

⊖ unpleasant [ʌnplézənt] 형 불쾌한, 싫은

Drinking a cup of hot coffee is one of the most **pleasant** things in life.
따뜻한 커피 한 잔을 마시는 것은 인생의 가장 기분 좋은 일 중의 하나이다.

15 **excellent**
[éksələnt]

(다른 것보다 훨씬) 형 뛰어난, 우수한, 탁월한

ex(**밖으로**) + cel(**높이 솟아오르다**) → (밖으로) 높이 솟아오른 → **뛰어난**

She is an **excellent** singer and pianist.
그녀는 뛰어난 가수이고 피아니스트이다.

16 **amazing**
[əméiziŋ]

(감탄스러울 만큼) 형 놀라운

a(**강조**) + maze(**미로**) → (미로 속에서 당황할 때처럼) **놀라운**

amaze [əméiz] 통 몹시 놀라게 하다

It's **amazing** that he's still alive.
그가 여전히 살아 있다는 것은 놀라운 일이다.

17 **grand**
[grænd]

(규모나 모양이 크고 화려한): 형 웅장한, 으리으리한

The palace was very **grand** and beautiful.
그 궁전은 매우 웅장하고 아름다웠다.

18 **terrible**
[térəbl]

(나쁜 정도나 불쾌감·심각성 등이) 형 심한, 지독한, 끔찍한

terr(**두려워하게 하다**) + ible → (두려울 정도로) **심한, 지독한, 끔찍한**

When I got up the next day, I had a **terrible** headache.
다음날 일어났을 때 나는 심한 두통이 있었다.

19 **serious**
[síəriəs]

(상태가 매우 나쁘거나 위험한): 형 심각한, 중대한; (태도가) 진지한

The problem is becoming **serious** day by day.
그 문제는 나날이 심각해지고 있다.

20 **severe**
[sivíər]

1. (나쁜 일의 상태·정도가) 형 (극도로) 심각한, 격심한
2. (기준·원칙에 가혹할 정도로) 형 엄한, 엄격한, 모진, 가혹한

se(**없이**) + vere(**친절**) → (친절함이 없이) 1 **가혹한** 2 **격심한**

He had **severe** injuries to his arms.
그는 팔에 심한 상해를 입었다.

There are **severe** penalties for not obeying the rules.
규칙을 준수하지 않는 것에 대해서는 엄한 처벌이 있다.

21 **perfect**
[pə́ːrfikt]

(흠잡을 데 없이) 형 완벽한

per(**완전하게**) + fect(**하다**) → (완전하게) 하는 → **완벽한**

No one is **perfect**; everyone makes mistakes.
아무도 완벽하지 않다. 모든 사람은 다 실수를 한다.

22 **ideal**
[aidíːəl]

(가장 완전한 상태): 명 이상, 이상적인 것[사람] 형 이상적인

idea(**생각**) + al → (생각 속에서만) 존재하는 것 → **이상적인 것**

In an **ideal** world there would be no war, only peace.
이상적인 세상에서는 전쟁이 없고 오직 평화만이 있을 것이다.

23 **advantage**
[ædvǽntidʒ]

(남들에 비해 상대적으로) 명 유리한 점, 이점, 강점

adv(**~보다**) + ant(**앞**) → (남들보다) 앞서는 것 → **유리한 점, 이점**

advantageous [ædvəntéidʒəs] 형 유리한, 이로운
⊖ disadvantage [dìsədvǽntidʒ] 명 불리

It has two **advantages** over the others.
그것은 다른 것들에 비해 두 가지 이점이 있다.

24 **benefit**
[bénəfit]

(어떤 대상으로부터 얻는) 명 **혜택, 이익** 동 **이익을 얻다[주다]**

bene(**이로운**) + fit(**하다**) → (이롭게) 해 주는 것 → **이익, 혜택**

The Internet has brought many **benefits** to our lives.
인터넷은 우리 생활에 많은 혜택을 가져다 주었다.

25 **improve**
[imprú:v]

(이전보다 더 좋게) 동 **개선하다[되다]**

im(**만들다**) + prove(**이득**) → (이득이 되게) 만들다 → **개선하다**

improvement [imprú:vmənt] 명 개선

We are going to do our best to **improve** our services.
우리는 서비스를 개선하기 위해 최선을 다할 것이다.

26 **mild**
[maild]

(강하거나 자극적이거나 거칠지 않고) 형 **유순한, 가벼운, 부드러운, 온화한**

We are having a **mild** winter with little snow.
우리는 눈이 거의 없는 온화한 겨울을 보내고 있다.

Day 40

Daily Test

01	perfect	14	advantage
02	quality	15	condition
03	hard	16	soft
04	excellent	17	mild
05	benefit	18	character
06	sharp	19	standard
07	amazing	20	severe
08	rough	21	dull
09	feature	22	steep
10	terrible	23	ideal
11	typical	24	serious
12	grand	25	pleasant
13	improve	26	smooth

Answer Key ▷ 299

Day 41 사물의 모양, 특성 III

shape & characteristic III

≫ 테마 기본 어휘	beautiful(아름다운) · good(좋은, 훌륭한) · nice(좋은, 멋진) · well(잘, 훌륭하게) · fine(좋은, 괜찮은, 훌륭한) · great(훌륭한, 위대한) · bad(나쁜) · strong(강한, 힘센, 강력한) · weak(약한, 힘이 없는) · need(필요하다)

01 **basic** [béisik]

1. (수준이 가장 낮은 단계인): 형 **기초의, 기초적인** 명 **기초**
2. (가장 중요한 밑바탕을 이루는): 형 **기본적인** 명 **기본[필수]적인 것**

1 **기초의** → (무엇의) 기초를 이루는 → 2 **기본적인**

base [beis] 명 기초, 토대, 기반 동 ~에 근거[기반]를 두다

My knowledge of computers is pretty **basic**.
컴퓨터에 대한 나의 지식은 상당히 기초 수준이다.

We do not even have **basic** information about the problem.
우리는 그 문제에 관한 기본적인 정보조차 없다.

02 **elementary** [èləméntəri]

(배우는 과정의 첫 단계인): 형 **초보[초등, 입문]의**

element(**기본, 요소**) + ary → 기본적인 → **초보[초등, 입문]의**

This book is for **elementary** students.
이 책은 초등학교 학생용이다.

03 **simple** [símpl]

(복잡하거나 까다롭지 않고) 형 **단순한, 간단한**

simplicity [simplísəti] 명 단순

This model is **simple** and convenient to use.
이 모델은 사용하기가 간단하고 편리하다.

04 **plain**
[plein]

1. (꾸미거나 더한 것이 없이) 형 **소박[수수]한, 꾸미지 않은, 평범한**
2. (복잡하거나 난해하지 않고) 형 **분명한, 명료한**

원뜻: **평평한 땅(level ground)** ┌ (굴곡이 없이 단순해서) 1 **평범한, 소박한**
└ (막힌 데가 없어서) 2 **분명한**

The interior of the house was **plain** and simple.
그 집의 내부는 꾸밈없고 간소했다.

It's **plain** that he doesn't want to go back.
그가 돌아가기를 원하지 않는다는 것은 분명하다.

05 **complex**
형 [kəmpléks]
명 [kámpleks]

1. (여러 가지가 겹치고 뒤얽혀) 형 **복잡한**
2. (비슷한 종류가 함께 모여 있는) 명 **복합 건물, (건물) 단지**

com(**함께**) + plex(**엮다**) - (서로) 엮여 있는 → 1 **복잡한** → **2 복합 건물**

There is a simple solution for every **complex** problem.
모든 복잡한 문제에는 간단한 해결법이 있다.

They live in a large modern apartment **complex**.
그들은 대규모 현대식 아파트 단지에 산다.

06 **easy**
[í:zi]

(어렵거나 힘들지 않고) 형 **쉬운, 수월한, 용이한**

easily [í:zili] 부 쉽게

The first question was **easy**, but the second was difficult.
첫 번째 문제는 쉬웠지만 두 번째는 어려웠다.

07 **difficult**
[dífikʌlt]

(무엇의 이해 · 설명 · 해결 · 처리가) 형 **어려운, 힘든**

difficulty [dífikʌlti] 명 어려움

This problem is too **difficult** to solve.
이 문제는 풀기에 너무 어렵다.

08 **tough**
[tʌf]

1. (일 · 문제가 처리 · 해결이 매우) 형 **힘든, 어려운**
2. (어떤 어려움도 잘 견디는): 형 **강인한, 억센; 단단한, 질긴**
3. (신체가 건장하고 폭력적인): 형 **거친, 난폭한; 냉정한**

2 **강인한** ┌ (일 · 문제가 강력해서 풀기가) 1 **힘든, 어려운**
└ (신체가 건장하고) 3 **거친, 난폭한**

I had a **tough** time climbing up the mountain.
나는 그 산을 오르느라 힘든 시간을 보냈다.

I don't think he's **tough** enough for the job.
나는 그가 그 일을 감당한 만큼 강인하다고 생각하지 않는다.

He's a **tough** guy and everybody is afraid of him.
그는 거친 남자이어서 모든 사람들이 그를 두려워한다.

09 **value**
[vǽljuː]

(사물의 값어치 · 유용성 · 중요성): 명 **가치**

➡ valuable [vǽljuəbl] 형 소중[귀중]한, 가치가 큰

The house increased in **value** by 10 percent in just one year.
그 집은 불과 일 년 만에 가치가 10퍼센트 올랐다.

10 **worth**
[wəːrθ]

(값어치나 유용성 면에서) 형 **~의 가치가 있는, ~할 가치가 있는** 명 **가치**

➡ worthy [wə́ːrði] 형 (~을 받을) 가치[자격]가 있는

The diamond ring is **worth** two million dollars.
그 다이아몬드 반지는 이백만 달러의 가치가 있다.

11 **deserve**
[dizə́ːrv]

(어떤 대상이 마땅히) 동 **~을 받을[당할] 만하다, ~할 가치[자격]가 있다**

de(**강조**) + serve(**알맞다**) → (~을 받기에) 꼭 알맞다 → **~을 받을 만하다**

You **deserve** a rest after so much hard work this week.
이번 주에 너무 많은 힘든 일을 했으니 당신은 쉴 자격이 있어요.

12 **precious**
[préʃəs]

(매우 귀하고 가치가 큰): 형 **귀중한, 값어치 있는**

preci(**값어치**) + ous → (값어치가) 매우 큰 → **귀중한**

Life is more **precious** than anything of this world.
생명은 이 세상의 어떤 것보다 더 귀중하다.

13 **grade**
[greid]

1. (정도·수준에 따라 나눈) 명 **등급** 동 **등급을 정하다[매기다]**
2. (일 년 단위의 학습 과정의 구분): 명 **학년**
3. (학생의 학업·시험의 결과): 명 **성적**

원뜻: **걸음(step)** ┌ (걸음마다의) 단계 → 1 **등급** 2 **학년**
└ (학업 성취의) 등급 → 3 **성적**

Eggs are **graded** according to size and color.
달걀은 크기와 색깔에 따라 등급이 매겨진다.

My daughter is in the third **grade** now.
내 딸은 지금 3학년이다.

He studied hard and got good **grades**.
그는 열심히 공부를 해서 좋은 성적을 받았다.

14 **necessary**
[nésəsèri]

(어떤 일을 하는 데) 형 **필요한**

ne(not) + cess(**물러나다**) → (물러설 수 없이 꼭) **필요한**

necessity [nəsésəti] 명 필요(성), 필수품
⊖ unnecessary [ʌnnésəsèri] 형 불필요한

We have all the **necessary** information about the project.
우리는 그 프로젝트에 관한 모든 필요한 정보를 갖고 있다.

15 **urgent**
[ə́ːrdʒənt]

(사정이 지체할 겨를이 없이) 형 **긴급한, 다급한**

urge(**재촉하다**) + ent → (급하게) 재촉하는 → **긴급한**

There's an **urgent** phone call for you.
당신에게 긴급한 전화가 와 있습니다.

16 **require**
[rikwáiər]

1. (need의 격식 차린 말): 동 **필요하다, 필요로 하다** (= need)
2. (법 · 규칙에 따라 무엇을 하기를) 동 **요구[요청]하다**

re(**거듭**) + quire(**구하다**) → (거듭해서) 구하다 → 1 **필요로 하다** 2 **요구하다**

requirement [rikwáiərmənt] 명 필요한 것, 요구되는 것

The job **requires** a lot of time and energy.
그 일은 많은 시간과 정력을 필요로 한다.

The school **requires** its students to wear uniforms.
그 학교는 학생들이 교복을 입도록 요구한다

17 **depend**
[dipénd]

1. (~ on) (다른 것에 기대어) 동 **의존[의지]하다; ~에 달려 있다**
2. (~ on) (기대를 저버리지 않을 것을) 동 **믿다, 신뢰하다**

de(**아래**) + pend(**매달리다**) ┌ (천장) 아래에 매달리다 → 1 **의존[의지]하다**
└ (의지하여) 2 **믿다, 신뢰하다**

dependent [dipéndənt] 형 의존적인; ~에 의해 결정되는
dependence [dipéndəns] 명 의존

Children **depend** on their parents for all of their needs.
아이들은 그들의 필요의 모든 것을 부모에게 의존한다.

You can **depend** on him - he always keeps his word.
그를 신뢰해도 됩니다. 그는 항상 자신의 약속을 지킵니다.

18 **important**
[impɔ́:rtənt]

(미치는 영향이나 가치가 매우 큰): 형 **중요한, 중대한**

importance [impɔ́:rtəns] 명 중요(성)

Nothing is more **important** than your health.
건강보다 더 중요한 것은 아무것도 없다.

19 **main**
[mein]

(다른 것에 비해 중요성이 더 큰): 형 **주된, 주요한**

I'm going to have fish for my **main** course.
나는 주 요리로 생선을 먹겠습니다.

20 **major**
[méidʒər]

1. (크기·정도·중요성 등이 더) 형 **큰 쪽의, 대다수의, 주요한**
2. (전문적으로 연구하는) 명 **전공 과목** 동 (~ in) **~을 전공하다**

maj(great) + or(비교급) ┌ greater → 1 **큰 쪽의, 주요한**
└ (더 중요한) 과목 → 2 **전공 과목**

majority [mədʒɔ́:rəti] 명 (대)다수, 과반수

The department store closes on all **major** holidays.
그 백화점은 주요 공휴일에는 문을 닫는다.

I've decided to **major** in computer science.
나는 컴퓨터 공학을 전공하기로 결정했다.

21 **minor**
[máinər]

(크기·정도·중요성 등이 더) 형 **작은 쪽의, 중요하지 않은, 가벼운**

min(small) + or(비교급) → smaller → **작은 쪽의, 가벼운**

minority [minɔ́:rəti] 명 소수

It's a **minor** problem, nothing to worry about.
이것은 중요하지 않은 문제이어서 아무것도 걱정할 것이 없다.

Daily Test

01	worth	12	deserve
02	minor	13	basic
03	difficult	14	simple
04	elementary	15	value
05	urgent	16	precious
06	plain	17	major
07	grade	18	complex
08	depend	19	main
09	necessary	20	require
10	tough	21	important
11	easy		

Answer Key ▷ 299

Day 42

수량·크기·비교 I

amount, size & comparison I

≫ 테마 기본 어휘	number(수, 숫자, 번호) · plus(더하기, 플러스) · minus(빼기, 마이너스) · half(반, 절반) · zero(영) · one(1) · two(2) · three(3) · four(4) · five(5) · six(6) · seven(7) · eight(8) · nine(9) · ten(10) · eleven(11) · twelve(12) · twenty(20) · hundred(백) · thousand(천)

01 **figure**
[fígjər]

1. (0부터 9까지의 수): 명 **(아라비아) 숫자; 수치**
2. (사람이 겉으로 드러난 모양): 명 **사람의 모습, 몸매; (중요) 인물**
3. (~ out) (깊이 생각한 끝에) 동 **이해[해결]하다, 알아내다**

원뜻: **형상(form)**
- (수학적) 형상 → 1 **숫자, 수치**
- (사람의) 형상 → 2 **사람의 모습, 몸매; (중요) 인물**
- (형상이) 머릿속으로 그려지다 → 3 **이해[해결]하다**

I cannot remember the exact **figure**.
나는 정확한 숫자가 기억나지 않습니다.

Susan had a pretty face and a nice **figure**.
수잔은 예쁜 얼굴과 멋진 몸매를 갖고 있었다.

I can't **figure** out how to use that computer program.
나는 저 컴퓨터 프로그램을 어떻게 사용하는 건지 알 수가 없다.

02 **quarter**
[kwɔ́:rtər]

(넷으로 똑같이 나눈): 명 **4분의 1; 15분; 분기**

quart(넷) + er → (넷으로) 나눈 것 중의 하나 → **4분의 1**

I looked at my watch and it was a **quarter** to four.
시계를 보니 4시 15분 전이었다.

03 **single**
[síŋgl]

(개수 · 인원수 · 횟수 등이) 형 **단 하나인, 1인[회]용의** 명 **단일, 한 개[사람]**

We didn't say a **single** word to each other all day.
우리는 하루 종일 서로 단 한마디도 하지 않았다.

04 **individual**

[ìndəvídʒuəl]

(사람이나 물건 하나하나의): 형 개인의, 각각[개개]의 명 개인

in(not) + divid(**나누다**) → (더 이상) 나누어지지 않는 → 1 **개인의** 2 **각각의**

We had individual **interviews** with all of the students.

우리는 그 학생들 모두와 각각 면담을 했다.

05 **particular**

[pərtíkjulər]

1. (특별히 지정한 바로 그것의): 형 특정한, 바로 그[저]
2. (보통과 아주 다른): 형 특별한

particle(**아주 작은 조각**) + ar → (전체 중) 한 부분과 관련된 → 1 **특정한** 2 **특별한**

He gave each man a **particular** job to do.

그는 각각의 남자에게 해야 할 특정한 일을 주었다.

We should pay **particular** attention to the children's safety.

우리는 그 아이들의 안전에 특별한 주의를 기울여야 합니다.

06 **couple**

[kʌpl]

1. (같은 종류로 둘): 명 둘, 두 명[개, 마리]
2. (친밀한 한 쌍의 남녀): 명 부부, 연인, 커플

1 **둘** → (남녀 둘이 한 쌍인) 2 **부부, 연인 커플**

There are a **couple** of men waiting for you outside.

밖에서 당신을 기다리는 두 명의 남자들이 있습니다.

After a few months the **couple** decided to get married.

몇 달 후에 그 커플은 결혼을 하기로 결정했다.

07 **pair**

[pɛər]

(같은 종류 2개가 짝을 이루는) 명 한 쌍[켤레, 벌]

He took out a **pair** of socks from the drawer.

그는 서랍에서 양말 한 켤레를 꺼냈다.

08 **both**

[bouθ]

(두 개의 대상 모두): 대 형 둘[양쪽] 다(의)

It is heavy. Hold it with **both** hands.

그것은 무겁습니다. 양손으로 잡으세요.

09 **either**
[í:ðər]

1. (어느 것이든 관계없이) 대 형 **(둘 중) 어느 한쪽(의)**
2. (부정문에서, 어떤 것과 마찬가지로): 부 **~도 또한 (~아니다)**

I thought she was **either** American or Canadian.
나는 그가 미국인이거나 캐나다인 일거라고 생각했다.

He didn't like the idea, and I didn't **either**.
그는 그 생각을 좋아하지 않았는데 나도 또한 그러했다.

10 **neither**
[ní:ðər]

(두 개의 대상 모두를 부정하여) 대 형 **어느 쪽도 ~아니다[않다]**

Neither my mother nor my father graduated from college.
내 어머니도 아버지도 대학을 졸업하지 않았다.

11 **math**
[mæθ]

(수량과 도형의 성질을 연구하는) 명 **수학**

mathemat(**지식**) + ics → 지식(숫자)을 배우는 것 → **수학**

mathematics [mæθəmǽtiks] 명 수학 (= math)

She was no good at **math** and did not like it.
그녀는 수학을 잘하지 못했고 좋아하지 않았다.

12 **count**
[kaunt]

(사물의 개수를 하나하나) 동 **세다, 셈에 넣다** 명 **셈**

The boy **counted** how many stars there are in the sky.
소년은 하늘에 몇 개의 별이 있는지 셌다.

13 **calculate**
[kǽlkjulèit]

(값을 구하기 위해 식을 연산하여) 동 **계산하다**

원뜻: **조약돌(pebble)** → (로마시대에) 셈을 할 때 사용하던 조약돌에서 유래

calculation [kælkjuléiʃən] 명 계산

The total cost was calculated at fifty dollars.
총 비용은 50달러로 계산되었다.

14 amount
[əmáunt]

(셀 수 없는 돈·시간·물 등의) 명 **양, 액수**

He gave me a large **amount** of money.
그는 내게 거액의 돈을 주었다.

Day 42

15 total
[tóutl]

1. (전체를 모두 합한) 명 **합계, 총계** 형 **전체[총계]의, 총~**
2. (모든 것을 포함해서) 형 **완전한, 전적인**

tot(모든) + al ┌ (모든 것의) 1 **합계**
└ (모든 것을 포함해서) 2 **완전한, 전적인**

The **total** cost of this work is seventy dollars.
이 일의 총 비용은 70달러이다.

I was in **total** darkness and couldn't see even my feet.
나는 완전히 깜깜한 상태에 있어서 나의 발조차도 볼 수 없었다.

16 altogether
[ɔ̀:ltəgéðər]

(전체 수량을) 부 **모두 합쳐, 통틀어, 총; 완전히, 전적으로**

all(모두) + together(함께) → (모두) 함께 → **모두 합쳐, 통틀어**

There were fifteen people **altogether** at that meeting.
그 회의에는 모두 합쳐 15명이 있었다.

17 average
[ǽvəridʒ]

(몇 개의 수의 중간의 값): 명 **평균** 형 **평균의**

His test scores are above **average**.
그의 시험 점수는 평균 이상이다.

18 medium
[mí:diəm]

(크기·정도·등급 등이 가운데쯤인): 형 **중간의** 명 **중간**

medi(중간) + um → **중간의**

What size shirt do you wear - small, **medium** or large?
어떤 사이즈의 셔츠를 입으십니까 - 대, 중, 소?

19 rate
[reit]

1. (일정 기간 동안 일의 발생 횟수): 명 **비율, 율**
2. (일정 기간 동안 일의 진행·변화 등의) 명 **속도**

원뜻: **계산하다(reckon)** ┌ (횟수를 계산한) 1 **비율**
└ (빠르기를 계산한) 2 **속도**

The birth **rate** in the country is very low.
그 나라의 출생률은 매우 낮다.

The disease is spreading to other areas at a rapid **rate**.
그 병은 다른 지역으로 빠른 속도로 퍼지고 있다.

20 few
[fjuː]

1. (few) (부정적 의미): 형 **(수가) 거의 없는** 대 **적은 수 (밖에)**
2. (a few) (긍정적 의미): 형 **(수가) 조금은 있는** 대 **약간의 수**

Joe was an excellent student, but he had **few** friends.
조는 뛰어난 학생이었지만 친구가 거의 없었다.

The doctor told her that she should rest for a **few** weeks.
의사는 그녀에게 몇 주간 휴식을 취해야 한다고 말했다.

21 several
[sévərəl]

(적지도 많지도 않은) 형 **몇몇의, 몇 개[명]의**

It took me **several** days to finish the job.
내가 그 일을 마치는 데 며칠이 걸렸다.

22 enough
[inʌf]

(필요를 충족시키기에) 형 **충분한** 부 **충분히** 명 **충분한 양[수]**

This house isn't big **enough** for a family of six.
이 집은 6명의 가족이 지내기에는 충분히 크지 않다.

23 plenty
[plénti]

(~ of) (필요 이상으로 넉넉히) 명 **많음, 충분한 양** 부 **많이**

plen(**가득한**) + ty → (가득할 정도로) **많음, 충분한 양**

We have **plenty** of time. Don't worry.
시간은 충분합니다. 걱정하지 마세요.

Day 42

[24] **lack**
[læk]

(필요한 것이 없거나 모자라는) 명 부족, 결핍 동 부족하다, 결핍되다

He **lacks** experience in his new job.
그는 그의 새로운 일에 경험이 부족하다.

[25] **increase**
[inkríːs]

(수량·크기·정도 등이) 동 증가하다[시키다], 늘다, 늘리다 명 증가, 증대

in(강조) + crease(자라다) → (크게) 자라다 → **증가하다**

House prices **increased** by about 30% last year.
주택 가격이 작년에 약 30% 올랐다.

[26] **decrease**
[dikríːs]

(수량·크기·정도 등이) 동 감소하다[시키다], 줄다, 줄이다 명 감소, 하락

de(아래로) + crease(자라다) → (아래로) 자라다 → **감소하다**

House prices **decreased** by 2% in September.
주택 가격이 9월에 2% 하락했다.

Daily Test

01	count	14	single
02	increase	15	altogether
03	enough	16	plenty
04	couple	17	individual
05	total	18	math
06	few	19	quarter
07	pair	20	several
08	medium	21	rate
09	lack	22	calculate
10	either	23	neither
11	decrease	24	particular
12	both	25	figure
13	amount	26	average

Answer Key ▷ 299

Day 43 수량·크기·비교 II

amount, size & comparison II

≫ 테마 기본 어휘	only(오직, 단지, 겨우)·once(한번)·double(두 배)·lot(많음, 다량, 다수)·many(수가 많은)·much(양이 많은)·more(더 많은)·most(가장 (많은); 대부분의)·some(약간의)·any(어떤, 무슨; 조금도)·no(아니오; 어떤 ~도 없는)·none (아무[하나]도 ~않다)·less(더 적은, 덜한)·least(가장 적은, 가장 덜)·too(~도 (또한), 게다가); 너무나)·also(~도 (또한))

01 **reduce** [ridjúːs]

(작거나 적어지게) 동 **줄이다, 축소하다, 낮추다**

re(**뒤**) + duce(**이끌다**) → (뒤로 가도록) 이끌다 → **줄이다**

reduction [ridʌkʃən] 명 축소, 감소, 인하

We must make every effort to **reduce** the cost.

우리는 비용을 줄이기 위한 모든 노력을 해야 한다.

02 **add** [æd]

(늘어나거나 많아지게) 동 **더하다, 추가[첨가]하다** [to]

addition [ədíʃən] 명 추가 additional [ədíʃənl] 형 추가의

Would you like me to **add** your name to the list?

명단에 당신 이름을 추가할까요?

03 **extra** [ékstrə]

(정상·기준·필요 수량을 넘는): 형부 **추가의[로], 가외의[로]** 명 **추가되는 것**

Recently he works an **extra** two hours a day.

최근 그는 하루에 추가로 2시간 더 일을 한다.

04 **spare** [spɛər]

(미리 준비해 놓거나 쓰지 않고 남은): 형 **예비[여분]의** 명 **예비[비상용]품**

He opened the trunk and took out the **spare** tire.

그는 트렁크를 열고 스페어타이어를 꺼냈다.

05 **besides**

[bisáidz]

(언급한 것에 추가하여): 부 **게다가, 뿐만 아니라** 전 **~외에(도)**

beside(**옆에**) + s → (옆에) 추가하여 → **게다가**

Besides football, he also plays badminton and tennis.

축구 이외에 그는 또한 배드민턴과 테니스를 친다.

06 **size**

[saiz]

(사람·사물의 크고 작음의 정도): 명 **크기, 사이즈**

Can I change it for a smaller **size**?

그것을 더 작은 사이즈로 바꿀 수 있을까요?

07 **scale**

[skeil]

1. (다른 것과의 상대적인 크기): 명 **규모**

2. (물건의 무게를 다는) 명 **저울**

원뜻: **계단(stairs)** ┌ (계단처럼 층이 진 눈금이 있는) 2 **저울**
└ (저울로 잰) 1 **규모**

I don't think they understand the **scale** of the problem.

나는 그들이 그 문제의 규모를 이해하고 있다고 생각하지 않는다.

Every morning she weighed herself on the scale.

매일 아침 그녀는 저울에 몸무게를 쟀다.

08 **huge**

[hju:dʒ]

(크기·양·정도 등이 몹시 큰): 형 **거대한, 막대한**

They spent **huge** amounts of money on advertising.

그들은 막대한 액수의 돈을 광고에 썼다.

09 **slight**

[slait]

(양·정도 등이 얼마 안 되는): 형 **조금[약간]의, 근소한**

She was in bed with a headache and a **slight** fever.

그녀는 두통과 미열로 침대에 누워 있었다.

10 **tiny**

[táini]

(크기나 양이) 형 **아주 작은[적은], 조그마한**

She was holding a **tiny** baby in her arms.

그녀는 아주 조그마한 아기를 팔에 안고 있었다.

11 **brief**

[bri:f]

(불필요한 데가 없이) 형 (시간이) 짧은, (말·글이) 간단한 명 요점 동 요점을 보고하다

briefing [brí:fiŋ] 명 브리핑

They had a **brief** meeting this morning.

그들은 오늘 아침 간단한 만남을 가졌다.

12 **low**

[lou]

(높이·위치·수준 등이) 형 낮은 부 낮게

It was a dark day; the clouds were **low** in the sky.

그 때는 어두운 날이었고 구름은 하늘에 낮게 떠 있었다.

13 **broad**

[brɔ:d]

(폭·공간·범위 등이) 형 넓은, 폭이 넓은, 광범위한

He was a very tall man with **broad** shoulders.

그는 떡 벌어진 어깨를 가진 키가 매우 큰 남자이었다.

14 **narrow**

[nǽrou]

(폭·공간·범위 등이) 형 좁은, 폭이 좁은, 협소한 동 좁아지다, 좁히다

The road was too **narrow** for two cars to pass.

그 도로는 두 대의 자동차가 지나가기에는 너무 좁았다.

15 **extend**

[iksténd]

1. (길이·기간·범위 등을) 동 더 늘리다, 연장[확대]하다
2. (팔·다리를 바깥쪽으로) 동 뻗다, 내밀다

ex(밖) + tend(뻗다) ┌ (길이 등을 밖으로 뻗어) 1 **연장[확대]하다**
└ (팔·다리를 밖으로) 2 **뻗다**

extension [iksténʃən] 명 연장, 확대

They want to **extend** the house by adding another room.

그들은 방을 하나 더 추가하여 집을 늘리기를 원한다.

He **extended** his hand to shake hands with me.

그는 나와 악수를 하려고 손을 내밀었다.

16 **thick**
[θik]

(두께 · 밀도 · 농도 등이) 형 **두꺼운, 빽빽한, 짙은, 진한**

I was reading a **thick** book in bed.
그는 침대에서 두꺼운 책을 읽고 있었다.

17 **thin**
[θin]

(두께 · 밀도 · 농도 등이) 형 **얇은, 가느다란, 드문드문한, 묽은, (몸이) 야윈**

He was wearing a **thin** jacket over a T-shirt.
그는 티셔츠 위에 얇은 재킷을 입고 있었다.

18 **shallow**
[ʃǽlou]

(위에서 바닥까지의 길이가) 형 **얕은, 얄팍한**

The swimming pool is **shallow** at this end.
그 수영장은 이쪽 끝은 얕다.

19 **weight**
[weit]

(무거운 정도): 명 **무게, 체중**

→ weigh [wei] 동 무게[체중]를 달다, 무게[체중]가 ~이다

I want to lose **weight**, so I've started running.
나는 살을 빼기 원한다. 그래서 달리기를 시작했다.

20 **heavy**
[hévi]

(무게 또는 양 · 정도 · 강도 등이) 형 **무거운, 많은, 심한**

The box is too **heavy** for me to carry home alone.
그 상자는 내가 혼자 집으로 운반하기에는 너무 무겁다.

21 **level**
[lévəl]

(상대적인 높고 낮음의 정도): 명 **수준**

Students at this **level** need a lot of help.
이 수준의 학생들은 많은 도움이 필요하다.

22 **degree**
[digrí:]

1. (얼마만큼의 분량이나 수준): 명 **정도**
2. (온도나 각도의 단위): 명 **도**
3. (학사 · 석사 · 박사 등의) 명 **학위**

계단의 한 단(a step of a stair) → 단계
- (분량 · 수준의) 단계 → 1 **정도**
- (온도 · 각도의) 단계 → 2 **도**
- (학문의) 단계 → 3 **학위**

They have a high **degree** of skill and knowledge.
그들은 고도의 기술과 지식을 가지고 있다.

The temperature dropped to minus 5 **degrees**.
기온이 영하 5도로 떨어졌다.

My goal is to get a **degree** in law and become a lawyer.
나의 목표는 법학 학위를 받고 변호사가 되는 것이다.

23 **indeed**
[indí:d]

(문장 전체, very 등을 강조하여) 부 **정말, 참으로**

in + deed(fact) → in fact(사실은) → **정말, 참으로**

Thank you very much **indeed** for inviting me.
저를 초대해 주셔서 정말 감사합니다.

24 **quite**
[kwait]

(보통 이상으로) 부 **꽤, 상당히, 어느 정도**

He **quite** often goes to New York on business.
그는 상당히 자주 뉴욕으로 출장을 간다.

25 **extreme**
[ikstrí:m]

(더할 수 없을 만큼 매우 심한) : 형 **극도[극단]의, 극심한** 명 **극도, 극단**

원뜻: **가장 바깥쪽의**(outermost) → **극도[극단]의**

→ extremely [ikstrí:mli] 부 극도로, 극히

It is an **extreme** example of what can happen.
그것은 일어날 수 있는 일의 극단적인 예이다.

26 almost
[ɔ́:lmoust]

(어느 한도에 매우 가까운 정도로) 부 **거의** (= nearly)

all(**전체**) + most(**대부분**) → (전체에) 가깝게 대부분 → **거의**

Today, **almost** every family has a car.
오늘날 거의 모든 가정은 자동차를 가지고 있다.

27 nearly
[níərli]

(어느 한도에 매우 가까운 정도로) 부 **거의** (= almost)

near(**가까운**) + ly → (전체에) 가까운 → **거의**

She is **nearly** 80 years old, but in good health.
그녀는 거의 80세이지만 건강 상태가 좋다.

28 hardly
[hά:rdli]

(어느 한도에 매우 가까운 정도로) 부 **거의~아니다[없다, 할 수가 없다]**

hard(**어려운**) + ly → (전체에 가까울 정도로) 어려운 → **거의~아니다**

He was so sleepy that he could **hardly** keep his eyes open.
그는 너무 졸려서 눈을 거의 뜨고 있을 수가 없었다.

Daily Test

01	quite	15	heavy
02	brief	16	scale
03	size	17	huge
04	narrow	18	broad
05	level	19	extreme
06	thick	20	extend
07	shallow	21	thin
08	low	22	indeed
09	nearly	23	almost
10	tiny	24	besides
11	add	25	weight
12	hardly	26	spare
13	slight	27	reduce
14	degree	28	extra

Answer Key ▷ 300

Day 44 수량·크기·비교 III

amount, size & comparison III

≫ 테마 기본 어휘	big(큰) · large(큰) · small(작은) · little(작은, 어린) · long(긴) · short(짧은) · high(높은) · wide(넓은) · deep(깊은) · very(매우) · but(그러나, 하지만) · same(똑같은, 동일한) · like(와 같이) · copy(복사하다)

01 **measure** [méʒər]

(치수 · 길이 · 양 등을) 동 **재다, 측정하다** 명 **(치수 등의) 단위**

➔ measurement [méʒərmənt] 명 치수, 측량

He **measured** the windows I wanted to put curtains in.

그는 내가 커튼을 달고자 하는 창문들의 치수를 쟀다.

02 **ruler** [rú:lər]

(길이를 재는 데 쓰는) 명 **자**

rule(**규칙**) + er → (길이의 규칙이 표시된) **자**

Take the **ruler** and measure this box.

그 자를 가지고 이 박스의 치수를 재세요.

03 **distinguish** [distíŋgwiʃ]

(어떤 것을 다른 것과) 동 **구별[분간]하다, 구별 짓다**

di(**분리**) + sting(**찌르다**) → (날카로운 것으로 찔러) 표시를 해서 분리하다 → **구별하다**

He could not **distinguish** between right and wrong.

그는 옳고 그름을 구분하지 못했다.

04 **compare** [kəmpɛ́ər]

(유사점 · 차이점 등을 알기 위해 서로) 동 **비교[비유]하다**

com(**함께**) + pare(**동등한**) → (함께 동등하게 놓고) **비교[비유]하다**

➔ comparison [kəmpǽrisn] 명 비교, 비유

I compared the two models before making my choice.

나는 선택을 하기 전에 두 모델을 비교했다.

05 **contrast**

동 [kəntrǽst]
명 [kɑ́ntræst]

(차이를 알기 위해 서로) 동 대조[대비]하다, 대조를 보이다 명 대조, 대비

contra(맞서서) + st(서다) → (서로) 마주 서다 → **대조하다**

This result **contrasts** with our expectation.

이 결과는 우리의 기대와는 대조를 이룬다.

06 **however**

[hauévər]

(but과 유사한 뜻): 부 그러나, 하지만

how + ever → **그러나**

It was a great show. **However** I didn't like it.

그것은 대단한 쇼였다. 그러나 나는 그것을 좋아하지 않았다.

07 **equal**

[íːkwəl]

(서로 차이·차별이 없이) 형 같은, 동등[평등]한 명 동등[대등]한 사람[것]

원뜻: **평평한**(even) → (양쪽이) 평평한 → **같은**

Four plus twelve **equals** sixteen.

4 더하기 12는 16이다.

08 **similar**

[símələr]

(정확히 똑같지는 않고) 형 비슷한, 유사한, 닮은 [to]

simil(**비슷한**) + ar → **비슷한**

similarity [sìməlǽrəti] 명 유사성[점], 닮은 점

She is **similar** in appearance to her younger sister.

그녀는 외모가 여동생과 매우 비슷하다.

09 **alike**

[əláik]

(서술적으로만 쓰여) 형 (아주) 비슷한 부 비슷하게, 똑같이

a(**상태**) + like(**비슷한 것**) → **비슷한**

They look so **alike** that it is hard to tell the difference.

그것들은 너무 똑같이 보여서 차이를 분간하기가 어렵다.

10 **balance**

[bǽləns]

(어느 한쪽으로 치우치지 않는) 명 **균형, 평형** 동 **균형을 이루다[잡다]**

ba(둘) + lance(**저울 접시**) → (기울지 않은) 두 개의 저울 접시 → **균형**

He lost his **balance** and fell to the floor.

그는 균형을 잃고 바닥에 넘어졌다.

11 **harmony**

[hɑ́:rməni]

(서로 잘 어울리는 상태): 명 **조화, 화합**

harmonious [hɑ:rmóuniəs] 형 조화로운

We must live in **harmony** with nature.

우리는 자연과 조화를 이루면서 살아야 한다.

12 **different**

[dífərənt]

(서로 같지 않고) 형 **다른, 상이한** [from]

dif(**떨어져**) + fer(**나르다**) → (반대 방향으로 날라서) 서로 떨어진 → **다른**

difference [dífərəns] 명 다름, 차이

My **daughters** are very different from each other.

내 딸들은 서로 매우 다르다.

13 **rather**

[rǽðər]

1. (앞선 말과 반대되게) 부 **(~이기보다는) 오히려, 차라리**
2. (보통 이상으로) 부 **꽤, 상당히, 어느 정도**

He prefers to stay at home **rather** than go out.

그는 외출하기 보다는 집에 있는 것을 더 좋아한다.

He had an accident and hurt his leg **rather** badly.

그는 사고를 당해서 다리를 꽤 심하게 다쳤다.

14 **other**

[ʌðər]

1. (언급된 것 이외의) 형 대 **다른 (것), 그 밖의 (것)**
2. (언급된 위치·방향의) 형 대 **맞은[반대, 상대] 편[쪽](의)**

I think the first painting was better than the **others**.

나는 첫 번째 그림이 다른 것들보다 더 낫다고 생각한다.

There is a post office on the **other** side of the road.

도로 맞은편에 우체국이 있다.

15 **another**

[ənʌðər]

1. (언급된 것과 같지 않고) 형 대 다른 (것)
2. (언급된 것과 같은 종류로) 형 대 또 하나(의), 더, 또

an(하나) + other(다른) → (다른) 하나 → 1 **다른 것** 2 **또 하나**

I'm planning to sell this car and buy **another** one.
나는 이 차를 팔고 다른 것을 살 계획이다.

Can I have **another** glass of water?
물을 한 잔 더 마실 수 있을까요?

16 **else**

[els]

(의문사나 somebody, anything 등과 함께): 부 그 밖의, 다른

Love is more important than anything **else** in the world.
사랑은 세상에서 다른 어떤 것보다 더 중요하다.

17 **opposite**

[ápəzit]

(서로 완전히 다른): 형 (정)반대의; ~맞은[건너]편의 명 (정)반대

op(맞서서) + pos(놓다) → (서로 맞서서) 놓인 → **정반대의; ~맞은편의**

My ideas are completely **opposite** to yours.
내 생각은 당신 것과는 완전히 정반대입니다.

18 **various**

[vέəriəs]

(어떤 것의 종류가 많은): 형 다양한, 여러 가지의, 가지각색의

➡ vary [vέəri] 동 가지각색이다; (상황에 따라) 달라지다

The men's shirts come in **various** sizes and colors.
그 남성용 셔츠는 다양한 사이즈와 색상으로 나온다.

19 **ordinary**

[ɔ́ːrdənèri]

(특별하거나 별다르지 않고) 형 보통의, 평범한

ordin(순서) + ary → (정해진) 순서에 따른 → **보통의**

They're just **ordinary** people like you and me.
그들은 단지 당신이나 나 같은 보통 사람들이다.

[20] **usual**
[jú:ʒuəl]

(늘 하거나 흔히 있는 일인): 형 **일상의, 평상시의** 명 **늘 있는 일**

usu(**사용하다**) + al → (늘 사용하는) 대로의 → **일상의, 평상시의**

usually [jú:ʒuəli] 부 보통, 대개

⊖ unusual [ʌnjú:ʒuəl] 형 특이한, 흔치 않은

It's **usual** for people to send cards at Christmas.
성탄절에 사람들이 카드를 보내는 것은 일상적인 일이다.

[21] **normal**
[nɔ́:rməl]

(제대로 되어 있는 상태인): 형 **정상적인, 보통의** 명 **정상, 보통**

norm(**표준**) + al → 표준대로의 → **정상적인, 보통의**

It is **normal** to feel tired after working so hard.
그렇게 열심히 일한 후 피곤함을 느끼는 것은 정상이다.

[22] **general**
[dʒénərəl]

(일부가 아닌 전체에 걸치는): 형 **일반[보편]적인**

gener(**종류**) + al → (모든 종류를) 아우르는 → **일반적인**

This is the **general** opinion of most people.
이것이 대부분 사람들의 일반적인 의견이다.

[23] **special**
[spéʃəl]

(보통과 아주 다른): 형 **특별한, 특수한**

speci(**종류**) + al → (종류가) 구별되게 다른 → **특별한**

He gave her a very **special** present for her birthday.
그는 그녀의 생일에 그녀에게 매우 특별한 선물을 주었다.

[24] **unique**
[ju:ní:k]

(같은 것이 없거나 그것에만 존재하는): 형 **유일한, 특유한**

uni(**하나**) + que → (하나밖에) 없는 → **유일한**

The trip was a **unique** experience for her.
그 여행은 그녀에게 특별한 경험이었다.

25 **especially**
[ispéʃəli]

(다른 것보다 더욱 두드러지게): 부 **특히, 특별히, 그 중에서도**

e + special(**특별한**) + ly → **특히**

He likes all sports, **especially** baseball.
그는 모든 스포츠를 특히 야구를 좋아한다.

26 **strange**
[streindʒ]

(정상이나 보통의 것과는 달라서): 형 **이상한; 낯선**

stranger [stréindʒər] 명 모르는[낯선] 사람; 처음 온 사람

A **strange** thing happened to me yesterday.
어제 내게 이상한 일이 일어났다.

27 **mystery**
[místəri]

(도저히 이해 · 설명이 되지 않는) 명 **불가사의, 신비, 미스터리**

원뜻: **비밀 의식(secret rite)** → (비밀 의식같이) 알 수가 없는 → **불가사의**

mysterious [mistíəriəs] 형 불가사의한, 신비한

How it happened is a **mystery** to me.
그 일이 어떻게 일어났는지는 내게는 미스터리이다.

Day 44

Daily Test

01	contrast	15	measure
02	normal	16	opposite
03	else	17	various
04	unique	18	special
05	especially	19	mystery
06	ruler	20	however
07	balance	21	compare
08	general	22	equal
09	similar	23	strange
10	usual	24	another
11	different	25	other
12	alike	26	harmony
13	ordinary	27	rather
14	distinguish		

Answer Key ▷ 300

Day 45

변화·결합·분리 I

change, integration & division I

≫ 테마 기본 어휘	become(되다) · change(변화하다, 바꾸다) · tie(묶다, 매다; 넥타이) · rope(로프, 밧줄) · chain(쇠사슬, 쇠줄) · open(열다, 열리다) · close(닫다, 닫히다) · key(열쇠)

01 **develop**
[divéləp]

1. (더 좋은 상태나 더 높은 단계로) 동 **발전[발달, 성장]하다[시키다]**
2. (새로운 물건을 연구하여) 동 **개발하다**

de(**반대**) + velop(**싸다**) → (싸여 있는 것을) 풀다 → 1 **발전하다** 2 **개발하다**

development [divéləpmənt] 명 발달, 발전; 개발

It **developed** from a small village to the biggest city in Asia.
그것은 작은 마을에서 아시아에서 가장 큰 도시로 발전했다.

The company is **developing** new products.
그 회사는 새로운 제품을 개발 중이다.

02 **progress**
동 [prəgrés]
명 [prágres]

(일이 발전하여 나아가다): 동 **진전을 보이다, 진척되다** 명 **진전, 진척**

pro(**앞으로**) + gress(**가다**) → (앞으로) 나아가다 → **진전을 보이다**

We are making great **progress** toward our goal.
우리는 목표를 향하여 대단한 진전을 보이고 있다.

03 **exchange**
[ikstʃéindʒ]

(서로 주고받거나 맞바꾸어) 동 **교환하다** [for] 명 **교환**

ex(**밖**) + change(**바꾸다**) → (밖으로 꺼내) 맞바꾸다 → **교환하다**

I'd like to **exchange** this shirt for a larger size.
이 셔츠를 더 큰 치수로 교환하고 싶습니다.

04 **replace**
[ripléis]

(어떤 것 대신 다른 것으로) 동 **대체[교체, 대신]하다** [with]

re(again) + place(**놓다**) → (어떤 것 대신 다른 것을) 놓다 → **대체하다**

replacement [ripléismənt] 명 대체[교체](물)

The old machine was **replaced** with a new one.

그 낡은 기계는 새 것으로 교체되었다.

05 **instead**
[instéd]

(어떤 것을 다른 것으로 바꾸어) 명 (~) **대신에** [of]

in + stead(place) → in place of(~ 대신에) → **(~) 대신에**

We decided to stay at home **instead** of going out.

우리는 외출하는 대신 집에 있기로 결정했다.

06 **version**
[və́ːrʒən]

(원래의 것을 약간 변경·수정한) 명 **버전, 다른 판[형]**

vers(**바꾸다**) + ion → (약간) 바뀐 것 → **다른 판[형]**

The new **version** is much better than the old one.

새로운 버전이 이전 것보다 훨씬 더 좋다.

07 **relationship**
[riléiʃənʃip]

(서로 연결되어 얽혀 있음): 명 **관계, 관련(성); 친척[연인] 관계**

relate(**관련짓다**) + ion → (서로) 관련지음 → **관계**

relate [riléit] 동 관련[관계]이 있다, 관계[관련]짓다

Now I have a good **relationship** with my parents.

지금 나는 부모님과 좋은 관계를 유지하고 있다.

08 **connect**
[kənékt]

(중간 매개 수단인) 동 **(선·관·도로 등으로) 연결하다[되다]; 관련짓다**

con(**함께**) + nect(**묶다**) → (함께) 묶다 → **연결하다, 관련짓다**

connection [kənékʃən] 명 연결; 관련성

A bridge **connects** the two parts of the town.

다리가 그 도시의 두 부분을 연결한다.

Day 45

09 **combine**

[kəmbáin]

(서로 합쳐 하나의 사물이 되도록) 동 **결합하다[되다]**

com(**함께**) + bine(**쌍쌍이**) → (쌍쌍이) 함께 묶다 → **결합하다**

combination [kὰmbənéiʃən] 명 결합(된 것), 조합

Combine the butter and sugar in a bowl.

그릇에서 버터와 설탕을 섞으십시오.

10 **mix**

[miks]

(서로 다른 것들을 한데 넣어) 동 **섞다, 섞이다, 혼합하다[되다]** 명 **혼합(물)**

mixture [míkstʃər] 명 혼합(물), 혼합 재료

Mix everything together and cook for 5 minutes.

모든 것을 함께 섞고 5분간 요리하십시오.

11 **pure**

[pjuər]

(다른 것이 전혀 섞이지 않고) 형 **순수한, 깨끗한, 순결한**

purity [pjúərəti] 명 순수

Her wedding ring is made of **pure** gold.

그녀의 결혼 반지는 순금으로 만든 것이다.

12 **fix**

[fiks]

1. (한 곳에 움직이지 않게) 동 **고정시키다**
2. (고장 난 것을 손보아) 동 **수리하다, 바로잡다**

1 **고정시키다** → (움직이지 않게 고정 되도록) 2 **수리하다**

In the room, there was a wide mirror **fixed** to the wall.

그 방에는 벽에 고정된 넓은 거울이 있었다.

I paid a lot of money to get the television **fixed**.

나는 그 텔레비전을 수리하기 위해 많은 돈을 지불했다.

13 **string**

[striŋ]

(묶거나 매는 데 쓰는) 명 **끈, 줄**

She put the cake in a box and tied it with **string**.

그는 케이크를 상자에 집어넣고 그것을 끈으로 묶었다.

14 **tight**
[tait]

(느슨하거나 헐겁지 않고) 형 **단단한, 꽉 죄인, 팽팽한, 꼭 끼는** 부 **단단히, 꽉**

These pants don't fit me - they're too **tight**.
이 바지는 내게 맞지 않아요. 너무 꼭 낍니다.

15 **loose**
[lu:s]

(꽉 죄이거나 팽팽하지 않고) 형 **헐거운, 풀린, 헐렁한, 느슨한**

He usually wears a **loose** shirt and comfortable pants.
그는 대개 헐렁한 셔츠와 편안한 바지를 입는다.

16 **divide**
[diváid]

(무엇을 둘 이상의 부분으로) 동 **나누다, 나뉘다, 분리하다[되다]**

di(**떨어져**) + vide(**나누다**) → (나누어) 떨어뜨리다 → **분리하다**

division [divíʒən] 명 나누기, 분할, 분배

A river **divides** the city into two parts.
강이 그 도시를 두 부분으로 나눈다.

17 **separate**
형 [sépərət]
동 [sépərèit]

(따로 떨어져 있는): 형 **분리된, 떨어진, 독립된** 동 **(따로) 떨어지다, 떼어놓다**

se(**떨어져**) + par(**준비하다**) → (따로) 떨어뜨려 준비된 → **분리된**

separation [sèpəréiʃən] 명 분리, 구분

Korea is divided into two **separate** countries.
한국은 두 개의 별개의 나라로 분단되어 있다.

18 **apart**
[əpɑ́:rt]

1. (함께 있지 않고) 부 **떨어져, 헤어져, 따로, 산산이**
2. (~ from) (어떤 대상을 빼고): 부 **~외에는, ~을 제외하고; ~외에도**

a(to) + part(**부분**)
- (각 부분으로) **떨어져, 따로**
- (한 부분을) 빼고서 → **~외에는, ~을 제외하고**

The two buildings stood about 100 meters **apart**.
그 두 건물을 약 100미터 떨어져 있다.

Nothing else matters to her **apart** from her family.
그녀에게 자신의 가족 이외에는 다른 어떤 것도 중요하지 않다.

19 **spread**

[spred]

(- spread - spread)

1. (접히거나 붙어 있는 것을) 동 **펴다, 펼치다, 벌리다**
2. (더 넓은 범위로) 동 **퍼지다, 퍼뜨리다** 명 **확산, 전파**

1 **펴다, 펼치다** → (접힌 것을 펼쳐서 더 넓은 범위로) 2 **퍼뜨리다, 퍼지다**

The bird **spread** its wings and flew away.
그 새는 날개를 펴고 날아갔다.

The news **spread** quickly around the world.
그 뉴스는 전 세계로 빠르게 퍼져 나갔다.

20 **shut**

[ʃʌt]

(close보다 약간 거친 느낌의 말): 동 **닫다, 닫히다** 형 **닫힌**

He came into the room and **shut** the door behind him.
그는 방으로 들어오고 나서 등 뒤로 문을 닫았다.

21 **lock**

[lak]

(여닫게 된 물건을 잠그는) 명 **자물쇠** 동 **(자물쇠로) 잠그다[잠기다]**

⊖ unlock [ʌnlák] 동 자물쇠를 열다

Make sure you **lock** the door when you leave.
떠날 때 반드시 문을 자물쇠로 잠그십시오.

22 **fold**

[fould]

(종이·천 등을 겹으로 되게) 동 **접다, 접어 포개다**

⊖ unfold [ʌnfóuld] 동 (접은 것을) 펴다

He **folded** his clothes and put them in the drawers.
그는 옷을 접어 서랍 속에 넣었다.

23 **range**

[reindʒ]

(수량·정도 등이 바뀌어 달라지는) 명 **범위, 다양성** 동 **(범위가) ~에서 ~사이이다**

These shirts come in a wide **range** of colors.
이 셔츠들은 다양한 색상으로 나온다.

24 **border**
[bɔ́ːrdər]

(두 나라나 지역 사이의) 명 **국경[경계] (지역)**

The river is on the **border** between the two countries.
그 강은 두 나라 사이의 국경 위에 있다.

25 **whole**
[houl]

(모든 것이 포함된) 형 **전체[전부]의** (= entire) 명 **전체**

The **whole** family went to the movies together last night.
어젯밤에 전 가족이 함께 영화를 보러 갔다.

26 **entire**
[intáiər]

(모든 것이 포함된) 형 **전체[전부]의** (= whole)

en(not) + tire(**대다**) → (손을 대지 않은) 본래 그대로의 → **전체의**

The news shocked the **entire** world.
그 소식은 전 세계에 충격을 주었다.

Daily Test

01	instead	14	mix
02	fix	15	replace
03	entire	16	spread
04	connect	17	whole
05	border	18	range
06	fold	19	version
07	progress	20	exchange
08	divide	21	apart
09	develop	22	string
10	combine	23	lock
11	relationship	24	tight
12	shut	25	separate
13	pure	26	loose

Answer Key ▷ 300

Day 46 변화·결합·분리 II

change, integration & division II

≫ 테마 기본 어휘	all(모든)·every(모든)·part(부분, 일부)·type(형, 유형, 타입)·model(모델, 모범, 모형)·group(집단, 무리)·team(팀, 조)·each(각각[각자]의)·together(함께, 같이)·box(상자, 박스)·case(케이스, 상자, 갑, 통)·basket(바구니, 바스켓)

01 **complete** [kəmplíːt]

1. (모자람이나 흠이 없이) 형 **완전한, 전적인** 동 **완전[완벽]하게 만들다**
2. (어떤 일을 완전하게) 동 **끝마치다, 완료하다** 부 **완료된**

com(**강조**) + ple(**채우다**) → (꽉) 채워진 → 1 **완전한** → 2 **완료하다**

completion [kəmplíːʃən] 명 완료, 완성

⊖ incomplete [ìnkəmplíːt] 형 불완전한, 미완성의

She has a **complete** set of wine glasses.
그녀는 완전한 한 세트의 와인 잔을 가지고 있다.

The work should be **completed** within ninety days.
그 일은 90일 이내에 완료되어야 한다.

02 **element** [éləmənt]

(무엇의 근본을 이루는 한 부분): 명 **요소, 성분**

Information is a key **element** in making wise decisions.
정보는 현명한 결정을 하는 데 핵심 요소이다.

03 **piece** [piːs]

(따로 떼내거나 떨어져 나온) 명 **조각, 단편, 파편**

She tore the letter to **pieces** and threw it away.
그녀는 편지를 조각조각 찢어서 버렸다.

04 **sort** [sɔːrt]

(어떤 기준에 따라 나눈) 명 **종류, 부류** 동 **분류하다, 구분하다**

What **sort** of music do you listen to these days?
요즘 어떤 종류의 음악을 듣습니까?

05 **example**

[igzǽmpl]

(그 부류의 대표적인) 명 **예, 보기, 전형**

exam(**꺼내다**) + ple → (예로서) 꺼낸 것 → **예, 보기, 사례**

Can you give me an **example** of this?

이것의 예를 들어 주시겠습니까?

06 **instance**

[ínstəns]

(그 부류의 구체적인 실제의) 명 **사례, 실례, 경우**

insta(**즉각적인**) + ance → (즉각 들 수 있는) **예, 사례**

There are many **instances** of this type.

이런 종류의 예는 많이 있다.

07 **gather**

[gǽðər]

(흩어져 있는 것을 한곳에) 동 **모으다, 모이다**

gathering [gǽðəriŋ] 명 모임

His family **gathered** around the television to watch the show.

그의 가족은 쇼를 보기 위해 텔레비전 주위로 모였다.

08 **collect**

[kəlékt]

(목적에 맞는 것을) 동 **(골라서) 모으다, 수집하다**

col(**함께**) + lect(**모으다**) → (함께) 모으다 → **수집하다**

collection [kəlékʃən] 명 수집(품)

His hobby is **collecting** stamps.

그의 취미는 우표를 수집하는 것이다.

09 **alone**

[əlóun]

(다른 사람 없이) 형 부 **혼자 (힘으로), 홀로, 외로운**

all(**완전히**) + one(**하나**) → (완전히) 하나밖에 없는 → **혼자, 홀로**

She is afraid of staying at home **alone** at night.

그녀는 밤에 혼자 집에 있는 것을 무서워한다.

10 **common**

[kάmən]

1. (여럿 사이에 서로 같거나 관계되는): 형 **공동의, 공통의** 명 **공통(점)**
2. (귀하거나 특별하지 않고) 형 **흔한, 보통의, 평범한**

com(함께) + mon(의무) ┌ (함께 나누는) 의무인 → 1 **공동의, 공통의**
└ (공동의 것이어서) 2 **흔한, 보통의**

⊖ uncommon [ʌnkάmən] 형 흔하지 않은, 드문

We are working together toward a **common** goal.
우리는 공동의 목표를 향해 함께 일하고 있다.

That's a **common** mistake so don't worry about it.
그것은 흔한 실수이니 걱정하지 마세요.

11 **attend**

[əténd]

(어떤 자리나 모임에) 동 **참석[출석]하다, (학교 등을) 다니다**

at(to) + tend(뻗다) → (가는 길을) ~로 향하다(뻗다) → **참석하다, 다니다**

attendance [əténdəns] 명 참석, 출석

I'm sorry, but I won't be able to **attend** the meeting.
미안합니다만 회의에 참석할 수 없습니다.

12 **absent**

[ǽbsənt]

(사람·사물이 어떤 곳에) 형 **없는, 부재의, 결석[결근]한**

ab(떨어져) + sent(있다) → (멀리) 떨어져 있는 → **없는, 부재의**

absence [ǽbsəns] 명 없음, 결석, 결근

She was **absent** from school yesterday.
그녀는 어제 학교에 결석했다.

13 **join**

[dʒɔin]

1. (조직·단체에 구성원으로) 동 **가입하다, (일·활동에) 합류하다, 함께 하다**
2. (붙이거나 이어서) 동 **연결[접합]하다[되다]**

2 **연결하다** → (서로 연결 되도록) 1 **가입하다, 합류하다**

He **joined** the army when he was eighteen.
그는 18살에 군대에 입대했다.

He **joined** the two pieces of wood together.
그는 두 조각의 나무를 접합했다.

14 **include**
[inklúːd]

(무엇을 무리나 범위의 일부로) 동 **포함하다[시키다]**

in(안) + clude(닫다) → (안에 넣고) 닫다 → **포함하다**

inclusion [inklúːʒən] 명 포함

Breakfast is **included** in the price of the room.
아침 식사는 객실 가격에 포함되어 있다.

15 **exclude**
[iksklúːd]

(무엇을 무리나 범위 밖으로) 동 **제외[배제]하다** [from]

ex(밖) + clude(닫다) → (밖에 두고) 닫다 → **제외하다**

exclusion [iksklúːʒən] 명 제외, 배제

Buses run every 20 minutes, weekends **excluded**.
버스는 주말을 제외하고 20분마다 운행된다.

16 **consist**
[kənsíst]

(~ of) (무엇이 어떤 부분·요소들로) 동 **구성되다**

con(함께) + sist(서다) → (부분·요소들이) 함께 서 있다 → **구성되다**

A car **consists** of many different parts.
자동차는 많은 다양한 부품으로 구성되어 있다.

17 **except**
[iksépt]

(특정 대상을 빼고): 전 접 ~ **제외하고는[외에는]**

ex(out) + cept(take) → take out(제거하다) → ~ **제외하고는[외에는]**

exception [iksépʃən] 명 예외 exceptional [iksépʃənl] 형 예외적인

The museum is open every day **except** Mondays.
그 박물관은 월요일을 제외하고 매일 연다.

18 **contain**
[kəntéin]

(어떤 것 안에 무엇이) 동 **들어 있다, 담고 있다, 함유하다**

con(함께) + tain(잡다) → (빠져나가지 않도록) 함께 잡다 → **담고 있다**

container [kəntéinər] 명 용기, 그릇, 컨테이너

This document **contains** very important information.
이 문서는 매우 중요한 정보를 담고 있다.

Day 46

19 **content**

명 [kάntent]
형동 [kəntént]

1. (-s) (용기 등의 안에 든 것): 명 **내용물; (책의) 목차; (책 · 문서 등의) 내용**
2. (충분하지는 않지만 그런대로) 형 **만족하는** [with] 동 **만족시키다** 명 **만족**

con(**함께**) + tain(**가지다**) ┌ 함께 담고(갖고) 있는 것 → 1 **내용(물)**
└ (다 갖고 있어서) 2 **만족하는**

contentment [kənténtmənt] 명 만족

They asked him to show the **contents** of his bag.
그들은 그에게 가방의 내용물을 보여 달라고 요청했다.

He played well but had to be **content** with second place.
그는 경기를 잘 했지만 2등에 만족해야만 했다.

20 **bottle**

[bάtl]

(유리로 만들어진 액체를 담는) 명 **병**

He brought a **bottle** of wine to the table.
그는 와인 한 병을 테이블로 가지고 왔다.

21 **package**

[pǽkidʒ]

1. (상품 포장용) 명 **상자, 용기, 봉지**
2. (상자 · 종이 등에 포장한) 명 **꾸러미, 소포**

pack(**포장하다**) + age ┌ (포장용) 1 **상자, 용기**
└ (포장한) 2 **꾸러미, 소포**

pack [pæk] 동 (짐을) 꾸리다, 포장하다 명 꾸러미

She gave me a **package** of cookies.
그녀는 내게 쿠키 한 상자를 주었다.

I'd like to send this **package** to China by airmail.
이 소포를 중국으로 항공편으로 보내고 싶습니다.

22 **full**

[ful]

(빈 공간이 없이) 형 **가득한, 만원의** [of]

The restaurant was **full** of people when we arrived there.
우리가 그곳에 도착했을 때 레스토랑은 사람들로 가득했다.

[23] fill
[fil]

(빈 공간이 없이) 동 **(가득) 채우다[차다]** [with]

The night sky was **filled** with thousands of stars.
밤 하늘이 수천 개의 별들로 가득했다.

[24] empty
[émpti]

(속에 아무것도 없이) 형 **비어 있는, 빈, 공허한** 동 **비우다**

e(not) + mpt(**가지다**) → (아무것도) 가지고 있지 않은 → **비어 있는**

I was hungry, but the refrigerator was completely **empty**.
나는 배가 고팠지만 냉장고가 완전히 비어 있었다.

[25] blank
[blæŋk]

(글자·그림·표시·장식 등이 없이) 형 **빈, 공백의** 명 **공백, 빈칸**

원뜻: **흰색(white)** → (흰색) 공간의 → **빈, 공백의**

Write your name in the **blank** space below.
아래 빈 칸에 이름을 쓰십시오.

Day 46

Daily Test

01	absent	14	consist
02	blank	15	fill
03	full	16	sort
04	instance	17	attend
05	exclude	18	element
06	bottle	19	package
07	gather	20	content
08	contain	21	join
09	empty	22	common
10	alone	23	example
11	collect	24	complete
12	include	25	except
13	piece		

Answer Key ▷ 300

Answer Key

day 1

1 ① 절하다, 머리를 숙이다, 절, 인사 ② 활 **2** ① 아이, 어린이 ② 놀리다, 농담하다 **3** 민족, 국민; 국가 **4** ① 친척 ② 상대적인, 비교상의 **5** ① 주인, 호스트 ② 주최[개최]하다, 주최[개최]자 **6** ~와 결혼하다 **7** 약속 **8** 어른, 성인 어른[성인]의 **9** 세대 **10** 개인의, 개인적인 **11** 나이가 위인, 연장의 **12** 손님; 투숙객 **13** 방문하다 방문 **14** 남성, 수컷, 남성[수컷]의 **15** 여성, 암컷, 여성[암컷]의 **16** 사촌 **17** ① 소개하다 ② 들여오다, 도입하다 **18** 조상, 선조 **19** 친구, 동료 **20** 인사하다 **21** 인류 **22** 초대하다 **23** 인구 **24** 인간, 인간의 **25** ① 군중, 인파 ② 가득 메우다

day 2

1 칫솔 **2** 엉망인 상태, 혼란 **3** 맑은, 투명한; 분명한, 맑아지다; 치우다 **4** ① 자라다, 성장하다 ② 기르다, 재배하다 **5** 씻다, 씻기 **6** 장식하다, 꾸미다 **7** 죽다, 사망하다 **8** 닦아 내다, 훔치다, 닦아 내기 **9** ① (작고 둥근) 점, 반점, 얼룩 ② 장소, 지점 **10** 무덤, 묘 **11** 먼지 **12** 죽은, 생명이 없는 **13** 쓰레기 **14** 세탁(물); 세탁소[업] **15** 출생지의, 모국의, 출신자, 토박이 **16** 쓸다, 쓸기 **17** 오염, 공해 **18** 쓰레기 **19** 더러운, 불결한 **20** 존재하다 **21** 빗, 빗질하다 **22** 고향 **23** 깨끗한, 청결한 깨끗하게 하다 **24** 잘 정돈된, 정돈[정리]하다 **25** 치약 **26** 비누 **27** 살아남다 **28** 출생, 탄생 **29** 광을 내다, 닦다, 광택

day 3

1 ① 수선하다 ② 수리[수선]하다 **2** 바늘, (주사) 바늘 **3** ① 채우다, 잠그다, 걸다 ② 고정시키다[되다] **4** 채소, 야채 **5** 입고[신고, 쓰고, 끼고] 있다 **6** ① 일상의 음식[식사] ② 식이 요법, 다이어트 **7** 정장; ~옷[복] (옷, 색상이) 어울리다 **8** 손수건 **9** 양파 **10** 오이 **11** 고기 **12** 소매 **13** 과일 **14** 지갑 **15** 배낭 **16** 돼지고기 **17** 쌀; 밥 **18** 양말 **19** 목걸이 **20** 옷, 의복 **21** 실 (바늘에) 실을 꿰다 **22** 곡물, (곡식의) 낟알 **23** 패션, 유행, 유행하는 것 **24** 포도 **25** 감자 **26** 당근 **27** 보석, (보석을 박은) 장신구 **28** 마늘 **29** 여행 가방 **30** 딸기 **31** 모자

day 4

1 젓가락 **2** 설탕 **3** 단맛의, 달콤한; (느낌이) 감미로운 **4** 물다, 깨물다, 물어뜯다, 물기; 한 입 **5** 접시 **6** ① 삼키다, 들이켜다 ② 제비 **7** 빵을 굽다 **8** 배고픈, 허기진 **9** 신선[싱싱]한; 새로운, 참신한 **10** 조리[요리]법 **11** 후추 **12** 견과 **13** 주방장, 요리사 **14** 소금 **15** 그릇, 사발 **16** 식사 **17** ① (맛이) 쓴 ② 쓰라린, 혹독한, 격렬한 **18** 신, 시큼한, (우유가) 상한 **19** 음식[먹이]를 주다, 먹이다 **20** 요리[조리]하다, 요리를 하는 사람 **21** 씹다, 씹기 **22** 식욕; 욕구 **23** 쟁반 **24** (요리의) 재료; 구성 요소 **25** 매우 맛있는[향기로운] **26** 목마른 **27** 맛, 풍미, 맛을 내다 **28** 콩 **29** 맛이 나다, 맛을 보다, 맛, 미각

day 5

1 지하실[층] **2** 거울 **3** 베개 **4** 성, 성곽 **5** 벽, 담 **6** 짓다, 건축[건설]하다 **7** 주소 **8** 굴뚝 **9** 담요, 모포 **10** 계단, 층계 **11** 서랍 **12** ① 층 ② (방)바닥, 마루 **13** 벽장, 찬장 **14** 정문, 대문, 문 **15** ① 정착하다 ② 해결[처리]하다 **16** 울타리 **17** 냉장고 **18** 선반; 책꽂이 **19** ① 시트 ② (종이) 한 장 **20** 이웃 사람 **21** 위층으로, 위층에, 위층 **22** 주전자 **23** 가구 **24** 차고 **25** 천장 **26** 사다리, 사닥다리 **27** 궁전 **28** 냄비; 단지, 항아리; 화분, 도기 **29** 지붕

day 6

1 뼈 **2** 사라지다 **3** 빤히 쳐다보다, 응시하다, 응시 **4** 소리가 큰, 시끄러운, 큰 소리로, 시끄럽게 **5** ① 배, 복부 ② 위 **6** 몸짓, 제스처 **7** 피, 혈액 **8** 자리, 좌석, 앉히다 **9** 목소리, 음성 **10** 땀 땀을 흘리다 **11** ① 나타나다, 출현하다 ② ~처럼 보이다 **12** 뺨, 볼 **13** 감각, 느낌 감지하다 **14** ① 전망, 경치, 보다, 바라보다 ② 견해, 의견 **15** 허리 **16** 가슴 **17** ① 지켜보다, 주시하다 주시 ② 시계 **18** 관찰[관측]하다 **19** 소음, 잡음 **20** 근육 **21** ① 몸의, 육체의 ② 물질[자연]의, 물질적인 **22** 살찐, 과체중의; 중량 초과의 **23** 폐, 허파 **24** 창백한 **25** 시각, 시력; 보기; 광경 **26** 어깨 **27** 머리를 끄덕이다, 끄덕임 **28** 이마 **29** 뇌, 두뇌

day 7

1 적막, 정적; 침묵 **2** ① 행진하다, 행진 ② **3**월 **3** 엄지손가락 **4** 무릎 **5** 목구멍 **6** 발가락 **7** ① 뻗다, 기지개를 켜다, 뻗기, 기지개 ② 늘이다, 늘어나다 **8** 도보여행하다 **9** 비명을 지르다, 비명 **10** 미끄러지다, 미끄러짐 **11** 주먹 **12** 외치다, 소리지르다, 외침, 큰 소리 **13** 이, 치아 **14** 혀 **15** 미끄러져 움직이다, 미끄러짐; 미끄럼틀 **16** 긁다, 할퀴다, 긁음, 할퀸 **17** 손가락 **18** 호흡하다, 숨쉬다 **19** 껑충 뛰어서 이동하다, 껑충 뛰다, 도약 **20** 조용한, 고요한 **21** 문지르다, 비비다, 문지르기, 비비기 **22** 발목 **23** 박수[손뼉]를 치다, 박수 (소리) **24** 냄새[향]를 맡다, ~ 냄새가 나다, 냄새, 향 **25** 속삭이다, 소곤거리다 속삭임 **26** 팔꿈치 **27** ① 손톱, 발톱 ② 못 **28** (껴)안다, 포옹 **29** 손바닥 **30** 팔 **31** 손목

day 8

1 의학[의술, 의료]의 **2** ① 고통을 받다, (병을) 앓다 ② 겪다, 당하다 **3** 잠이 깨다, 깨우다 **4** 기침, 기침을 하다 **5** 눈이 먼, 장님인 **6** 암 **7** 부상을 입다[입히다] **8** 병, 질병 **9** ① (내복)약 ② 의술,

의학 **10** 병든, 병에 걸린 **11** ① 휴식, 쉬다, 휴식하다 ② 나머지, 잔여 **12** 병든, 병에 걸린 **13** 귀머거리의 **14** 신체 장애의, 불구의 **15** 고통, 아픔 **16** 아프다, 아픔 **17** 열, 발열 **18** 치과 의사 **19** 두통 **20** ① 다치게 하다; 감정을 상하게 하다, 감정이 상한 ② 아프다, 아프게 하다 **21** 벙어리의 **22** 약, 약제, 약품 **23** ① 휴가, 방학 ② 공휴일, 휴일 **24** 부상을 입히다, 부상, 상처 **25** 휴가, 방학 **26** 건강 **27** 긴장을 풀다

day 9

1 속이다 **2** 웃기는, 우스운 **3** 아끼지 않는, 너그러운 **4** 엄격한, 엄한 **5** 공정[공평]한 **6** 용기 **7** ① 자랑스러워하는, 자랑스러운; 자부심이 강한 ② 거만한, 뽐내는 **8** 유머, 익살 **9** 사악한, 흉악한, 악(행) **10** ① 대하다, 대우하다, 다루다 ② 치료하다 **11** 무례한 **12** ~인 체하다 **13** 정직한 **14** 공손한, 예절 바른 **15** 격식을 차린; 정식[공식]의 **16** 농담, 농담하다 **17** 속임수, 속이다 **18** 용감한 **19** ① 영웅, 용사 ② (남자) 주인공 **20** ① 거짓말하다, 거짓말 ② 눕다 **21** 반응하다 **22** 도덕의, 도덕적인 **23** (~하기) 쉽다, (~하는) 경향이 있다 **24** 행위, 행동, 처신 **25** 습관, 버릇

day 10

1 흥분시키다 **2** 화[짜증]나게 하다 **3** ① 기쁘게[즐겁게] 하다 ② 제발, 부디 **4** 열정, 격정 **5** ① 자신하는, 자신만만한 ② 확신하는 **6** (큰) 기쁨[즐거움], 환희 **7** 실망시키다 **8** 충격, 충격을 주다 **9** ① 죄책감이 드는, 가책을 느끼는 ② 죄를 범한, 유죄의 **10** 동정(심) **11** 놀라게 하다, 놀람 **12** 만족시키다 **13** 웃고 즐기는, 왁자지껄한, 들뜬 **14** 괴롭히다, 신경 쓰이게 하다, 성가심 **15** 초조[긴장]한, 신경이 과민한 **16** 의기소침[우울]하게 하다 **17** 감정 **18** 민감한, 감수성이 강한 **19** 웃다, 웃음 **20** 외로운, 고독한 **21** 마음을 뒤집어 놓다, 속상한, 심란 **22** 쾌활한, 명랑한 **23** 후회하다, 후회 **24** 수줍어하는, 부끄럼 타는 **25** 수치스러워[부끄러워]하는

day 11

1 욕구, 갈망, 원하다, 바라다 **2** 혐오스럽게 하다, 역겹게 하다, 혐오감 **3** 편한, 편안한, 안락한 **4** ① 믿음, 신뢰 ② 신앙(심) **5** 즐기다 **6** 주의, 주목, 관심 **7** 재미, 즐거움; (재미로 하는) 장난, 재미있는 **8** 믿다 **9** 미워하다, 미움, 증오 **10** 무서워[두려워]하는 **11** 싫어하다, 싫어함 **12** 지루한, 따분한 **13** 즐겁게[재미있게] 하다 **14** ~을 (~보다) 좋아하다, 오히려 ~을 택하다 **15** 가장 좋아하는, 가장 좋아하는 것 **16** 신뢰[신임]하다, 신뢰, 신용 **17** 소원, 바람, 소원[기원]하다 **18** 호기심이 많은; 호기심을 끄는, 별난 **19** 집중하다 **20** ① 열망[갈망]하는 ② 불안해하는, 염려하는 **21** 이기적인 **22** 차분한, 평온한, 가라앉다, 평온 **23** 흥미로운, 재미있는 **24** 겁먹게 하다, 깜짝 놀라게 하다, 놀람, 공포 **25** 공포, 무서움, 두려움, 무서워[두려워]하다 **26** 겁먹게 하다, 깜짝 놀라게 하다

day 12

1 인기 있는 **2** ① 책임이 있는, 책임을 져야 할 ② 책임을 지고 있는 **3** ① 놀라움, 경탄, 경이, 경탄하다 ② ~인지 궁금하다, ~이 인가 하고 생각하다 **4** 부러워하다, 부러움 **5** ① 영광, 명예, ~에게 영광을 베풀다 ② 존경, 공경, 경의 **6** 독립[자립]적인, 독립된 **7** 축하하다 **8** 용서하다 **9** ① 비난[비판]하다 ② 비평하다 **10** 환호하다, 갈채를 보내다, 환호, 갈채 **11** (가벼운 실수를) 용서하다, 용서 **12** 깊은 인상을 주다, 감명을 주다 **13** 감탄[탄복]하다 **14** 불평[항의]하다, 불만을 말하다 **15** 사과하다 **16** 유명한 **17** 욕심 많은, 탐욕스러운 **18** 무시하다, 못 본 척하다 **19** (주의·관심·마음)을 끌다 **20** 칭찬하다, 칭찬 **21** ① 잘못, 과실, 과오 ② 결점, 단점, 결함 **22** 존경[존중]하다, 존경, 존중 **23** 꾸짖다, 야단치다 **24** ① 감사하게 생각한다 ② 진가를 알아보다, 가치를 인정하다 **25** ~에게 책임 지우다, ~의 탓으로 돌리다, 책망, 비난

day 13

1 보고[보도]하다; 보고, 보도 **2** ① (강력히) 요구하다, 요구 ② 수요 필요로 하다, 요하다 **3** 언급하다 언급 **4** ① 의미하다, 뜻하다 ② 의도[작정]하다 **5** 번역하다 **6** 묘사[서술, 설명]하다 **7** 요약 **8** 제안[제의]하다 **9** 강조하다 **10** ① 명령(지시)하다, 명령, 지시 ② 주문하다, 주문 ③ 순서, 차례; 정돈, 정리 **11** 알리다, 통지하다 **12** 논평, 비평, 해설, 논평[비평, 해설]하다 **13** 구걸하다, (비굴하게) 간청하다 **14** 충고[조언]하다 **15** 발표하다 **16** 언어 **17** 설명하다 **18** ① 통지, 통보; 안내, 표지판 ② 알아차리다, 알아챔, 주목 **19** 연설 **20** (정중히) 요청하다, 요청 **21** ~처럼 보이다 **22** 제의[제공]하다, 제의, 제공 **23** 제안[제의]하다 **24** 권[추천]하다

day 14

1 의사소통[통신]하다, 연락을 주고받다 **2** ① 주제 ② 과목, 학과 **3** (격식을 갖춘) 토론, 논쟁, 토론[논쟁]하다 **4** ① 인정하다 ② 입장[입회, 입학]을 허락하다 **5** 봉투 **6** 응답[응수]하다 **7** 부인[부정]하다 **8** 한담, 담소, 수다, 한담[담소]하다, 수다를 떨다 **9** 문제, 쟁점 **10** 거절[거부]하다 **11** 주장하다, 고집하다, 우기다 **12** 받아들이다, 수락[인정]하다 **13** ① 우편(물), 우편으로 보내다 ② 기둥, 말뚝, 푯말 ③ 게시[고시]하다 **14** 설득하다 **15** 대화 **16** 언쟁[말다툼]하다 **17** 동의[합의, 승낙]하다 **18** 약속하다, 약속 **19** 토론[논의]하다 **20** 답장[대답]하다, 대답, 대답 **21** ① 연락, 접촉, 교제, 연락을 취하다 ② 접촉 **22** (단호히) 거절[거부]하다 **23** 지지[지원, 부양]하다, 지지, 지원, 부양 **24** (소설·극·영화 중의) 대화(부분)

day 15

1 의견, 견해 **2** 추측[추정]하다, 추측, 추정 **3** 기억(력) **4** 결정[결심]하다 **5** 생각 **6** ~할 것 같은, 일어날 듯한, 아마 **7** ① 정

신, 마음 ② 싫어하다, 언짢게 여기다, 신경 쓰다 **8** 잊다, 망각하다 **9** 생각나게 하다, 상기시키다 **10** (엄선해서) 선발[선정, 선택]하다, 엄선된 **11** (만약) 그렇지 않으면 **12** 상상하다 **13** ① 잘 생각하다, 숙고하다 ② 고려[참작, 배려]하다 ③ (~을 ~으로) 여기다[생각하다] **14** 고르다, 선택하다 **15** ① 혼란스럽게 하다 ② 혼동하다 **16** 기억하다 **17** ~을 ~으로 여기다 **18** 아마, 어쩌면 **19** ① 추측[추정, 생각]하다 ② 가정[상정]하다, 만약 ~이라고 하다 **20** 판단하다, 재판관, 판사 **21** 예측[예견]하다 **22** 거의 확실한, 틀림없을 것 같은 **23** 기대하다

day 16

1 대학 **2** 졸업하다, 졸업생 **3** 알고 있는, 알아차리고 있는 **4** 교장 **5** 검사[조사, 진찰]하다 **6** 연구, (연구) 조사, 연구[조사]하다 **7** ① 가르치다, 교육하다 ② 지시하다 **8** 재능 **9** 교육 **10** ① 강의, 강좌, 교과 과정 ② 코스, 진로, 항로 **11** 교수 **12** 일기 **13** 시험 **14** 학기 **15** 익숙[친숙]한, 잘 아는 **16** ① 연습하다 연습 ② 실행, 실천 실행[실천]하다 **17** 문서, 서류 **18** 재검토[재조사]하다; 복습하다, 재검토; 복습 **19** 실험, 실험하다 **20** 대학 **21** 터득[통달]하다, 정통[능통]한 사람 **22** ~에 따르면; ~에 따라 **23** 지식, 학식; 알고 있음 **24** 속담, 격언 **25** 경험, 체험; 경력, 경험[체험]하다 **26** 사실 **27** ~할 수 있는, 유능한

day 17

1 ① 확신하는, 확실한 ② 어떤, 무슨 **2** 표현하다 **3** 어리석은, 바보 같은 **4** 진실의, 참된 **5** 증거 **6** 바보, 멍청이 **7** 진짜의, 정말의, 실재하는 **8** 현명한 **9** ① 미친, 미친 것 같은 ② 열렬히 좋아하는, 열광하는 ③ 몹시 화가 난 **10** 거짓[가짜]의, 잘못된, 틀린 **11** 감추다, 숨(기)다 **12** 옳은, 틀림없는, 고치다, 바로잡다 **13** 의심하다, 의심 **14** 증명하다; 판명되다 **15** 발견하다, 알아내다 **16** 알아보다, 인식하다 **17** ① 미친, 미친 것 같은 ② 열렬히 좋아하는, 열광하는 **18** ① 잃다, 잃어버리다, 상실[분실]하다 ② 패하다, 지다 **19** 정확한 **20** 어리석은, 바보 같은 **21** 영리한 **22** 확신하는, 확실한 **23** 오류, 잘못 **24** 수색[탐색]하다, 수색, 탐색 **25** ① 깨닫다, 알아차리다 ② 실현[달성]하다

day 18

1 국외[해외]로[에] **2** 전통 **3** 손위[상급, 상위]의, 연장[상급]자 **4** 시민, 주민 **5** 민주주의(국), 민주제 **6** 사회 **7** 관습 **8** 대통령; 사장 **9** 문화 **10** 선거 **11** 정치(학) **12** 왕조, 왕가 **13** ① 주 ② 국가 ③ 상태 **14** ① 국가 ② 시골, 전원 **15** 연하[하급, 하위]의, 연하[하급]자 **16** 왕자 **17** ① 민속[민간]의, 민요 ② 사람들, 여러분 **18** 국제적인 **19** 외국의 **20** 정부 **21** 부문, 부서, 국, 부 **22** 지역사회, 공동체 **23** 조직(체), 단체 **24** 정책, 방침 **25** 투표, 투표하다

day 19

1 허락[허가]하다 **2** 범죄 **3** 법, 법률; 법칙 **4** 도둑, 절도범 **5** 복종[준수]하다 **6** 빼앗다, 강탈하다 **7** 체포하다, 체포 **8** 저지르다, 범하다 **9** 막다, 예방[방지]하다 **10** 처벌하다, 벌주다 **11** 노예 **12** 방해[중단, 차단]하다 **13** 법률가, 변호사 **14** 제한[한정]하다, 한계, 제한 **15** 교도소, 감옥 **16** ① 규칙 ② 지배[통치]하다, 지배, 통치 **17** 법률(상)의; 합법적인 **18** 피해자, 희생자 **19** (정식으로) 허락[허가]하다, 허가증 **20** 훔치다, 도둑질하다 **21** 형사 **22** 의무 **23** 면허[자격](증) **24** 자유 **25** 교도소, 감옥 **26** ① 공식적인, 정식의 ② 직무[공무]상의, 관리, 공무원 **27** 하인 **28** 권한

day 20

1 못쓰게 만들다, 망치다, 파산, 파멸; 폐허, 유적 **2** 보안, 안보, 보장 **3** 위기 **4** 어려움, 골치거리, 곤란, 문제, 괴롭히다 **5** ① 처리하다, 다루다 ② ~와 거래하다, 거래, 계약 **6** ① 사고 ② 우연, 우연한 일 **7** ① 부딪치다, 충돌하다; 때리다, 치다 ② 머리에 떠오르다; (~하다는) 인상을 주다 **8** 구조[구출]하다, 구조, 구출 **9** 극복하다, 이겨내다 **10** 충돌[추락] (사고), 충돌[추락]하다 **11** ① 경보(기), 위급을 알리다, 경계시키다 ② 불안, 공포, 불안하게 만들다 **12** 해, 해악, 해치다, 해를 끼치다 **13** 비상[긴급] 사태 **14** 조심스러운, 주의 깊은, 신중한 **15** 경고하다 **16** 파괴하다 **17** 문제, 과제 **18** ① 사건, 일어난 일 ② 행사, 이벤트 **19** 피해, 손상, 손해, 피해를 입히다 **20** 금이 가다[가게 하다], 금 **21** 모험(심) **22** 재해, 재난 **23** 위험(성) **24** 풀다, 해결하다 **25** ① 인내심[참을성]이 있는 ② 환자

day 21

1 (강력한) 영향, 충격, 충격[영향]을 주다 **2** 전투 **3** 결과, 성과, (시험) 성적, (~의 결과로) 생기다 **4** 일어나다, 발생하다 **5** (연달아) 때리다[두드리다], 때리기, 치는 소리 **6** 상황, 처지, 환경 **7** 폭력 **8** 방어하다, 지키다 **9** 가위 **10** 협박, 위협 **11** ① 공격하다, 공격 ② 폭력, 폭력을 쓰다 **12** 영향, 효과, 결과 **13** 원인, 이유, ~을 일으키다, 야기[초래]하다 **14** 평화, 평온, 평안 **15** 도전하다, 도전, (도전 해볼 만한) 난제 **16** 영향을 미치다, 작용하다 **17** 일어나다, 생기다, 발생하다 **18** ① 배후 사정, 배경 ② 배경 **19** 영향(력), 영향을 끼 치다[주다] **20** ① 이유, 까닭 ② 이성, 추리[추론, 판단]하다 **21** 전쟁 **22** ① 경우, 상황, 사례 ② 케이스, 상자, 갑, 통 **23** ① 사나운, 광란의, 미친 듯한 ② 야생의, 야생 **24** ① 찢다, 찢어지다, 째다, 째지다, 째진 틈, 해진 곳 ② 눈물 **25** 잔인한, 무자비한

day 22

1 터지다, 터뜨리다, 폭발하다[시키다] **2** 패배시키다, 패배 **3** 피하다, 회피하다 **4** 육군; 군대 **5** 무기, 흉기 **6** 군인 **7** (군대) 지휘관, (팀) 주장, (배의) 선장, (항공기의) 기장 **8** 정복하다 **9** ① 이기다, 승리 ② 얻다, 획득하다 **10** 혁명 **11** 승리 **12** 총, 총포 **13**

적, 적국, 적군 **14** 달아나다, 탈출하다, 도망, 탈출 **15** ① 피신[대피](처), 보호소 ② 주거지, 집 **16** 군대, 군대의 **17** ① 겨누다, 겨냥하다, 겨냥, 조준 ② 목표, 목표로 삼다 **18** 해군 **19** ① 장교 ② 관리, 공무원, 임원 **20** ① 쏘다, 사격하다 ② 찍다, 촬영하다 **21** ① 돌보다, 간호하다, 돌봄, 간호 ② 조심, 주의 ③ 관심을 가지다, 상관하다, 걱정, 염려 **22** 해군 대장, 제독 **23** 경비[경호](원), 보초, 지키다, 보호하다 **24** 저항[대항]하다 **25** 보호하다

day 23

1 즐겁게[재미있게] 하다; 대접하다 **2** 탐험[탐사, 답사]하다 **3** (짧은) 여행 **4** 청중, 관객 **5** ① 경주, 경주하다 ② 인종 **6** 여행, 여행하다 **7** ① 장면 ② 광경 ③ 현장 **8** 체육관 **9** 유람[순회, 여행]하다, 여행, 유람 **10** 의식, 식 **11** 예약하다 **12** ① 공연[연기, 연주]하다 ② 수행[이행]하다 **13** ① 운동, 운동하다 ② 연습 (문제), 훈련 **14** 소문 **15** 경쟁하다, 겨루다 **16** 관광 **17** 기사 **18** 축하[기념]하다 **19** 잡지 **20** 여행, 여행하다 **21** 운동선수, 육상선수 **22** 취미 **23** 기념일 **24** 극장; 영화관 **25** 방송하다, 방송 **26** 상, 상금[품]

day 24

1 천국 **2** ① (선으로) 그림을 그리다 ② 당기다, 끌다 **3** 교과서 **4** 박물관 **5** 사원, 절, 신전 **6** 짓다, 작곡[작문]하다 **7** 종교 **8** 조각(술), 조각품 **9** 기적 **10** ① 미술(품) ② 예술 **11** 소설 **12** 출판[간행]하다 **13** 유령, 망령 **14** 기도하다, 빌다 **15** 사전 **16** 도서관[실] **17** 상, 조각상 **18** 지옥 **19** 만화 (영화) **20** 악기 **21** 악마, 마귀; 악인 **22** 마법, 마술 **23** 우화 **24** 신, 하느님, 창조주 **25** 저자, 필자, 작가 **26** 문학 (작품) **27** 시

day 25

1 수출하다, 수출(품) **2** 빌리다 **3** 나눠 주다, (남과) 함께 쓰다, 배분[공유]하다, 몫 **4** 상품, 물품 **5** 거래, 교역, 무역, 거래[교역, 무역]하다 **6** (교통) 요금, 운임 **7** 봉사하다, 시중들다; (무엇을) 제공하다 **8** 빌려주다 **9** ① 요금[값]을 청구하다, 요금, 대금 ② 담당, 책임 **10** 얻다, 획득하다, 이익, 이득 **11** 비싼, 값이 비싼 **12** 비용, 경비, 원가, (값, 비용이) ~들다 **13** 받다, 받아들이다 **14** ① 판매 ② 염가[할인] 판매, 세일 **15** (전문가의) 고객, 의뢰인 **16** ① 선물 ② 재능 **17** 보상[포상, 사례](금), 보상[보답]하다 **18** 빌리다[빌려주다], 집[방]세; 사용료 **19** 수입하다, 수입(품) **20** 경제 **21** (상점의) 점원, 회사 (사무원) **22** 사다, 구입[구매]하다 **23** 가격, 값 **24** 제공[공급]하다 **25** 고객, 손님, 거래처 **26** 공급[제공]하다, 공급 **27** 싼, 값싼, 싸게 **28** 광고하다

day 26

1 ~을 할[살] 여유가 있다 **2** 제거하다, 없애다, 치우다, 떼어내다 **3** ~ 소유[것]이다, 소속이다 **4** 빚, 부채, 신세 **5** 이익, 이윤 **6** ① 저장하다, 저장소[품] ② 상점, 가게 **7** (돈을) 얻다[벌다], 수익을 올리다 **8** ① 모으다, 저축하다 ② 아끼다, 절약하다 ③ 구하다, 구조하다 **9** 공공[대중]의, 공적인, 대중 **10** 지불[지급, 지출, 납부]하다 **11** 허비[낭비]하다, 허비, 낭비 **12** 소득, 수입 **13** 세금 **14** 보물 **15** 부, 부유함 **16** 개인[사유]의, 개인적인, 사적인 **17** 자원, 재원, 자산 **18** ① 쓰다, 들이다 ② 보내다, 지내다 **19** 재산; 부동산 **20** ① (자기 것으로) 소유하다 ② 자기 자신의 **21** ① 예금계좌 ② 설명, 기술, 보고 **22** ① 계산서, 청구서 ② 지폐 **23** 비용 **24** (돈을) 빚지고 있다, 신세를 지고 있다 **25** 동전, 주화 **26** 자선 (단체)

day 27

1 시도[기도]하다 시도 **2** ① 행동하다, 행하다 행동 ② 연기하다, 연극을 상연하다 **3** ① 운, 운수, 행운 ② 재산, 부, 거금 **4** ① 격려하다 ② 권장[장려]하다 **5** 성취[달성]하다 **6** 실패하다 **7** 의도[작정]하다 **8** ① 노력[시도]하다, 시도 ② 실제로 해 보다, 시험삼아 써 보다 **9** 일, 과업, 과제 **10** 노력 **11** 협력[협동, 협조]하다 **12** ① 수행[실시]하다, 수행, 실시 ② 지휘하다 **13** ① 하지 못하다, 놓치다, 빗나가다, 놓침 ② 그리워하다 **14** 운이 좋은, 행운의 **15** 성공하다 **16** 가능한, 할 수 있는, 가능성이 있는 **17** ① 일, 문제, 사건 ② 물질 ③ 중요하다, 문제가 되다 **18** ① 친절한 행위, 호의, 호의[친절, 은혜]를 베풀다 ② 선호[지지]하다, 선호, 지지 **19** 활동 **20** 노동, 노동력

21 임무

day 28

1 ① 어울리다, 잘 어울리는 사람[것] ② 아주 비슷하다; 대등[필적]하다, 아주 비슷한 것 ③ 경기, 시합 **2** 산업 **3** 여가 (시간) **4** 공장 **5** 편리한, 간편한 **6** 장치, 기구, 고안품 **7** ① 다루다, 부리다 ② 처리하다, 다루다 ③ 손잡이, 핸들, 자루 **8** 생산하다 **9** 발명[고안]하다 **10** 바치다, 헌신하다 **11** 기량, 솜씨, 기술 **12** 적절[타당]한, 예의 바른 **13** 수리[수선]하다, 수리, 수선 **14** 과학 **15** (과학) 기술 **16** 창조[창작]하다 **17** 구할[이용할] 수 있는 **18** 기계 **19** ① 작동[가동, 운전]하다[되다] ② 수술을 하다 **20** ① 적합한, 알맞은, 적임의, 적절하다, 꼭 맞다 ② 건강한, 좋은 건강 상태인 **21** 게으른, 나태한 **22** 연장, 도구, 공구 **23** 활동[적극]적인 **24** 자진[자원]하여 하다, 자원 봉사자 **25** 부지런한, 근면한

day 29

1 과녁, 표적; 목표(물) **2** 급료, 봉급 **3** ① 관리하다 ② 간신히[용케] 해내다 **4** 준비[대비]하다[시키다] **5** 방법 **6** 직업(의 내역), 경력, 이력 **7** 준비된, 채비를 갖춘 **8** ① 직업, 일자리 ② 일, 일거리 **9** 비서 **10** 구조, 구조[건축]물 **11** 임금 **12** 기꺼이 ~하는, 자발적인 **13** 기법, 테크닉, 기술 **14** 역할; (극 중의) 역, 배역 **15** 계획, 계획하다 **16** ① 회사 ② 친구, 방문객; 같이 있음 **17** 과정 **18** 고용하다 **19** 계획, 프로젝트, 계획[기획]하다 **20** 목표 **21**

① 지원하다; (허가·증명서 등을) 신청하다 ② 적용[응용]하다 **22** (지적인) 직업, 전문직 **23** 기능 **24** 목적, 의도, 용도 **25** ① ~하기로 되어 있는, ~할 예정인 ② ~ 때문에 **26** 설립[제정]하다

day 30

1 ① 덮다, 싸다, 뚜껑, 덮개 ② 미치다, 걸치다; 포함하다; 다루다 **2** 도달하다, 닿다, 이르다 **3** 앞(쪽)에, 앞으로, ~보다 빨리, 미리 **4** ① 배열[정돈]하다 ② 준비[마련]하다[해 주다] **5** 지역, 지대, 구역 **6** 실내(용)의

7 지역의, 현지의, 현지인 **8** 돌아오다[가다]; 돌려주다, 돌아옴[감] **9** 구멍, 구덩이 **10** 도착하다 **11** ~보다 위에[위로]; (수량이) ~ 이상으로 **12** 틈, 구멍, 간격; 격차 **13** 끝머리, 가장자리, 모서리; (칼 등의) 날 **14** 끼워[집어] 넣다, 삽입하다, 삽입물 **15** ① 눕히다, (눕히듯이) 두다[놓다] ② 알을 낳다 **16** (~의) 뒤에 **17** 옆에 **18** (감)싸다, 포장하다, 랩, 싸는 물건[종이] **19** 장소, 위치, 현장, 부지 **20** (넓은) 지방[지역, 지대] **21** 걸다, 걸리다, 매달다, 매달리다 **22** ① 공간 ② 우주 **23** 앞부분, 앞면, 앞쪽, 앞부분[면, 쪽]의 **24** 위치시키다, ~에 차리다[두다] **25** 맨 아래, (밑)바닥, 맨 아래의, (밑)바닥의 **26** 실외(용)의 **27** ~보다 아래에[아래로]; (수량이) ~이하로

day 31

1 ① 지나가다, 통과하다; (시간이) 지나다 ② 합격하다[시키다], 합격 ③ 건네주다, 건네주기, 패스 **2** 들어가다[오다]; (단체·학교에) 입회[입학]하다 **3** 점진적인, 차츰 ~하는 **4** 따라가다; (충고·지시 등을) 따르다 **5** 빠른, 신속한 **6** 앞으로, 미래로, 앞의, 미래로의 **7** 급히 하다[가다, 움직이다], 급히 움직임 **8** 머무르다, 그대로 있다; 변함없이 ~이다, 머무름 **9** 떨어뜨리다[지다]; (수준 등이) 하락하다[시키다], 낙하, 하락 **10** ① 떠나다; (직장 등을) 그만두다 ② 그대로 두다, 놓아두다, 두고 가다 **11** 뒤쫓다, 추격하다; 추구하다, 추적, 추격, 추구 **12** 이끌다, 안내[지휘]하다; (경쟁에서) 선두에 서다, 선두, 수위 **13** 거리 **14** 움직이다, 옮기다, 이동하다 **15** 함께 가다, 동행하다 **16** 서두르다, 서두르게 하다, 서두름, 급함 **17** 접근하다, 다가가다, 접근 (방법) **18** 멀리, 먼, 멀리 떨어진 **19** 갑작스러운, 별안간의 **20** 뒤로, 거꾸로, 퇴보하여, 뒤의, 퇴보하는 **21** ① 건너다, 횡단하다 ② 십자형 기호[표], 십자가, (선·도로 등이) 교차하다 **22** 기다리다, 기다리기 **23** 흔들(리)다; (몸을) 떨(리)다, 흔들기; 떨림 **24** 오르다, 올라가다; 증가하다, 오름 **25** 가까운 곳의[에], 인근의[에] **26** (기어)오르다, 등반하다; (수량 등이) 증가하다 **27** ① 구르다, 굴러가다, 굴리다, 구르기, 굴리기 ② 말다, 감다, 둘러싸다, 둥글게 만 것, 두루마리 **28** ① 떨어지다; (바닥에) 넘어지다; (수량 등이) 줄다, 하락 ② 가을

day 32

1 짐을 싣다[지다] 짐, 화물 **2** 거리, 시가 **3** 바퀴; (자동차의) 핸들 **4** 배, 선박, 함선, 수송[운송]하다 **5** (여행용) 짐, 수하물 **6** 항해하다, 돛 **7** 당기다, 끌다, 당기기 **8** ① 가라앉다, 침몰하다; 내려가다, 낮아지다 ② 싱크대; 세면대 **9** 다리, 교량 **10** 밀다, 떠밀다, 밀치다, 밀기 **11** 도로, 길 **12** 교통(량) **13** ① 누르다, 누르기 ② 언론, 보도 기관 **14** 안내[가이드, 지도]하다, 안내자[서], 지침 **15** (무거운) 짐; (정신적인) 짐, 부담 **16** 나르다, 운반하다; 지니고 다니다 **17** 길, 경로, 노선 **18** 작은[좁은] 길, 오솔길 **19** 공항 **20** 들다, (들어) 올리다 **21** 항구 **22** 뜨다, 띄우다, 떠다니다, 뜨는 것, 부유물 **23** (짐을) 꾸리다, 싸다, 포장하다, 꾸러미 **24** ① 들다, (들어) 올리다 ② 올리다, 높이다, 인상하다 ② 기르다, 사육[재배]하다 **25** ① 역, 정거장 ② 서, 국, 소 **26** 배달하다; 넘겨주다 **27** 승객, 여객 **28** (승객으로) 타다; (자전거 등을) 타다, (말을) 몰다 **29** 차량, 탈것

day 33

1 요즈음[오늘날]에는 **2** 때때로, 가끔 **3** 항상, 언제나, 늘 **4** ~ 동안 (내내), ~하는 중에 **5** 과거, 과거의, 지난, (시간·위치·단계가) ~을 지나서 **6** 새벽, 동틀 녘 **7** ~까지, ~할 때까지 **8** 미래, 장래 **9** 자주, 흔히 **10** 영구[영속]적인 **11** 반복하다, 되풀이하다, 반복 **12** 일시적인, 임시의 **13** 최근의 **14** 순간; 잠깐, 잠시 **15** 고대의 **16** 자주 일어나는, 빈번한 **17** 기간 **18** ① 현재, 현재의 ② 있는, 존재하는, 출석[참석]한 ③ 선물 **19** ① 때, 경우 ② 특별한 일, 중요한 행사 **20** 백 년(간), 세기 **21** 곧, 이내, 빨리, 일찍 **22** 현대[근대]의, 현대적인, 최신의 **23** 영원히 **24** ① (정해진) 기간, 기한, 임기, 학기, 형기 ② 용어 **25** (미래의) 언젠가, (과거의) 어떤 때에 **26** 역사(학)

day 34

1 망설이다, 주저하다 **2** ① 다음의, 다음에[으로] ② ~의 바로 옆에 **3** ① ~부터[이후] (죽, 내내) ② ~ 때문에 **4** 시작하다[되다] **5** 계속되다[하다] **7** ① 원래[본래]의, 원본, 원래의 것 ② 독창적인 **8** (바뀌기) 이전의, 예전의 **9** 즉각적인; (식품이) 인스턴트의, 아주 짧은 동안 **10** 끝내다, 끝나다, 마치다 **11** 이른, 빠른, 일찍, 빨리 **12** 근원, 원천; (정보 등의) 출처 **13** ① 여전히[변함없이] ~이다, (여전히) 남다 ② 머무르다, 그대로 있다 **14** 취소하다 **15** 늦은, 늦게 **16** 규칙적인, 정기적인 **17** 즉시의, 즉각적인 **18** 미루다, 연기하다, 지연시키다, 연기; 지연 **19** 잠시 멈추다, 잠시 멈춤 **20** 그 후에, 나중에 **21** ~전에 **22** ① 그만두다[하다] ② (직장·학교 등을) 그만두다, 떠나다 **23** 마지막의, 최후의, 최종적인, 결승전; 기말 시험 **24** 시작하다[되다] **25** 이전의, 앞의

day 35

1 계곡, 골짜기 **2** 땅(바닥), 지면; (평평한) 장소, ~장, 운동장 **3** ① 수도 ② 대문자, 대문자의 ③ 자본(금), 자본의 **4** 대륙 **5** 묻다, 매장하다 **6** 모래 **7** 바위, 암석 **8** 지하의, 지하에서 **9** 연못 **10** ① 육지, 뭍; 땅, 토지 ② 내려앉다, 착륙하다[시키다 **11** 환경 **12** 숲, 삼림 **13** 마을, 촌락 **14** 화산 **15** (구멍을) 파다, (묻힌 것을) 파내다 **16** ① 공원 ② 주차하다 **17** 시골 **18** 지진 **19** 개울, 시

내; 흐름, 흐르다 **20** 흙, 토양 **21** 돌 **22** 언덕, 낮은 산 **23** 호수 **24** 도심지에[로], 도심지의, 도심지 **25** 굴, 동굴 **26** 지도, 약도 **27** ① 자연 ② 본질, 본성 **28** 세계적인, 지구 전체의

day 36

1 물가, 기슭 **2** 녹다, 녹이다 **3** 위성; 인공위성 **4** 우산 **5** 지평[수평]선 **6** ① 소나기 ② 샤워(기), 샤워를 하다 **7** 따뜻한, 따뜻해지다, 따뜻하게 하다 **8** 얼다, 얼리다 **9** 바다 **10** 날씨, 일기 **11** 사막 **12** 섬 **13** 해변, 바닷가, 호숫가 **14** 안개 **15** 행성 **16** 우주 **17** 홍수, 범람하다[시키다] **18** ① 파도 ② 손을 흔들다, 흔들어 신호하다, 흔들기 **19** 구름 **20** 무지개 **21** 열, 열기, 더위; 불, 난방, 뜨거워지다, 뜨겁게 하다 **22** 해안 **23** 바다 **24** ① 대기, 공기 ② 분위기 **25** 태양의, 태양 열을 이용한 **26** 온도, 기온, 체온 **27** 달의 **28** 기후 **29** ① 지구 ② 땅, 육지, 지상 ③ 흙, 토양

day 37

1 씨, 씨앗, 종자 **2** 공룡 **3** (농)작물 **4** 꼬리 **5** 사냥하다, 사냥 **6** (식물의) 뿌리; 근원, 기원, 뿌리 **7** 번개 **8** 폭풍(우) **9** 애완동물 **10** 꽃병 **11** 곤충 **12** ① 식물, (식물, 씨앗을) 심다 ② (제조) 공장, 생산 설비 **13** ① 따다, 뜯다, 꺾다 ② 고르다, 뽑다 **14** ① 나뭇가지 ② 지사, 지부 **15** 둥지, 보금자리 **16** ① 바람 ② 감다; (도로·강 등이) 구불구불하다 **17** ① 들(판), 논밭; (스포츠) 경기장 ② 분야 **18** 농장 **19** 날개 **20** 우리, 새장 **21** 잡초 **22** 야생 생물 **23** 천둥 **24** (나뭇)잎 **25** 풀, 풀밭 **26** 동물원 **27** 수확[추수](기), 수확하다 **28** ① (바람이) 불다 ② (입 밖으로) 입김을 불다[내뿜다], 불기 **29** 온실

day 38

1 전기, 전력 **2** 금속 **3** 흐르다, 흐름 **4** ① 나무토막, 나뭇가지, 막대기, 채 ② 붙이다, 붙다 ③ 찌르다, 찔리다, 꽂다, 꽂히다 **5** 그림자 **6** ① 유리 ② 유리잔, 글라스 ③ 안경 **7** 빛나다, 반짝이다; (빛을 보내) 비추다 **8** ① 철, 쇠 ② 다리미, 다리미질을 하다 **9** 마른, 건조한; 비가 오지 않는, 마르다, 말리다 **10** ① 재료, 소재; (옷의) 감[천] ② 물질의, 물질적인 **11** 젖은 **12** 타다, 태우다, 화상을 입다[입히다], 화상 **13** 어두운, 캄캄한; 암울한 **14** 붓다, 따르다; (비가) 퍼붓다 **15** 엎지르다, 엎질러지다, 엎지름 **16** ① 나무, 재목 ② 숲 **17** ① 힘 ② 억지로 ~시키다, 물리력, 폭력 **18** 널빤지, 판자, ~판[대]; 게시판 **19** 양초 **20** 연기, 연기를 뿜다; 담배를 피우다 **21** 끓다, 끓이다; (끓는 물에) 삶다, 비등(점), 삶기 **22** ① 밝은, 선명한; (표정 등이) 밝은 ② 영리한, 똑똑한 **23** 액체 **24** ① 물체, 물건 ② 목적, 목표 ③ 반대하다, 이의를 제기하다 **25** (하나의) 물품, 항목, (낱낱의) 사항

day 39

1 기, 깃발 **2** 점 점을 찍다, 점선을 긋다 **3** 외모, 외관 **4** 둥근, 원형[구형]의, 둥글게, ~을 돌아 **5** 평평한, 고른; 납작한, 평평하게 **6** 못생긴, 추한 **7** 각, 각도 **8** 잘생긴, 미남의 **9** ① 열, 줄 ② 배를 젓다, 저어 가다, 노 젓기 **10** ① 기호, 표지(판), 간판, 조짐 ② 서명하다 **11** ① 정사각형, 정사각형의 ② 광장 **12** 표면 **13** 구부리다, 구부러지다, 굽히다, 굽혀지다 **14** ① 직접의, 직행[직통]의, 직접으로, 곧장 ② 지시[명령, 지휘]하다 **15** ① 사각형 덩어리, 블록; (사각형의) 구획[건물 단지] ② 막다, 차단하다, 장애[방해](물) **16** ① 예쁜, 귀여운 ② 꽤, 상당히, 어느 정도 **17** ① 기울다, 기울이다 ② 기대다, 의지하다, 기대어 놓다 **18** 곡선, 만곡(부), 커브, 만곡하다[시키다] **19** 윤곽, 개요, 윤곽을 보여주다, 개요를 말하다 **20** 삼각형 **21** 신호, 신호하다 **22** 모양, 형태 **23** 매력적인 **24** 곧은, 똑바른, 똑바로, 일직선으로 **25** ① 표시, 기호, 도안, 상표, 표시하다 ② 자국, 얼룩, 흠집 **26** 원, 원형, 동그라미 **27** 예쁜, 귀여운

day 40

1 완벽한 **2** 질, 자질, 품질, 특질 **3** ① 단단한, 굳은, 단단히, 굳게 ② 열심히, 애써서, 열심히 하는 ③ 어려운, 힘든; (일·형편이) 힘든, 힘들게 ④ 세게[힘껏] 하는, 세게, 힘껏 **4** 뛰어난, 우수한, 탁월한 **5** 혜택, 이익, 이익을 얻다[주다] **6** 날카로운, 예리한 **7** 놀라운 **8** 거친, 거칠거칠한 **9** 특징, 특색, (~의) 특징을 이루다 **10** 심한, 지독한, 끔찍한 **11** 전형적인, 대표적인 **12** 웅장한, 으리으리한 **13** 개선하다[되다] **14** 유리한 점, 이점, 강점 **15** ① 상태; (건강) 상태 ② 상황, 환경, 조건 **16** 부드러운, 연한, 매끄러운 **17** 유순한, 가벼운, 부드러운, 온화한 **18** ① 성격, 기질, 특징, 특질 ② 문자 ③ 등장인물 **19** 기준, 표준, 규범, 일반적인, 보통의 **20** ① (극도로) 심각한, 격심한 ② 엄한, 엄격한, 모진, 가혹한 **21** ① (칼날 등이) 무딘; (머리가) 둔한 ② 지루한, 재미없는 **22** 가파른, 비탈진, 급격한 **23** 이상, 이상적인 것[사람], 이상적인 **24** 심각한, 중대한; (태도가) 진지한 **25** 유쾌한, 기분이 좋은 **26** 매끄러운, 반질반질한; 순조로운

day 41

1 ~의 가치가 있는, ~할 가치가 있는, 가치 **2** 작은 쪽의, 중요하지 않은, 가벼운 **3** 어려운, 힘든 **4** 초보[초등, 입문]의 **5** 긴급한, 다급한 **6** ① 소박[수수]한, 꾸미지 않은, 평범한, ② 분명한, 명료한 **7** ① 등급, 등급을 정하다[매기다 ② 학년 ③ 성적 **8** ① 의존[의지]하다; ~에 달려 있다 ② 믿다, 신뢰하다 **9** 필요한 **10** ① 힘든, 어려운 ② 강인한, 억센; 단단한, 질긴 ③ 거친, 난폭한; 냉정한 **11** 쉬운, 수월한, 용이한 **12** ~을 받을[당할] 만하다, ~할 가치[자격]가 있다 **13** ① 기초의, 기초적인, 기초 ② 기본적인, 기본[필수]적인 것 **14** 단순한, 간단한 **15** 가치 **16** 귀중한, 값어치 있는 **17** ① 큰 쪽의, 대다수의, 주요한 ② 전공 과목 ~을 전공하다 **18** ① 복잡한 ② 복합 건물, (건물) 단지 **19** 주된, 주요한 **20** ① 필요하다, 필요로 하다 ② 요구[요청]하다 **21** 중요한, 중대한

day 42

1 세다, 셈에 넣다, 셈 **2** 증가하다[시키다], 늘다, 늘리다, 증가, 증

대 **3** 충분한, 충분히, 충분한 양[수] **4** ① 둘, 두 명[개, 마리]; 두어 명[개]의 ② 부부, 연인, 커플 **5** ① 합계, 총계, 전체[총계]의, 총~ ② 완전한, 전적인 **6** ① (수가) 거의 없는, 적은 수 (밖에) ② (수가) 조금은 있는, 약간의 수 **7** 한 쌍[켤레, 벌] **8** 중간의, 중간 **9** 부족, 결핍, 부족하다, 결핍되다 **10** ① (둘 중) 어느 한쪽(의) ② ~도 또한 (~아니다) **11** 감소하다[시키다], 줄다, 줄이다, 감소, 하락 **12** 둘[양쪽] 다(의) **13** 양, 액수 **14** 단 하나인, 1인[회]용의, 단일, 한 개[사람] **15** 모두 합쳐, 통틀어, 총; 완전히, 전적으로 **16** 많음, 충분한 양, 많이 **17** 개인의, 각각[개개]의, 개인 **18** 수학 **19** 4분의 1; 15분; 분기 **20** 몇몇의, 몇 개[명]의 **21** ① 비율, 율 ② 속도 **22** 계산하다 **23** 어느 쪽도 ~아니다[않다] **24** ① 특정한, 바로 그[저] ② 특별한 **25** ① (아라비아) 숫자; 수치 ② 사람의 모습, 몸매; (중요) 인물 ③ 이해[해결]하다, 알아내다 **26** 평균, 평균의

day 43

1 꽤, 상당히, 어느 정도 **2** (시간이) 짧은, (말·글이) 간단한, 요점, 요점을 보고하다 **3** 크기, 사이즈 **4** 좁은, 폭이 좁은, 협소한, 좁아지다, 좁히다 **5** 수준 **6** 두꺼운, 빽빽한, 짙은, 진한 **7** 얇은, 얄팍한 **8** 낮은, 낮게 **9** 거의 **10** 아주 작은[적은], 조그마한 **11** 더하다, 추가[첨가]하다 **12** 거의~아니다[없다], 할 수가 없다] **13** 조금[약간]의, 근소한 **14** ① 정도 ② 도 ③ 학위 **15** 무거운, 많은, 심한 **16** ① 규모 ② 저울 **17** 거대한, 막대한 **18** 넓은, 폭이 넓은, 광범위한 **19** 극도[극단]의, 극심한, 극도, 극단 **20** ① 더 늘리다, 연장[확대]하다 ② 뻗다, 내밀다 **21** 얇은, 가느다란, 드문드문한, 묽은, (몸이) 야윈 **22** 정말, 참으로 **23** 거의 **24** 게다가, 뿐만 아니라, ~외에(도) **25** 무게, 체중 **26** 예비[여분]의, 예비[비상용]품 **27** 줄이다, 축소하다, 낮추다 **28** 추가의[로], 가외의[로], 추가되는 것

day 44

1 대조[대비]하다, 대조를 보이다, 대조, 대비 **2** 정상적인, 보통의, 정상, 보통 **3** 그 밖의, 다른 **4** 유일한, 특유한 **5** 특히, 특별히, 그중에서도 **6** 자 **7** 균형, 평형, 균형을 이루다[잡다] **8** 일반[보편]적인 **9** 비슷한, 유사한, 닮은 **10** 일상의, 평상시의, 늘 있는 일 **11** 다른, 상이한 **12** (아주) 비슷한, 비슷하게, 똑같이 **13** 보통의, 평범한 **14** 구별[분간]하다, 구별 짓다 **15** 재다, 측정하다, (치수 등의) 단위 **16** (정)반대의; ~맞은[건너]편의, (정)반대 **17** 다양한, 여러 가지의, 가지각색의 **18** 특별한, 특수한 **19** 불가사의, 신비, 미스터리 **20** 그러나, 하지만 **21** 비교[비유]하다 **22** 같은, 동등[평등]한, 동등[대등]한 사람[것] **23** 이상한; 낯선 **24** ① 다른 (것) ② 또 하나(의), 더, 또 **25** ① 다른 (것), 그 밖의 (것) ② 맞은[반대, 상대] 편[쪽](의) **26** 조화, 화합 **27** ① (~이기보다는) 오히려, 차라리 ② 꽤, 상당히, 어느 정도

day 45

1 (~) 대신에 **2** ① 고정시키다 ② 수리하다, 바로잡다 **3** 전체[전부]의 **4** 연결하다[되다]; 관련짓다 **5** 국경[경계] (지역) **6** 접다, 접어 포개다 **7** 진전을 보이다, 진척되다, 진전, 진척 **8** 나누다, 나뉘다, 분리하다[되다] **9** ① 발전[발달, 성장]하다[시키다] ② 개발하다 **10** 결합하다[되다] **11** 관계, 관련(성); 친척[연인] 관계 **12** 닫다, 닫히다, 닫힌 **13** 순수한, 깨끗한, 순결한 **14** 섞다, 섞이다, 혼합하다[되다], 혼합(물) **15** 대체[교체, 대신]하다 **16** ① 펴다, 펼치다, 벌리다 ② 퍼지다, 퍼뜨리다, 확산, 전파 **17** 전체[전부]의, 전체 **18** 범위, 다양성, (범위가) ~에서 ~사이이다 **19** 버전, 다른 판[형] **20** 교환하다, 교환 **21** ① 떨어져, 헤어져, 따로, 산산이 ② ~외에는, ~을 제외하고; ~외에도 **22** 끈, 줄 **23** 자물쇠, (자물쇠로) 잠그다[잠기다] **24** 단단한, 꽉 죄인, 팽팽한, 꼭 끼는, 엄격한 **25** 분리된, 떨어진, 독립된, (따로) 떨어지다, 떼어놓다 **26** 헐거운, 풀린, 헐렁한, 느슨한

day 46

1 없는, 부재의, 결석[결근]한 **2** 빈, 공백의, 공백, 빈칸 **3** 가득한, 만원의 **4** 사례, 실례, 경우 **5** 제외[배제]하다 **6** 병 **7** 모으다, 모이다 **8** 들어 있다, 담고 있다, 함유하다 **9** 비어 있는, 빈, 공허한, 비우다 **10** 혼자 (힘으로), 홀로, 외로운 **11** (골라서) 모으다, 수집하다 **12** 포함하다[시키다] **13** 조각, 단편, 파편 **14** 구성되다 **15** (가득) 채우다[차다] **16** 종류, 부류, 분류하다, 구분하다 **17** 참석[출석]하다, (학교 등을) 다니다 **18** 요소, 성분 **19** ① 상자, 용기, 봉지 ② 꾸러미, 소포 **20** ① 내용물; (책의) 목차; (책·문서 등의) 내용 ② 만족하는, 만족시키다, 만족 **21** ① 가입하다, (일·활동에) 합류하다, 함께 하다 ② 연결[접합]하다[되다] **22** ① 공동의, 공통의, 공통(점) ② 흔한, 보통의, 평범한 **23** 예, 보기, 전형 **24** ① 완전한, 전적인, 완전[완벽]하게 만들다 ② 끝마치다, 완료하다, 완료된 **25** ~ 제외하고는[외에는]

색인

D
E
F
G

V

W

Z